融合型·新形态教材
复旦学前云平台 fudanxueqian.com

U0731045

普通高等学校学前教育专业系列教材

学前教育专业技能竞赛实训指导

赵 瑜 李 艳 李 璇 著

复旦大学出版社

内容提要

　　本书分为三大部分，第一部分技能竞赛概述，综合介绍了全国职业技能大赛的发展历程、考核内容、评判指南，同时，从条件保障、选手选拔、训练方案的设计等几个方面介绍了技能大赛的参赛组织准备工作。第二部分项目化实训，以项目化的方式将全国职业院校技能大赛"学前教育专业技能"赛项进行梳理，从主题网络图的设计、幼儿园教育活动设计与组织、说课、幼儿故事讲演、幼儿歌曲弹唱与歌表演、命题简笔画、幼儿保教活动课件制作七大项目入手，每个项目分为基本理论、案例分析、实训练习三个部分，进行了从理论到实践的分析。第三部分为实战解析，对近几年的技能大赛真题进行了解析，在项目化实训的基础上再进行综合的实战模拟。

　　本书力求凸显实用性和针对性，希望为各校的参赛提供较为成熟的经验参考，并成为学生自主学习，成长为专业幼儿教师的必备用书。本书配套资源丰富，包括案例视频、题库素材包、参考答案，及山东省师范类高校学生从业技能大赛介绍与历年实战解析，皆可登录复旦学前云平台（www.fudanxueqian.com）搜索本书资源浏览、下载。

复旦学前云平台
使用说明

为提高教学服务水平，促进课程立体化建设，复旦大学出版社学前教育分社建设了"复旦学前云平台"，以为师生提供丰富的课程配套资源，可通过"电脑端"和"手机端"查看、获取。

【电脑端】

电脑端资源包括 PPT 课件、电子教案、习题答案、课程大纲、音频、视频等内容。可登录"复旦学前云平台"www.fudanxueqian.com 浏览、下载。

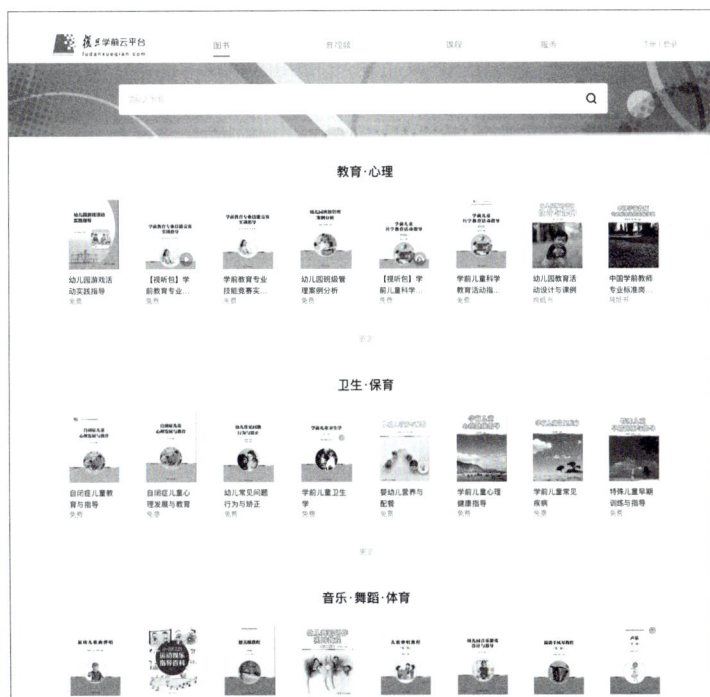

Step 1 登录网站"复旦学前云平台"www.fudanxueqian.com，点击右上角"登录 / 注册"，使用手机号注册。

Step 2 在"搜索"栏输入相关书名，找到该书，点击进入。

Step 3 点击【配套资源】中的"下载"（首次使用需输入教师信息），即可下载。音频、视频内容可通过搜索该书【视听包】在线浏览。

【手机端】

PPT 课件、音视频、阅读材料：用微信扫描书中二维码即可浏览。

扫码浏览
→

【更多相关资源】

更多资源，如专家文章、活动设计案例、绘本阅读、环境创设、图书信息等，可关注"幼师宝"微信公众号，搜索、查阅。

平台技术支持热线：029-68518879。

"幼师宝"微信公众号

▶【本书配套资源】

国赛幼儿教师职业素养参考答案　　历届山东省师范类高校学生从业技能大赛实践解析　　山东省技能大赛概况　　项目化实训案例　　幼儿歌曲弹唱+故事讲演视频

前言

　　为深入落实教育部《幼儿园教育指导纲要(试行)》《3—6岁儿童学习与发展指南》《幼儿园教师专业标准(试行)》《教师教育课程标准(试行)》和《幼儿园教师资格考试标准(试行)》等精神,促进学前教育专业人才培养质量提升,增进校际办学经验的交流,推动学前教育专业发展,多省教育厅都开始举办省内师范类高校学生从业技能大赛,同时,积极组织省内各职业院校参加全国职业院校技能大赛。

　　几年来,编者积累了较多的参赛及技能训练的经验,从参赛的组织到选手的选拔,从指导教师的配备到各项技能的指导,编者将学前教育专业的重要赛事进行梳理,以项目化的方式重新整合,希望为即将参加比赛的学生和学校提供一些有益的借鉴。同时,本书作为"以赛促教""以赛促学"的平台,可以为学前教育专业学生和幼儿园教师提供专业帮助和指导。

　　本书力求凸显实用性和针对性,希望为各校的参赛提供一条较为成熟的经验参考,并成为学生自主学习,成长为专业幼儿教师的必备用书。同时,本书也是对我校参赛经验的梳理,同时作为山东省教学改革项目《赛教融通驱动,构建学前教育专业实训课程体系的研究与改革》的阶段性成果。

　　本书配套资源丰富,包括案例视频、题库素材包、参考答案,及山东省师范类高校学生从业技能大赛介绍与历年实战解析,皆可登录复旦学前云平台(www.fudanxueqian.com)搜索本书资源浏览、下载。

　　本书由赵瑜、李艳、李璇共同编写,编者曾指导学生多次在各项比赛中获得一等奖,并荣获山东省优秀指导教师的荣誉称号。编写过程中,参阅了大量国内外专家、学者、同仁的研究成果,受益良多,在此,一并表示谢意。

编者

2020.1.6

目录

绪论 技能竞赛概述

第一节 全国职业院校技能大赛概述

一、大赛简介

全国职业院校技能大赛是由教育部发起,联合有关部门、行业和地方共同举办的一项全国性职业教育学生竞赛活动。经过多年的发展,该比赛已经发展成为专业覆盖面最广、参赛选手最多、社会影响最大、联合主办部门最全的国家级职业院校技能赛事。

全国职业院校技能竞赛是总览中国职业教育发展水平的一个窗口,也是中国职业教育学生切磋技能、展示风采的舞台,竞赛详情可登录官方网站[①]查询。

二、学前教育专业教育技能赛项发展历程

学前教育专业教育技能赛项从 2016 年到 2018 年已经举办三届,举办具体情况见下表。

表 1-1 历届赛事情况

届数	时间	参赛省(市)	参赛队数	举办地
第一届	2016	18	30	南京旅游职业学院
第二届	2017	29	56	金华职业技术学院
第三届	2018	30	58	金华职业技术学院
第四届	2019	30	59	咸阳职业技术学院

三、赛项须知[②]

(一)赛项规程

1. 竞赛规则

(1)参赛选手报名

可报名的参赛选手:普通高等学校全日制在籍专科学前教育专业的学生(年级和性别不限);本科

---

① 全国职业院校技能大赛官方网站:http://www.chinaskills-jsw.org。
② 2019 全国职业院校技能大赛学前教育专业教育技能赛项规程

院校中高职类全日制在籍学生;五年制高职四、五年级全日制在籍学生。高职组参赛选手年龄须不超过 25 周岁。

参赛选手报名获得确认后不得随意更换。如比赛前参赛选手因故无法参赛,须由省级教育行政部门于相应赛项开赛 10 个工作日之前出具书面说明,经大赛执委会办公室核实后予以更换;竞赛开始后,参赛队不得更换参赛队员。

各省教育厅(或直辖市)均可在选拔的基础上,推荐院校参赛,每所院校派 3 名(A、B、C 选手)学生参赛。

(2)熟悉场地

参赛队可以在竞赛日程规定的时间内熟悉竞赛场地,参赛选手可以进入竞赛场地体验。参赛队熟悉竞赛场地后,认为所提供的设备、工具等不符合竞赛规定或有异议时,必须在 2 小时内由领队提出书面报告送交竞赛仲裁组,提请赛项执委会安排整改,超过时效将不予受理。

(3)领队会议

领队会议在比赛日的前一天下午召开,各参赛队伍的领队和指导教师均可参加,会议主要讲解竞赛的注意事项,并进行赛前答疑。

(4)抽签环节

各参赛队伍的领队或指导教师在比赛前进行抽签,确定每个参赛队伍的赛场座次。正式比赛前,所有参赛队员必须携带三证(身份证、学生证、参赛证)按抽签顺序分批次参加检录。

(5)参赛队员入场

各参赛选手提前 15 分钟到达赛场,凭参赛证、身份证检录,按要求入场,不得迟到早退,并根据抽签结果在对应的座位入座。裁判员负责核对参赛队员的信息,严禁参赛选手携带与竞赛无关的电子设备、通讯设备及其他相关资料与用品入场。

(6)正式比赛

1)选手凭加密号牌进入备考室,根据竞赛内容,设计比赛内容。

2)裁判长发布竞赛开始指令后,各参赛队开始竞赛,竞赛过程可利用现场提供的所有条件完成竞赛任务。

3)竞赛过程中,选手须自觉接受裁判员的监督和警示,以确保参赛人人身安全及设备安全。选手因个人误操作造成人身安全事故和设备故障时,裁判长有权中止该队竞赛;如非选手个人因素出现设备故障而无法竞赛,由裁判长视具体情况做出裁决。如裁判长确定设备故障可由技术支持人员排除故障后继续竞赛,将给参赛队补足所耽误的竞赛时间。

4)参赛队须按照程序提交竞赛结果,过程裁判在竞赛结果的规定位置做标记,并与参赛队一起签字确认。

5)竞赛期间参赛选手不得自行离场,不得携带手机及其他电子设备。

6)竞赛过程中,参赛选手须严格遵守相关操作规程,确保设备及人身安全,并接受裁判员的监督和警示。竞赛结束,参赛队须完成现场清理并经裁判员同意后方可离开。

(7)成绩评定与公布

竞赛为团体赛,每队由 A、B、C 三位选手组成,分别参加各自比赛任务,最后累加得分形成本队最后成绩。成绩在赛项监督组、赛项工作人员监督下,由监督组对竞赛成绩进行抽检复核,无误后由裁判长监督人员签字确认并报赛项执委会备案,由大赛执委会办公室公布成绩。

(8)竞赛纪律

任何人不得以任何方式暗示、指导、帮助、影响参赛选手。对造成后果的视情节轻重酌情扣除参赛选手成绩。

竞赛过程中,除参加当场次竞赛的选手、执行裁判员、现场工作人员和经批准的人员外,其他人员一律不得进入竞赛现场,参赛人员竞赛完毕应及时退出竞赛现场。对不听劝阻、无理取闹者追究责任,并通报批评。

对违反竞赛各种纪律的参赛选手及所在代表队和单位,视情节轻重、后果影响,予以取消竞赛评奖资格或通报批评。

所有有关专家和裁判工作纪律将严格参照《2019年全国职业院校技能大赛专家和裁判工作管理办法》执行。

2. 竞赛流程

(1) A选手竞赛流程

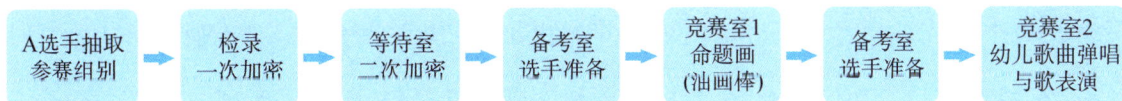

A选手抽取参赛组别 → 检录一次加密 → 等待室二次加密 → 备考室选手准备 → 竞赛室1命题画(油画棒) → 备考室选手准备 → 竞赛室2幼儿歌曲弹唱与歌表演

▲ 图1-1 竞赛流程A

(2) B选手竞赛流程

B选手抽取座位号 → 检录一次加密 → 等待室二次加密 → 备考室选手准备 → 竞赛室(机房) 1.幼儿园保教活动课件制作 2.幼儿园保教活动分析 3.幼儿教师职业素养测评

▲ 图1-2 竞赛流程B

(3) C选手竞赛流程

C选手抽取参赛组别 → 检录一次加密 → 等待室二次加密 → 备考室选手准备幼儿园教育活动设计 → 竞赛室说课

▲ 图1-3 竞赛流程C

(4) 竞赛时间安排(以每届竞赛指南为准)

表1-2 竞赛时间安排

日程	环节	时间	内容
第一天	报到	9:30~15:00	报到,领取竞赛资料
	领队会议	15:30~18:00	1. 赛前说明会 2. 抽取A、B、C选手 3. A、C选手抽取比赛组别。第一天上午A1、C1组(约23人),下午A2、C2组(约33人) 4. 选手熟悉考场
第二天	A组选手赛项		
	A1组候考	7:30~8:00	1. A1组选手检录、一次加密,等待室二次加密、宣讲竞赛纪律(各类通讯工具、储存设备和参考资料禁用) 2. 选手抽取座位号 3. 赛项执委会抽取A1组(上午场)的考题(本组考题相同,但A1组、A2组两组考题不相同)

续 表

日程	环节	时间	内 容
第二天		8:00~8:20	进入竞赛室1,等候比赛
	A1组集中比赛	8:20~8:50	比赛项目:命题画
	A1组备考	8:50~9:10	进入等待室检录,抽取竞赛顺序
		9:10~10:00	1. 9:10开始,A1组1号选手进入备考室,赛项执委会公布竞赛题目,选手开始准备,准备时间50分钟 2. 每隔8分钟,后面的选手依次进入备考室,公布竞赛题目,开始准备,以此类推
	A1组比赛	10:00~12:00	1. 10:00开始,A1组1号选手进入竞赛室2进行"幼儿故事讲述""幼儿歌曲弹唱与歌表演"赛项的比赛 2. 每隔8分钟,后面选手依次进入竞赛室竞赛,以此类推 3. 每位选手赛完要在休息室等候,待同一组考生全部赛完之后方能离开赛场
	A2组候考	11:30~12:00	程序与"A1组候考"相同
		12:00~12:20	同A1组
	A2组集中比赛	12:20~12:50	同A1组
	A2组备考	12:50~13:10	同A1组
		13:10~14:10	13:10开始,程序与"A1组准备"相同
	A2组比赛	14:10~18:30	14:10开始,程序与"A1组竞赛"相同
	B组选手赛项		
第二天	B组候考	7:30~8:00	1. B组选手检录、一次加密,等待室二次加密、宣讲竞赛纪律(各类通讯工具、储存设备和参考资料禁用) 2. 选手抽取座位号。
	B组比赛	8:00~8:20	进入竞赛室,等候比赛
		8:20~9:20	比赛项目1:幼儿园保教活动课件制作
		9:20~9:40	中场休息、原地等候
		9:40~10:20	比赛项目2:幼儿园保教活动分析
		10:20~10:40	中场休息、原地等候
		10:40~11:20	比赛项目3:幼儿教师职业素养测评
		11:20~11:40	进入等待室,待同一组考生全部赛完之后方能离开赛场
	C组选手赛项		
第二天	C1组候考	7:30~8:30	1. C1组选手检录、一次加密,等待室二次加密、宣讲竞赛纪律(各类通讯工具、储存设备和参考资料禁用) 2. 抽取竞赛顺序,依次进入备考室封闭式候考 3. 赛项执委会抽取C1组(上午场)的考题(本组考题相同,但C1组、C2组两组考题不相同)
	C1组备考	8:30~9:30	1. 8:30开始,C1组1号选手进入备考室,赛项执委会公布竞赛题目,选手开始准备,准备时间60分钟 2. 每隔7分钟,后面的选手依次进入备考室,公布竞赛题目,开始准备,以此类推

日程	环节	时间	内　容
第二天	C1 组比赛	9:30～12:20	1. 9:30 开始,C1 组 1 号选手进入竞赛室,进行"幼儿园教育活动设计（说课）"赛项的竞赛 2. 每隔 7 分钟,后面选手依次进入竞赛室竞赛,以此类推 3. 每位选手赛完要在休息室等候,待同一组考生全部赛完之后方能离开赛场
	C2 组候考	11:30～12:30	程序与"C1 组候考"相同
	C2 组备考	12:30～13:30	12:30 开始,程序与"C1 组准备"相同
	C2 组比赛	13:30～18:30	13:30 开始,程序与"C1 组竞赛"相同
第三天	成绩公布及闭幕式	9:00～10:00	大赛成绩公布
		10:00～11:30	大赛点评、颁奖、闭赛式

说明:

1) A 组选手在竞赛结束时要提交"命题画"作品,赛项裁判在竞赛后集中对选手的作品予以评分。选手在进行"幼儿故事讲述""幼儿歌曲弹唱与歌表演"赛项时,裁判进行现场评分。

2) B 组选手在竞赛结束时要及时保存提交"幼儿园保教活动课件""幼儿园保教活动分析与幼儿教师职业素养测评"答题材料,竞赛后赛项裁判集中对选手答题材料予以评分。

3) C 组选手在完成"幼儿园教育活动设计"赛项后,赛项裁判随即对选手予以评分。

3. 评分规则

本赛项为团体赛,每队竞赛由 A、B、C 选手组成,分别按规定参加各自比赛任务,由各组裁判逐项分组评判,最后累加各队 A、B、C 选手后的比赛成绩,为最终比赛结果。

团队总分构成见下表。

表 1-3　团队总分构成

竞赛环节		项目总分		团队总分
A 选手	幼儿故事讲述	5	25	100
	幼儿歌曲弹唱与歌表演	15		
	主题简笔画	5		
B 选手	幼儿园保教活动课件制作	10	40	
	幼儿园保教活动分析	15		
	幼儿教师职业素养测评	15		
C 选手	幼儿园教育活动设计	15	35	
	说课	20		

对于总分相同的团体,按照"幼儿园教育活动设计""幼儿园保教活动分析与幼儿教师职业素养测评""幼儿园教师综合技能测评"赛项的顺序,依次比较各项目得分,得分高者排在前面。如果每项的得分都一样,名次并列。

4. 竞赛环境

竞赛器材:竞赛室提供品牌钢琴一架;备考室提供课桌椅一套,签字笔(红黑各一支)、HB 铅笔、绘图橡皮擦;A4 试题纸、草稿纸各 3 张,《YLM-01 技能大赛考核系统》。A 选手每人提供 8 开图画纸 1 张,2B 铅笔 1 只,黑色勾线笔 1 支,24 色普通油画棒一盒。

场地要求：多媒体教室、普通教室、琴房的数量要与参赛选手人数相匹配，各场地根据要求在适当的位置配备录像设备、钢琴，并有能容纳师生共同观摩的场地。

(1) A选手竞赛环境

竞赛器材：竞赛室提供品牌钢琴一架；备考室提供课桌椅一套，签字笔(红黑各一支)、HB铅笔、绘图橡皮，A4试题纸、草稿纸各3张；8开图画纸1张，2B铅笔1支，黑色勾线笔1支，24色普通油画棒1盒。

场地要求：等候室与备考室的大小、数量要与参赛选手人数相匹配，并配有应急考场。各场地根据要求在适当的位置配备录像设备、钢琴，并有转播赛况能供师生共同观摩的场地。

场地声学要求：场内隔音效果良好，不能有明显的回音，声音要清晰。

场地光学要求：场内光线充足、明亮，可以轻松地阅读白纸上的黑色5号字。

(2) B选手竞赛环境

场地要求：标准化计算机教室，场地大小要与参赛人数相匹配，参赛选手独立座位。

场地光学要求：场内光线充足、明亮，可以轻松地阅读白纸上的黑色5号字；不可有引起屏幕反光的强光，不可影响观看计算机屏幕的内容。

在适当的位置配备录像设备。

(3) C选手竞赛环境

竞赛器材：备考室：赛项执委会提供课桌椅一套，签字笔(红黑各一支)、HB铅笔、高级绘图橡皮数量各1支，A4试题纸3张、A4草稿纸3张。

场地要求：等候室、备考室的大小、数量要与参赛选手人数相匹配，参赛选手独立座位，并配有应急考场。竞赛室(说课)场内不能有明显的回音，有利于选手声音的传递，隔音效果良好；场内光线充足、明亮，可以轻松地阅读白纸上的黑色5号字。

在适当的位置配备录像设备。

5. 奖项设置

大赛设团体奖。分别设立团队一等奖、二等奖、三等奖，获奖比例分别为：10％、20％、30％。获得团体一等奖项学生的指导老师，为优秀指导教师。

6. 监审与仲裁

1) 本赛项在比赛过程中若出现有失公正或有关人员违规等现象，代表队领队可在比赛结束后2小时之内向仲裁组提出书面申诉。大赛采取两级仲裁机制，赛项设仲裁工作组，赛区设仲裁委员会，申诉主体为参赛队领队。

2) 申诉应在竞赛结束后2小时内向赛项仲裁工作组提出，超过时效不予受理。申诉启动时，参赛队向赛项仲裁工作组递交领队亲笔签字同意的书面报告。书面报告应对申诉事件的现象、发生时间、涉及人员、申诉依据等进行充分、实事求是的叙述。非书面申诉不予受理。

3) 赛项仲裁工作组在接到申诉后的2小时内组织复议，并及时反馈复议结果。申诉方对复议结果仍有异议，可由省(市)领队向赛区仲裁委员会提出申诉。赛区仲裁委员会的仲裁结果为最终结果。

4) 申诉方不得以任何理由拒绝接收仲裁结果，不得以任何理由采取过激行为扰乱赛场秩序。仲裁结果由申诉人签收，不能代收，如在约定时间和地点申诉人离开，视为自行放弃申诉。申诉方可随时提出放弃申诉。

(二) 人员须知

1. 领队、指导教师须知

1) 各参赛队要发扬良好道德风尚，听从指挥，服从裁判，不弄虚作假。如发现弄虚作假者，取消参赛资格，名次无效。

2) 学习领会本赛项规程各项要义，准时参加领队会、开赛式、闭赛式等会议或仪式，认真贯彻落实规程要求和会议精神,协助赛项执委会安排好本队选手参赛的各项事宜。

3)按时参加领队会上各选手的分组抽签活动,确认本队选手比赛出场顺序,确保本队选手准时、顺利参加各项比赛。

4)熟悉比赛流程,妥善安排好本队人员每天的吃、住、行等日常生活,保证安全,并与相关赛务工作小组保持联系。

5)严格执行比赛各项规定,加强对参赛人员的管理,指导选手做好赛前的一切技术准备和应试准备。比赛期间不得私自接触评委。

6)参赛队对评分、评奖、处罚等有异议拟申诉的,统一由领队在评分、评奖结果和处罚决定公布后2小时内,向赛项仲裁工作组递交书面申诉报告。口头报告或其他人员要求解释处理,仲裁委员会将不予受理。

7)做好本队人员的思想教育和选手业务辅导、心理疏导工作,引导选手树立正确的比赛观,团结互助,弘扬优良赛风。

8)自觉遵守比赛规则,尊重、支持评委和赛项工作人员的工作,不进入比赛及其他禁止入内的区域,确保比赛有序、高效、公平、公正进行。

9)各参赛队须按规定时间到规定地点报到,按要求履行报到手续,领取赛项材料,了解比赛安排等情况,有问题须由领队及时与接待人员或赛项执委会联系。

10)比赛过程中或比赛后发现问题,应由领队在当天向赛项执委会提出陈述。

2. 参赛选手须知

1)选手须认真学习本赛项规程,熟知比赛规则,严格按照规则参加各项比赛,保证人身及设备安全,接受裁判员的监督和警示,文明竞赛。

2)选手报到和赛前检录须持本人身份证、学生证及参赛证;赛前检录迟到超过15分钟的选手,视作弃权,不得入场比赛;已检录入场的选手未经允许,不得擅自离开赛场。赛前练习和走台须按统一安排的时间及场地。具体比赛时间、顺序在参赛队领队会议抽签决定。

3)选手由引导员引导进入赛场,并在指定地点等候比赛,不得随意走动,不得大声喧哗。

4)在比赛过程中,要尊重裁判和赛场工作人员,自觉遵守赛场纪律和秩序。严格按照规定程序操作,爱护比赛现场的设备和器材,注意安全,防止意外事故发生。

5)选手应遵守赛场纪律,服从赛项执委会的指挥和工作人员的安排。诚信参赛,拒绝舞弊,竞赛期间不准携带任何通讯工具、移动存储器、照相器材等与竞赛无关的用品。一旦发现弄虚作假等舞弊行为,即取消该选手的比赛资格和成绩,并通报批评。

6)参赛选手赛场外的管理由各参赛队领队和指导教师负责。

3. 现场观摩人员须知

竞赛设置了专门的观摩室,竞赛观摩对象为参赛院校师生及相关从业人员。

观摩要求:

1)观摩凭观摩证、选手证、领队证、指导教师证、工作证等相关证件入场,按工作人员要求在指定区域内观摩。

2)保持安静,不得喧哗。

3)若出现干扰比赛正常进行的行为,工作人员有权将相关人员带离现场。

4. 评分人员须知

1)实行回避制度,裁判员不得担任自己所在参赛省(市、自治区)选手的参赛裁判工作,不得与参赛选手及相关人员接触联系。

2)裁判员仪表整洁统一着装,并佩戴裁判员的胸卡;语言举止文明礼貌,主动接受仲裁组成员和参赛人员的监督。

3）按制度和程序领取试卷、文件和物品。

4）裁判员和选手共同进行赛前检查,清点比赛使用仪器设备,确认设备完好。

5）裁判员场上应该充分仔细观察,尽到裁判员的职责,确保现场安全、有序。裁判员应特别注意涉及安全操作的项目,选手有违反安全操作规程的应及时提醒选手,并做记录,确保现场操作安全。

6）裁判员在工作中严肃赛纪,遵守公平、公正的原则。特别注意参赛选手有作弊行为时,应立即没收相关物品,取消该队的比赛资格。

7）裁判员认真填写比赛过程记录表,比赛结束后,裁判员和参赛选手一同在比赛过程记录表上签字确认。

8）裁判员未经同意不得擅自发布关于比赛的言论,不得接受记者的采访。评定分数不得向选手公开。

9）裁判员执裁期间在能看清现场状况与选手行为的情况下,应尽量远离选手,不得影响选手的工作,一般情况应与选手保持1米以上的距离。

10）裁判员完整填写现场评分记录表。

5. 工作人员须知

1）赛项各种工作人员须佩戴由赛项执委会统一印制的相应证件,着装整齐,按时进入工作岗位。

2）服从统一指挥,认真履行职责,做好比赛各项服务工作,尽职尽责完成分配的抽签、检录、计时、计分等各项任务,保证比赛顺利进行。

3）除赛项执委会成员、专家组成员、现场裁判、赛场配备的工作人员外,其他人员未经赛项执委会允许不得进入赛场。

4）严格执行赛项规程,认真维护赛场秩序,仔细检查、核准选手证件,引导选手进入和离开赛场,不得带领非参赛选手进入赛场。未经赛项执委会同意,任何无关人员不得进入竞赛区域。

5）新闻媒体人员等进入赛场必须经过赛项执委会允许,并且听从现场工作人员的安排和指挥,不得影响竞赛正常进行。

6）竞赛出现技术问题（包括设备、器材等）应与裁判组及时汇报,按照裁判要求进行相关处理。

7）如遇突发事件,要及时向执委会报告,同时做好疏导工作,避免重大事故发生。

8）坚守岗位,不做与工作无关的事情。裁判及监场人员在竞赛进行时一律关闭并上交手机,集中保管。

四、考核内容及评判指南

(一) 考核内容

根据幼儿园保教工作基本规范,结合当前幼儿园保教工作现状与发展需要,通过赛项更好地提升学生综合职业能力,全国职业院校技能大赛学前教育专业教育技能赛项内容设置如下。

项目1 幼儿园教师综合技能测评（基本功）

运用相关的知识与能力,表达对素材、作品的理解,表现出较强的儿童意识,作品适宜幼儿欣赏与学习。

项目1-1：幼儿园保教活动课件制作

运用现代教育信息技术手段,制作保教活动辅助课件。项目提供包括图片、文字、视频等在内的素材包。

项目1-2：幼儿故事讲述

运用口语表达对文学作品的理解,考查语言表现力。项目提供幼儿故事。

项目1-3：幼儿歌曲弹唱与歌表演

运用弹唱技能与歌表演表达对作品理解,考查选手的音乐表现力。两个项目运用同一音乐素材,组合呈现。

项目1-4:命题画

借助铅笔、油画棒等工具,运用绘画技能表现命题内容,考查选手的美术教育表现力。项目提供主题内容和绘画工具(8开图画纸、2B铅笔、高级绘图橡皮擦、24色普通油画棒、黑色勾线笔等)。

项目2 幼儿园保教活动分析与幼儿教师职业素养测评

项目2-1:幼儿保教活动分析

通过观看视频,对师幼互动中幼儿的心理发展,如认知、情感、意志等心理过程以及个性、社会性发展、学习心理等特点进行分析,并对教师的保教言行进行评价分析,提出建议。项目提供5分钟左右时长的师幼互动视频。

项目2-2:幼儿教师职业素养测评

包括50道选择题和1道材料分析题。试题均从大赛试题库软件中抽取,其中选择题包含职业基本素养与保育教育两个类别,根据答题正确率和答题时间计算得分,材料分析题主要考查选手的职业认知、职业道德和思维品质。

项目3 幼儿园教育活动设计

该项目以"规定主题"为设计范围,选手根据给定的素材与幼儿年龄段,进行幼儿园教育活动设计,主要考查选手的主题网络图设计、集体教学活动设计、说课等综合能力。

(二) 竞赛方式

大赛设A、B、C三个选手,各院校的三位参赛选手在正式比赛前一天通过抽签确定A、B、C三个项目的参赛身份。其中A选手参加命题画、幼儿故事讲述、幼儿歌曲弹唱和歌表演的赛项;B选手参加幼儿园保教活动课件制作、幼儿园保教活动分析和幼儿教师职业素养测评的赛项;C选手参加幼儿园教育活动设计的赛项。团体总分采用A、B、C选手得分之和的计分方式。

(三) 竞赛命题

① 本赛项由赛项专家组负责建立赛题库,并于开赛1个月前,发布在大赛网络信息平台上。

② 本赛项于赛前1个月公开竞赛样题,竞赛样题在竞赛规程附件中。

③ 竞赛时使用的赛题,按照《＊＊年全国职业院校技能大赛赛项试题管理办法》,在现场监督人员的监督下,由裁判长组织随机抽取,按照保密规定印刷、存放和领用。

(四) 评分标准

项目1 幼儿园教师综合技能测评(基本功)(共35分)

项目1-1 幼儿园保教活动课件制作(共10分)

表1-4 项目1-1评分标准

内容		评 分 标 准	分值
课件制作 10分	科学性	取材适宜,内容科学、正确、规范,体现幼儿年龄和领域适宜性	2
	教育性	片段教学内容设计完整,符合幼儿园保教活动的主题要求,结构清晰,能激发幼儿兴趣	3
	技术性	1. 课件的制作和使用,满足各项技术性要求 2. 操作简便、快捷、演示流畅、结构合理,能较好服务于保教活动	3
	艺术性	1. 色彩协调,风格统一 2. 画面设计新颖,富有童趣	2

续 表

内容	评 分 标 准	分值
评分分档	科学性高,教育性好,技术性强,富有艺术性,符合幼儿学习特点	9—10
	科学性较高,教育性较好,技术质量较强,有一定艺术性,基本符合幼儿学习特点	7—8
	科学性、教育性、技术性、艺术性均一般,不太符合幼儿学习特点	5—6
	该项课件内容不完整或提交未成功	0—4

项目 1-2　幼儿故事讲述(共 5 分)

表 1-5　项目 1-2 评分标准

内容		评 分 标 准	分值
幼儿故事讲述 5 分	基本功	1. 语音标准,口齿清晰,语速适宜,表达流畅,内容完整 2. 恰当、自然地运用语言技巧:感情充沛、精神饱满、抑扬顿挫 3. 脱稿讲述	2
	表现力	1. 语气、语调、动作、表情符合角色形象,符合故事内容和特点,有感染力 2. 故事内容加工合理,表现具有个性	1
	儿童化	1. 讲述富有童趣,适合幼儿学习与欣赏 2. 恰当运用态势语言,能激发幼儿倾听兴趣,亲和力好	2
评分分档		基本功扎实,表现力好,创意好,幼儿意识好	4—5
		基本功较扎实,表现力较好,创意较好,幼儿意识较好	3—4
		基本功较一般,表现力一般,创意一般,幼儿意识一般	2—3
		该项未完成	0—1

项目 1-3　幼儿歌曲弹唱与歌表演(共 15 分)

表 1-6　项目 1-3 评分标准

内容		评 分 标 准	分值
幼儿歌曲弹唱 8 分	基本功	1. 儿童歌曲演唱完整,音准节奏准确,咬字吐字清晰,歌词准确无误;真假声结合自然,声音通畅 2. 根据儿童歌曲的原调准确弹奏,指法、触键规范;和弦编配、和声织体运用恰当 3. 弹唱配合协调,声部平衡,弹唱流畅、完整	2
	表现力	1. 演唱情绪的处理独到,彰显歌曲个性 2. 根据歌曲意境编配和声织体,旋律演奏具有美感;准确处理伴奏音色,合理配合歌曲演唱	2
	儿童化	1. 歌曲弹唱富有美感和童趣,能引发幼儿欣赏的兴趣 2. 设计的前奏、间奏、尾奏符合歌曲特点,适合幼儿感受与欣赏、表现与创造 3. 声音能准确表达歌曲情感,塑造儿童歌曲音乐形象,适合幼儿感受与欣赏、表现与创造	4
歌表演 7 分	基本功	1. 肢体动作协调、优美,动作连接顺畅 2. 能合理运用各种舞蹈语汇进行创编 3. 儿童歌曲演唱完整,音准节奏准确,演唱时气息稳定,歌曲演唱情绪与舞蹈动作所表达的情绪相一致	2
	表现力	1. 歌曲所表达的情绪与意境把握准确,体现儿童歌曲的风格特点 2. 动作流畅,能够把握儿童的年龄特点	2

续 表

内容		评 分 标 准	分值
儿童化		1. 歌表演富有美感和童趣 2. 歌曲演唱能准确表达歌曲情感,舞蹈动作创编符合歌曲特点 3. 适合幼儿感受与欣赏、表现与创造	3
评分分档		基本功扎实,表现力好,创意好,符合幼儿学习特点	13—15
		基本功较扎实,表现力较好,创意较好,基本符合幼儿学习特点	10—12
		基本功较一般,表现力一般,创意一般,不太符合幼儿学习特点	7—9
		该项未完成	0—6

项目1-4　命题画(共5分)

表1-7　项目1-4评分标准

内容		评 分 标 准	分值
命题画(油画棒)5分	基本功	1. 构图合理,线条简洁、流畅 2. 造型形象、生动,色彩鲜艳、搭配协调,主题鲜明,画面丰富	2
	表现力	画面富有美感,具有新颖性和个性表现	1
	儿童化	1. 画面生动,富有童趣,适合幼儿欣赏 2. 巧妙运用油画棒绘画技能,充满儿童稚朴纯真之美	2
评分分档		基本功扎实,表现力好,创意好,幼儿意识好	4—5
		基本功较扎实,表现力较好,创意较好,幼儿意识较好	3—4
		基本功较一般,表现力一般,创意一般,幼儿意识一般	2—3
		该项未完成	0—1

项目2　幼儿园保教活动分析与幼儿教师职业素养测评(共30分)

表1-8　项目2评分标准

内容		评 分 标 准	分值	
幼儿园保教活动分析15分	思维品质	1. 观点正确鲜明,思路清晰,分析透彻,内容详尽,逻辑性好 2. 用词准确,语句通顺,格式规范,条理清楚,卷面整洁	4	
	教育理念	1. 具有科学儿童观,对幼儿心理发展水平或特点分析正确	2	6
		2. 具有科学教育观、教师观,能对教师的保教言行、职业道德作出正确判断与分析,理由科学、充分,符合《幼儿园教育指导纲要(试行)》《3—6岁儿童学习与发展指南》	4	
	教育建议	1. 有建设性或创新性的观点和建议	3	5
		2. 建议具有针对性、科学性、合理性,能促进幼儿发展	2	
评分分档		教育理念科学,教育建议符合幼儿特点,思维品质优秀	13—15	
		教育理念较科学,教育建议基本符合幼儿特点,思维品质较不错	10—12	
		教育理念科学性一般,教育建议不太符合幼儿特点,思维品质一般	7—9	
		该项未完成	0—6	

续 表

内容		评 分 标 准		分值
幼儿教师职业素养测评15分	选择题	大赛的考核系统根据参赛选手50道题目(选择题)作答的正确率自动计分,每答对一题得0.2分,包含职业基本素养与保教保育两大类别		10
	材料分析题	职业素养	1. 具有科学儿童观,对幼儿心理发展水平或特点分析正确 2. 具有科学的职业认知,能对教师的保教言行、职业道德、职业礼仪作出正确的判断与分析,理由科学、充分,符合《幼儿园教育指导纲要(试行)》《3—6岁儿童学习与发展指南》等精神	3
		思维品质	1. 观点正确鲜明,思路清晰,分析透彻,逻辑性好 2. 用词准确,语句通顺,格式规范,条理清楚,卷面整洁	2
	评分分档	职业认知好,职业道德好,思维品质优秀		4—5
		职业认知较好,职业道德较好,思维品质较优秀		3—4
		职业认知一般,职业道德一般,思维品质一般		2—3
		该项未完成		0—1

项目3 幼儿园教育活动设计(共35分)

表1-9 项目3评分标准

内容		评 分 标 准		分值
教学活动设计15分	主题网络图	1. 能充分运用给定的资源,并能依据自己对主题的认识,拓展相关的资源	2	5
		2. 主题网络图绘制具有丰富性、科学性、具体化和操作性强等特点,充分考虑到生活化、兴趣性、适宜性、幼儿主体性和家园合作等因素。网络图至少有三个层级(包含主题名称一级),第二、三层级至少有三个活动以上	3	
	活动目标	1. 活动目标符合《幼儿园教育指导纲要(试行)》和《3—6岁儿童学习与发展指南》精神,符合各领域的总目标和幼儿年龄阶段特点,切合儿童的发展水平和发展需要 2. 具有全面性,能围绕给定的主题,难度适当,对整个活动具有导向作用 3. 陈述简洁明了、主体统一、针对性强、具体可操作,充分体现本领域特点,能考虑到各领域间相互渗透		2
	活动准备	1. 活动前的知识储备、环境创设(墙饰布置、区域材料准备、活动材料准备、空间安排等)均符合实现教学活动目标的要求 2. 环境材料适宜,最大程度地支持和满足幼儿学习、探索、操作活动的需要 3. 有效利用现代化教学手段,适用、适时、适当地增加活动的实效性和趣味性		2
	活动过程	1. 过程设计结构严谨,层次清晰,各环节之间过渡自然流畅,体现循序渐进,有层次感	1	4
		2. 教学方法和活动组织形式选择适宜,能体现幼儿的主体性,为幼儿提供感知与操作的机会,安排充分的思考和探索时间	1	
		3. 提问具有思考性、启发性、开放性特点;能预测教学活动过程可能出现的问题并能设计出相应教学活动策略	1	
		4. 活动详略得当,重难点突破时间充分,能较好地突出重点,突破难点;教学手段设计针对性强,既适合于幼儿的认知特点,支持儿童的学习,又有利于学习目标的达成	1	
	其他	1. 文字表述逻辑清楚,格式规范完整,无错别字 2. 活动设计新颖,教学方法巧妙独特,有一定创新和突破		2

续 表

内容		评 分 标 准	分值	
说课20分	说内容	1. 能结合主题网络图,根据幼儿年龄特征和发展水平阐述内容选择的理由 2. 能正确分析、理解教学活动内容(素材),在客观分析幼儿的发展状况和已有经验的基础上,充分挖掘教材的价值,选取适合幼儿学习的内容	4	
	说目标	1. 阐述目标的具体内容并说明目标制定的理由和依据 2. 准确把握重点和难点,说明确定重难点的理由和解决重难点的方法和策略	4	
	说过程和方法	1. 能清晰说明各环节的设计与目标达成的关系	3	8
		2. 能清楚阐述主要的教学方法及选用的理由	3	
		3. 合理设计,准确预估教学效果,措施得当,应变性强	2	
	现场表现	1. 仪表大方,举止文雅,表情自然、丰富,有亲和力 2. 语言规范,条理清楚,逻辑性强,表达流畅,有感染力 3. 时间把握准确(超时相应扣分)	4	
评分分档		思路清晰合理,符合领域特点和幼儿特点	30—35	
		思路较清晰合理,基本符合领域特点和幼儿特点	24—29	
		思路清晰合理欠缺,不太符合领域特点和幼儿特点	18—23	
		该项未完成	0—17	

第二节　全国职业院校技能大赛参赛组织准备

一、大赛条件保障

全国职业院校技能大赛的准备工作应作为一项常规性、系统性的工作来进行,只由专任教师和学生参与,很难有很好的效果。学校应全局把控,在制度和机制各方面给予充分的保障和支持。在技能大赛准备阶段设立专门的管理职能部门,做好各部门之间的沟通、协调和统一管理,各级管理人员明确各自工作任务。制定校内竞赛,全体师生参与的大赛机制,使技能大赛工作常态化、制度化,以促进全体师生的共同提高,为参与更高层次的技能大赛奠定基础。

学校应给予大赛各方面的保障,提供大赛所需的设备耗材。为促进专业技能教学质量的提高,学校应加强实训基础条件的建设,使学生掌握基本的实训技能。设立专门的技能大赛实训室,为选手创造良好的训练环境,强化训练内容的针对性,保证选手训练的硬件条件。建立相应的奖励机制激发学生训练、参赛的积极性,对训练刻苦、比赛成绩优秀的学生,在奖学金评定、推优评选、就业推荐等各方面给予优先考虑。

组建优秀的指导教师团队。根据历年比赛项目,选拔教学经验丰富、教学效果好的教师组成技能大赛指导团队,应包括院系骨干教师,优秀青年教师及一线幼儿园教师等。结合教师自身优势分组,明确各自负责的项目,同时相互配合完成整个赛前训练工作。职业技能大赛对学生专业知识、职业竞技水平都有极高的要求,指导教师应是高水平的"双师型"教师,专业理论水平高,实践教学能力强。应熟悉行业标准、通晓比赛规程,根据竞赛项目内容拓展专业领域知识;要具有开放的思维与视野,善于求新求变;要善于思考和研究,针对实际出现的问题,能带领学生在实践中共同研讨解决问题;应关注学前教育发展的最新理念与动态,并结合幼儿园实际及时传递给学生;应善于总结学习,让训练事半功倍。此外,指导教师必须具有高度的责任心和奉献精神,指导工作时间紧、任务重,既要为学生做好技能指导,又要给予精神上的鼓励和心理上的疏导,必须要具有积极饱满的工作热情和良好的心态。

二、竞赛选手选拔

参加技能大赛的选手应具有较高的综合素质,包括专业理论知识、技能操作水平、职业素养、心理素质、意志品质等。在学生的日常专业课程学习过程中要始终贯穿技能大赛的各项要求,一方面要强化大赛项目所涉及的各项理论知识和操作技能,另一方面要注意培养学生的职业素养,锻炼其意志品质。

通过课堂上的技能学习、技能考试提高学生的技能水平;通过学校组织的各项技能大赛进一步筛选出理论基础扎实、技能水平较高、心理素质过硬、有较好的意志品质的学生进行系统性的强化训练;在不断的比赛过程中锻炼学生的职业能力、心理素质和竞赛能力。在强化训练阶段采取优胜劣汰,督促学生形成积极向上、努力争先的良好氛围,定期组织淘汰赛,逐级筛选,最后确定出参加高层次技能大赛的选手。

(一) 选拔条件

思想态度端正。参赛选手要有较强的主动性,愿意参加技能大赛,才能百分百地投入到训练中。赛前的训练过程任务多,强度大,要求高,要有能够吃苦、积极向上的乐观态度,还要具有谦虚、谨慎、不骄不躁、不气馁的品质。

普通话发音标准。发音标准是最为基础的评分标准之一。幼儿故事讲述、说课等内容,尤其考验选手的普通话水平。

形象好,有气质,具有亲和力。较好的形象、气质,符合幼儿园教师的体态条件等能够给选手在外形上加分,在极为有限的时间内,在众多的参赛选手中,较强的亲和力和表现力更能给评委留下深刻印象,体现符合自身专业的个性魅力,也是选手能够取得好成绩的要素之一。[①]

专业理论知识扎实。根据比赛内容,特别是在答辩、保教分析等项目上,理论知识的掌握尤为重要。学前专业的基础理论包含学前教育学、学前心理学、学前教育各领域活动设计、游戏论、幼儿园环境创设等,以及对《幼儿园教育指导纲要(试行)》《3—6 岁儿童学习与发展指南》《幼儿园教师专业标准(试行)》等学前教育政策法规、指导性文件的掌握,学生需要经过较长时期的学习和积累才能获得扎实的理论功底。

专业艺术技能较强。根据大赛内容设置,选手应该具备较强的幼儿歌曲弹唱、即兴演奏、幼儿舞蹈创编、歌曲表演以及简笔画的技能。这就要求选手本身要具备一定的艺术素养,比如基本的音准、伴奏技能、绘画能力等,在赛前的强化训练中再进一步提高。

掌握一定的计算机技术。如插入超链接,插入视频、音频,制作动画等。

综合素养较好。比赛的过程,一方面考验选手专业知识和技能,另一方面选手的心理素质、临场应变能力、灵活处理问题能力等方面,对比赛的顺利与否也会有较大影响,因此在选拔选手时要考虑选手的综合素质。

(二) 选拔渠道

选手选拔采取"多渠道""多层次"选拔制。

"多渠道"主要是指通过:第一,学校院系举行专业教育技能大赛,比赛内容和评分标准均依据技

---

① 学前教育专业职业技能大赛选手培训路径思考.陈梦明.高教论坛[J].2019;22.

能大赛的要求,评委由校内专任教师、幼儿园优秀教师构成,对参赛选手成绩进行排名,成绩优秀者作为备选参加校级大赛。第二,由专业课任课教师推荐 5 名在本课程上综合表现较优秀的学生。名单与学校技能大赛选出的备选选手名单进行比较,去重补漏,最终确定进入最后一轮选拔考核的名单。第三,最后一轮的选手选拔按照省级大赛的规程进行,重点考验选手的综合应变能力和心理素质。根据成绩确定最终正式参赛选手和备选参赛选手(以防参赛选手有特殊情况进行调整)进入全面备赛阶段。

"多层次"主要是指通过层层选拔的形式。一方面是将比赛的内容融入日常的学习中,通过全体学生参与的选拔赛促进学生主动学习,提高学生整体水平,真正达到"以赛促学"的目的,发挥技能大赛的辐射作用;另一方面,也是检验学生的综合素质和能力,通过班、院系、校三层筛选的同学,无论是在理论知识还是技能水平上都是较强的。

(三) 全国职业院校技能大赛选手选拔方案

1. 宣传动员

大二下学期放假之前,对适合报名的学生进行集中宣传动员。介绍国家有关全国职业院校技能大赛的相关政策、参加全国职业院校技能大赛对学生自身成长的作用、学校在历届技能大赛中的表现等。明确学校有关技能竞赛的工作时间表,告知学生的选拔时间、选拔要求等。督促相关学生提前准备。

大三上学期开学之初,再次对学生进行宣传动员。着重介绍本次大赛竞赛内容、竞赛规程、时间等。

2. 组织报名

报名采取学生自愿报名和任课教师推荐相结合的方式,但首先遵守自愿报名的原则。

3. 理论考试

技能大赛包括幼儿园教师综合技能测评、幼儿园保教活动分析与幼儿教师职业素养测评、幼儿园教育活动设计三个模块。大赛不仅要求选手具有较强的专业技能,还要求选手有分析问题、解决问题的能力,这就要求选手具有较扎实的理论基础。

扎实的理论能进一步引导学生提高专业技能水平。为了解报名学生的理论水平,报名结束后,学院统一组织学生参加理论考试,或参考以往专业课考试成绩,这主要是为了了解学生的理论水平、学习能力。理论考核成绩将作为重要参考。

4. 技能选拔

开展模拟竞赛,模拟竞赛现场由专业教师担任评委。每一位选手结束后,评委根据选手的表现进行打分、现场点评,使选手发现自身不足,提高自身水平。将模拟竞赛的成绩分数排名,最终根据分数高低确定参赛选手。

三、训练方案设计

初选后的选手进行集中训练,引导学生快速进入备赛状态,熟悉整个比赛的流程、内容、要求等。指导教师之间、指导教师与选手之间建立大赛指导 QQ 群、微信指导工作群。指导教师结合参赛选手自身情况,制定详细、具有较强针对性、明确具体、可操作性强的训练计划,最好以表格形式呈现,具体内容包括训练的具体时间、地点,训练内容、指导教师以及训练方式等。激发选手参赛的紧张感和时间的紧迫感,有利于参赛选手高效率地完成训练任务,快速地掌握知识和技能。

(一) 基本技能训练阶段

1. 理论知识学习

引导选手深入学习和掌握学前教育专业理论知识,进一步复习和巩固专业知识,增加参赛选手知识储备的宽度,为后续训练提供扎实的知识体系支撑。根据大赛内容,首先让学生深入学习研究大赛赛程并熟记比赛中需要掌握的相关专业文件知识,如《教师教育课程标准》《幼儿园教师专业标准(试行)》《幼儿园教育指导纲要(试行)》《3—6岁儿童学习与发展指南》《中小学和幼儿园教师资格考试标准(试行)》等。

指导教师可以搜索整理理论知识训练题库,在学习过程中与实践多结合,多练习,多思考,指导教师应每天组织理论知识点考核,可以有效提高参赛选手的自控能力。

2. 分模块针对性训练

全国职业院校技能大赛内容主要有幼儿园保教活动课件制作、幼儿故事讲述、幼儿歌曲弹唱与歌表演、命题画、保教活动分析、幼儿教师职业素养测评、幼儿园教学活动设计(包括主题网络图设计、集体教学活动设计、说课)等内容,在分模块针对性训练这一阶段,根据三个选手的比赛项目,分成A、B、C三组,要求每三天分别对三组题目进行全面的练习。

A组:完整讲述1个故事,完成1首歌曲的弹唱与表演,指导教师应适时进行示范;完成1幅幼儿主题简笔画作品,训练掌握简笔画基本的人物、动、植物、交通工具、生活用品等元素形状,打开主题简笔画创意的思路,运用简笔画元素进行创作。

B组:完成1个幼儿园保教活动课件制作,指导教师对插入超链接、插入视频、动画等相关操作进行培训;完成1个幼儿园保教活动分析,指导教师可启发学生运用专业理论知识分析幼儿园保教活动,并帮助学生梳理答题的思路;完成30道幼儿教师职业素养测评练习题,能够对题目进行分类,节省思考时间,强化和熟练对电脑的操作,得心应手完成测评题目。

C组:完成1个教学活动的活动设计,包括主题网络图的设计和说课,指导教师应对幼儿园五大领域的教学活动设计进行深入讲解。

本阶段训练,内容繁多,目的是让选手牢牢地打好基础,培养选手的审题和阅读能力,学会快速理解题目要求,找出关键点,同时培养选手的学习迁移能力,能举一反三,深刻理解,学会反思。

在训练中引入微格教学,将每位选手的训练过程全程记录下来,指导教师与选手一起观看录像,让他们分析自身的优缺点。在这个过程中选手能更直观、更全面地意识到自己的问题所在,同时学会自我剖析,及时、全面、客观地评价自我。录像时尽量使用选手的手机,让选手有机会在实训室、教室、宿舍中随时观看,不受时间空间限制,方便灵活,事半功倍。

3. 考核调整阶段

经过了一段时间的集中训练,选手对比赛有了较全面深刻的认识,在知识和技能上也有了较大幅度的提升。考核调整是指导教师、选手进行单独赛项的逐一考核,总结选手的优势和不足。指导教师根据选手考核过程和结果调整训练的侧重点,针对选手情况选择差异化的训练方式和手段,提出更高要求。其次,技能大赛的赛题一部分来源于幼儿园工作生活实践,灵活性高,指导教师应带领选手到幼儿园真实感受幼儿教师工作,观察感受幼儿教师与幼儿的交往和互动,在真实的工作情境中体验给幼儿讲故事、教幼儿唱歌,对师幼行为进行分析等,让选手在真实情境下检验自己的能力水平,有助于发现不足和改进。同时幼教专家对选手存在问题及综合表现进行评价指导。[1]

(二) 项目组合训练阶段

1. 强化训练选手的时间掌控

比赛要求参赛选手必须在2小时内完成比赛内容,本阶段重点训练选手对比赛时间的掌控。指导选手结合比赛内容和自身的特点合理安排时间,进一步科学化、合理化地分配好每一个项目的准备时间,提高对时间的把控能力,顺利完成竞赛项目。

---

[1] 学前教育专业职业技能大赛选手培训路径思考. 陈梦明. 高教论坛[J]. 2019.

2. "一对一"强化训练阶段

"一对一"辅导最大的优势是针对性强、效率高、效果显著。指导教师根据选手自身特点制定新的练习题库,进行"一对一"训练,要求学生在规定时间内完成一组题目,并全程录像。指导教师与选手共同观摩、分析视频,严格按照竞赛评分标准对每一比赛项目的细节进行分析,发现问题,解决问题,在这个过程中,选手能够直接地感受到自身存在的不足和优点,提高训练效率。

同时,指导教师应该随时掌握比赛的最新动态,获取、搜集与比赛相关的资料等,让选手重点关注,力求吃透,不留死角。

(三) 最后调整阶段

在本阶段,指导教师更要关注选手的细微变化。首先是关注调整选手的心理状态,指导教师要加强与选手的思想沟通交流,力求使选手不松懈并能以乐观积极的态度应对比赛。其次是要严格按照竞赛的流程进行全面模拟,包括选手的服装、环境的布置、抽签,选手备赛时间、竞赛时间、评委评分等都要向正式比赛看齐,让选手熟悉比赛环境、设备,感受、适应竞赛状态进而更自然和稳定地应对正式比赛,注意细节的把握。最后还要锻炼学生处理赛场上突发事件的能力。学生进入赛场可能出现不可预测的干扰因素,如自身的身体状态出现问题、比赛设备失常等,需要选手冷静和迅速地处理,遇紧急情况,不慌不乱,稳重处理。

四、心理素质训练

比赛中,想要取得优异成绩,除了过硬的专业理论知识和技能以外,良好的心理素质也至关重要。因此,在选拔阶段,就要考虑学生的心理素质,在训练阶段,也要刻意地模拟比赛现场的气氛,锻炼参赛选手的心理素质。

选手可分为"训练型选手"和"比赛型选手"。"训练型选手"在训练过程中表现突出,但到真正比赛过程中容易出现紧张、慌乱等情况影响比赛水平的发挥,不能反映自己的实际水平;"比赛型选手"在平时训练时表现一般,但是在真正比赛过程中能稳定发挥,不怯场甚至能超水平发挥。

如何让选手既成为"训练型选手",又是"比赛型选手"呢?在心理辅导方面可以注意,在训练初期,指导教师要以鼓励为主,培养选手积极乐观、不畏困难、充满自信的心理素质。在训练中期,指导教师要模拟真实竞赛的场景,邀请学校领导及大量观众进行观摩,给选手增加一定程度的心理压力,抓住选手出现的意外情况,教会选手处理一些突发状况或意外,锻炼选手的心理素质,适应竞赛的紧张氛围,到了真正的赛场也能从容应对。在比赛前期,尽可能给参赛选手减压,让选手以轻松的心态参加竞赛,避免因紧张而导致发挥失常,影响竞赛成绩。指导教师要努力营造出一种轻松迎战的氛围,安排好选手的作息时间,多与选手聊天沟通,适当鼓励和安慰。除此之外,尽量不再过多地修改选手已经习惯的动作和语言,保证选手自信、从容地应对比赛。

模块一 项目化实训

第一节 主题网络图设计

一、主题网络图设计的基本理论

(一) 什么是主题网络图

主题网络图是基于单元主题活动的一种内容呈现方式。单元主题活动,是目前幼儿园的一种重要课程组织形式,是指教师和幼儿在一段时间以内围绕着某个话题展开的,以游戏和活动为基本形式的系列活动。每个主题活动包含:主题活动的背景,即主题活动的设计意图;主题活动的目标,即幼儿在一个阶段要达到的发展目标;主题活动的内容,包括区域活动、集体活动、生活活动、户外活动等。同时,主题活动还包含为完成主题内容的一系列准备工作及过程性互动,如环境创设、家园共育等。单元主题活动强调各活动之间的内在联系,而不是把一堆的内容随意地堆积在一起。单元主题活动开展的时间不一,小的主题可能需一周的时间,大的主题可能需一月的时间,较大的主题可以再细分为若干的次主题。单元主题活动的内容可以分为两大部分,分别是预设型和生成型,教师既要在做计划时充分预设各种活动,又要随时观察捕捉幼儿的兴趣点,能够随时生成课程。

主题网络图是一种图解模型,因为形状像网络,故被称作网络图。主题网络图是单元主题活动的呈现方式,是把整个主题下的活动项目、内容等按照一定的关系网络的形式表现出来。主题网络图的呈现方式直观形象,可以一目了然地把主题下预设的活动清晰地表现出来,便于分析和把握幼儿的现有发展水平,了解各活动之间的关系。

(二) 主题网络图的设计

1. 主题来源

比赛中主题直接给定,在幼儿园的教育教学活动中,主题的来源主要有以下几种:

(1) 幼儿生活中有趣的话题

生活性是幼儿园课程的重要特点,围绕生活中的兴趣产生主题,是主题产生的最重要来源,也是最佳方式。这类题材范围广泛,幼儿的衣食住行都可以成为主题的来源。在日常生活中,教师要注意观察、倾听幼儿,及时捕捉到幼儿的兴趣点。如,下过雨后出现的彩虹吸引了幼儿的兴趣,可以围绕着"彩虹"生成主题活动。

(2) 社会生活中的焦点

幼儿是社会的一部分,社会生活中发生的重大事件幼儿自然也会感受到。教师要注意选择这些话题的适应性以及适合的年龄阶段。如"奥运会""航天飞船"这些话题都是适合幼儿园开展主题活动的社会话题。

（3）节日

节日是产生主题活动的一个重要来源。如"母亲节""元宵节""中秋节""端午节"等等,都是很好的主题素材。一般来说,节日主题持续的时间都不会很长,具有时效性,一般一周的时间,或者作为大主题下的一个次主题来呈现。

（4）季节

季节的转换是产生主题的来源。同时,季节的转换也是容易引起幼儿兴趣的话题。如"春天来了""有趣的夏天""多彩的秋天""冬天的故事"。

主题名称的命名,要以幼儿为主体,从幼儿的视角起名字,而且浅显易懂,好听好记。

2. 确定主题目标

主题目标的确定直接决定着内容的选择、资源的整合等问题。虽然在比赛背景下绘制主题网络图不需要写出主题目标,但目标的制定需要在绘制主题网络图前做好设计,目标确定好了,才好确定主题内容。

比赛背景下,主题目标的确定,要先分析给定素材的内容,将各活动的目标大体确定,然后将活动目标放大,最后,抽取主题目标。具体设计可参看后面案例分析部分。

3. 设计主题活动内容

主题活动的内容总体来说分为两类,一类是预设的活动,一类是生成的活动。在比赛这个特定的背景下,可以不考虑为生成的活动留白,全部按照预设的活动来进行内容的设计。

内容具体可以分为集体教学活动、区域活动与游戏活动、环境创设、家园共育四大类。集体教学活动从五大领域的角度,尽可能地全面设计健康、语言、社会、科学、艺术等各领域的内容;区域活动与游戏活动,一方面要紧扣次主题,另一方面可以结合集体教学活动的内容,将区域活动作为集体教学活动的延伸,实现集体教学活动和区域活动的联动;环境创设和家园共育部分体现在主题计划的制定中,但一般不在主题网络图中呈现,此处不再赘述。

4. 主题网络图的层次

主题网络图通常包含以下层次:

一是主题名称和主题目标。主题目标不需要体现在主题网络图中。

二是次主题的名称和目标。根据比赛给定的素材,从内容角度对素材进行分类,对内容进行概括总结,提炼出次主题。主题和次主题的目标不需要体现在图中,但需要教师心中有数,具体的活动都将围绕目标来选择和设计。

三是列出主题衍生出来的集体教学活动。首先将素材中给出的内容设计成合理的集体教学活动,然后可以采用"头脑风暴"的办法,将与主题相关的活动列出来,再结合具体的年龄阶段和内容的内在联系进行取舍。在设计活动时,不要生硬地拼凑活动,要考虑主题的整体性和活动之间的内在联系。

四是区域活动和游戏活动。可以从两个部分入手,一是与集体教学活动相关的,二是单独的区域活动或游戏活动。

通常,幼儿园每天进行一次集体教学活动,一次区域活动,按照这样的活动内容设置,持续一个月的主题活动,通常可以分为3~4个次主题,每个次主题持续1~2周的时间,以此来规划和计算主题网络图中涉及到的活动的具体数量。

5. 绘制主题网络图

主题网络图的绘制形式没有统一的格式,一般设置三级或四级分题,呈现方式主要有以下几种:

一是树状主题网络图。从外形看貌似一棵大树,树干是主题名称,分出来的大树枝是次主题的名称。围绕着次主题,可以展开"头脑风暴",把与次主题相关联的内容辐射呈现,如图 2-1 所示。该图仅仅是一个过程性主题网络,在该图的基础上,进行内容的筛选及设计,形成最终的树状主题网络图的最终呈现。树状网络图有利于思路的拓展,但是在最终呈现时,不容易将集体教学活动、区域活动、游戏活动加以区分,因此,我们通常用树状网络图进行思路的梳理,最终呈现多用圆形主题网络图。

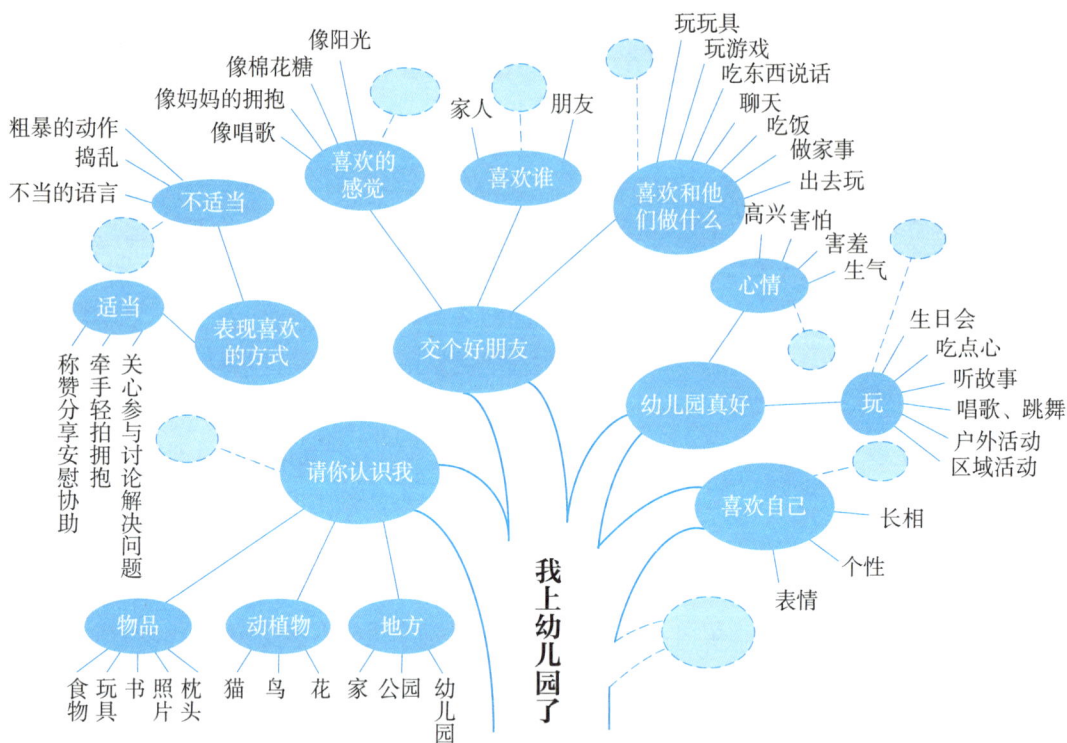

▲ 图 2-1 树状主题网络图

二是圆形主题网络图。圆形主题网络图的呈现直观看起来就是大圆套小圆,最核心的圆是主题名称,再一层层往外分别是次主题、集体教学活动、区域活动和游戏活动,如图 2-2 所示。另外,圆形主题网络图,也有按照五大领域来进行设计的呈现方式,如图 2-3 所示。

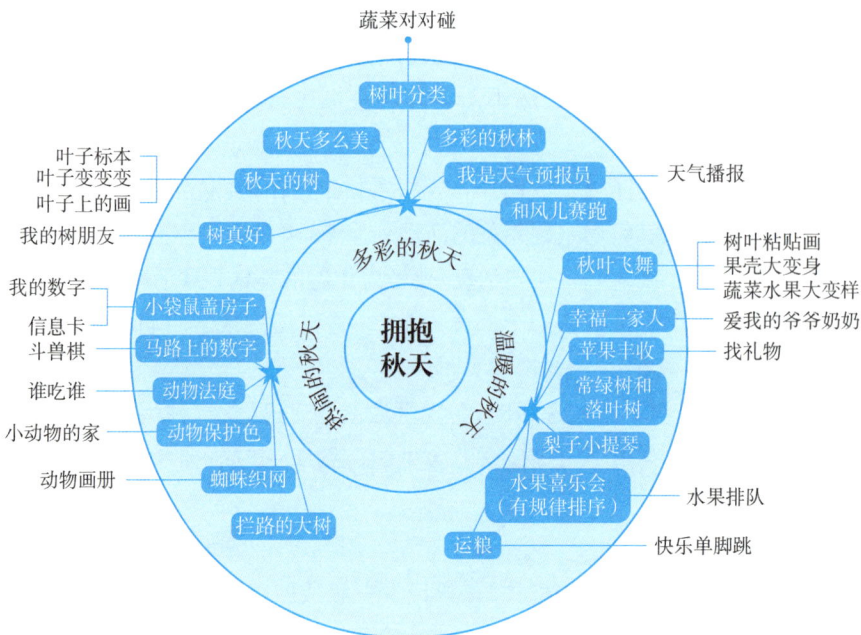

▲ 图 2-2 圆形主题网络图

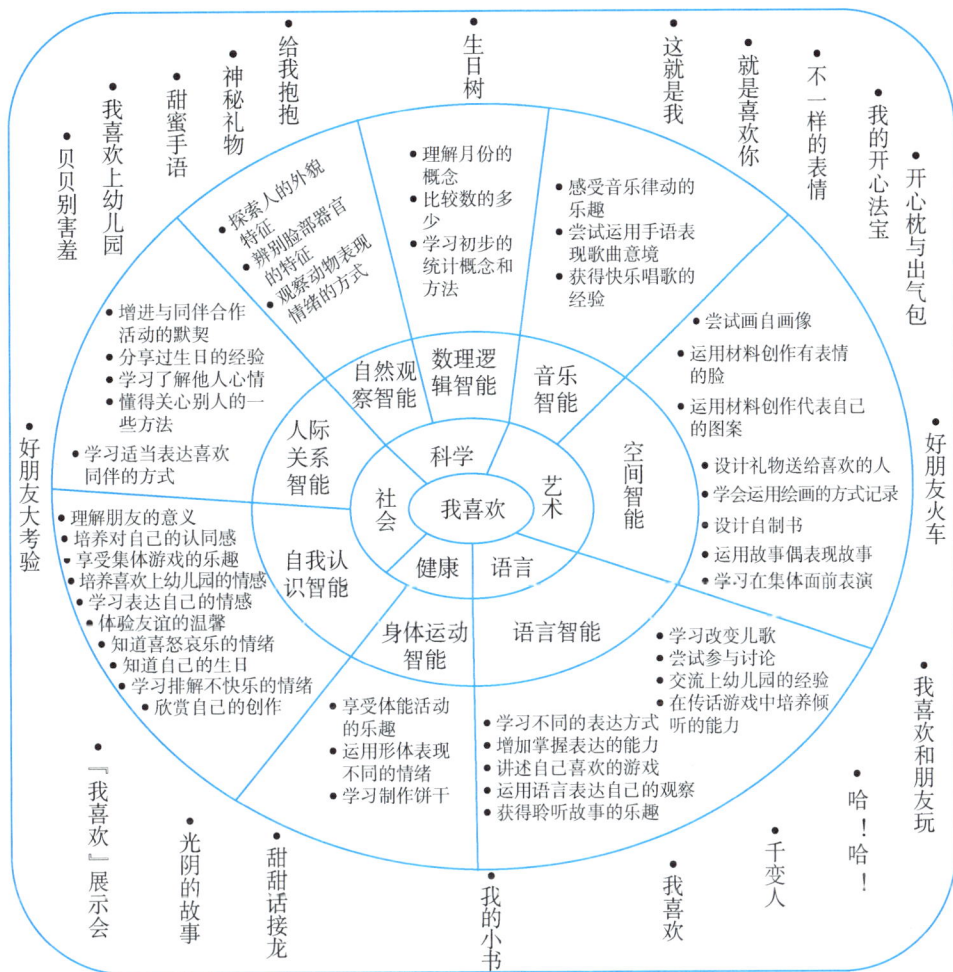

给我抱抱
神秘礼物
甜蜜手语
我喜欢上幼儿园
贝贝别害羞

生日树
这就是我
就是喜欢你
不一样的表情
我的开心法宝
开心枕与出气包

理解月份的概念
比较数的多少
学习初步的统计概念和方法

感受音乐律动的乐趣
尝试运用手语表现歌曲意境
获得快乐唱歌的经验

探索人的外貌特征辨别脸部器官的特征
观察动物表现情绪的方式

增进与同伴合作活动的默契
分享过生日的经验
学习了解他人心情
懂得关心别人的一些方法
学习适当表达喜欢同伴的方式

尝试画自画像
运用材料创作有表情的脸
运用材料创作代表自己的图案

好朋友大考验

理解朋友的意义
培养对自己的认同感
享受集体游戏的乐趣
培养喜欢上幼儿园的情感
学习表达自己的情感
体验友谊的温馨
知道喜怒哀乐的情绪
知道自己的生日
学习排解不快乐的情绪
欣赏自己的创作

设计礼物送给喜欢的人
学会运用绘画的方式记录
设计自制书
运用故事偶表现故事
学习在集体面前表演

好朋友火车

自然观察智能
数理逻辑智能
音乐智能
人际关系智能
科学
空间智能
社会
我喜欢
艺术
自我认识智能
健康
语言
身体运动智能
语言智能

学习改变儿歌
尝试参与讨论
交流上幼儿园的经验
在传话游戏中培养倾听的能力

我喜欢和朋友玩

享受体能活动的乐趣
运用形体表现不同的情绪
学习制作饼干

学习不同的表达方式
增加掌握表达的能力
讲述自己喜欢的游戏
运用语言表达自己的观察
获得聆听故事的乐趣

哈！哈！

「我喜欢」展示会
光阴的故事
甜甜话接龙
我的小书
我喜欢
千变人

图2-3　五大领域圆形主题网络图

主题网络图还有线条辐射状的呈现方式,以及思维导图的呈现方式,这些都是不同的呈现形式,涵盖的内容基本如上所述。

(三) 主题网络图设计的要求

全国职业院校技能大赛的评价标准如下:

内容	评　价　标　准
主题网络图	1. 能充分运用给定的资源,并能依据自己对主题的认识,拓展相关的资源
	2. 主题网络图绘制具有丰富性、科学性、具体化和操作性强等特点,充分考虑到生活化、兴趣性、适宜性、幼儿主体性和家园合作等因素。网络图至少有三个层级(包含主题名称一级),第二、三层级至少有三个活动以上

二、主题网络图设计案例分析

案例1　主题网络图设计——我的动物朋友

◆ 要求:

根据给定的素材,确定主题活动适合的年龄段,综合幼儿发展各领域以及幼儿园活动的类型,围绕主题设计主题网络图。主题网络图绘制具有丰富性、科学性、具体化和操作性强等特点,充分考虑到生活化、兴趣性、适宜性、幼儿主体性和家园合作等因素。①

◆ 素材：

故事《小兔乖乖》

兔妈妈有三个孩子，一个叫红眼睛，一个叫长耳朵，一个叫短尾巴。

一天，兔妈妈对孩子们说："妈妈到地里去拔萝卜，你们好好看着家，把门关好，谁来叫门都别开，等妈妈回来了再开。"兔妈妈拎着篮子，到地里去了。小兔子们记住妈妈的话，把门关得牢牢的。过了一会儿，大灰狼来了，他想闯进小兔子的家，可是小兔子把门关得紧紧的，进不去啊！大灰狼坐在小兔子家门口，眯着眼睛，在想坏主意，突然看见兔妈妈回来了，他连忙跑到一棵大树后面躲起来。

兔妈妈走到家门口，推了推门，门关得紧紧的，就一边敲门，一边唱："小兔子乖乖，把门儿开开！快点儿开开，妈妈要进来。"小兔子一听是妈妈的声音，一齐叫起来："妈妈回来啦！妈妈回来啦！"他们给妈妈开门，抢着帮妈妈拎篮子。嗬，妈妈拔了这么多红萝卜！兔妈妈亲亲红眼睛，亲亲长耳朵，又亲亲短尾巴，夸他们是好孩子。

那只大灰狼躲在大树后面，偷偷地把兔妈妈唱的歌记住了。他得意地想，这回我有办法了。

第二天，兔妈妈到树林子里去采蘑菇，小兔子们把门关好，等妈妈回来。过了一会儿，大灰狼又来了。他一边敲门，一边捏着鼻子唱："小兔子乖乖，把门儿开开！快点儿开开，妈妈要进来。"红眼睛一听，以为妈妈回来了，高兴地叫着："妈妈回来啦，妈妈回来啦！"短尾巴也以为妈妈回来了，一边跑，一边说："快给妈妈开门，快给妈妈开门！"

长耳朵拉住红眼睛和短尾巴说："不对，不对！这不是妈妈的声音。"

红眼睛和短尾巴往门缝里一看："不对，不对！不是妈妈，是大灰狼。"

小兔子们一齐说："不开，不开，我不开，妈妈不回来，门儿不能开。"

大灰狼着急地说："我是你们的妈妈，我是你们的妈妈！""我们不信，我们不信！要不，你把尾巴伸进来让我们瞧一瞧。""好啦，我就把尾巴伸进去，让你们瞧一瞧。"小兔子把门打开一点儿，大灰狼就把自己的尾巴伸了进来。嘿，一条毛茸茸的大尾巴。一，二，三，嘭——小兔子一齐使劲，把门关得紧紧的，大灰狼的尾巴给夹住了。大灰狼疼得哇哇叫："哎哟，哎哟，疼死我了。放了我，放了我！"这时候，兔妈妈回来了，她放下篮子，捡起一根木棍，朝大灰狼的脑袋狠狠地打。

大灰狼受不了啦，使劲一挣，把尾巴挣断了。他拖着半截尾巴逃到山里去了。兔妈妈这才松了一口气，扔下木棍，拎起篮子，一边敲门，一边唱："小兔子乖乖，把门儿开开！快点儿开开，妈妈要进来。"小兔子们听见妈妈的声音，抢着给妈妈开门，抢着帮妈妈拎篮子。嗬，妈妈采来了这么多蘑菇！

歌曲《哈巴狗》

1=C　4/4

‖: 1 1 1 2 3 — | 3 3 3 4 5 — | 6 6 5 4 3 — |

一只哈巴狗，　坐在大门口。　眼睛黑黝黝，

一只哈巴狗，　吃完肉骨头。　尾巴摇一摇，

5 5 2 3 1 — :‖ X X 0 0 ‖

想吃肉骨头。　汪汪

向我点点头。

---

① 2019 年全国职业院校技能大赛赛项规程

歌曲《我爱我的小动物》

1=C　2/4

| 5 6 5 4 | 3　1 | 2 1 2 3 | 　5 — | X 0 | X 0 ‖ |

我爱我的 小　猫,	小猫怎样	叫?	喵	喵
我爱我的 小　狗,	小狗怎样	叫?	汪汪	汪汪
我爱我的 小　羊,	小羊怎样	叫?	咩	咩
我爱我的 小　牛,	小牛怎样	叫?	哞	哞

故事《小熊请客》

今天,小熊请客,他准备了许多好吃的食物招待客人。

"喵喵喵,喵喵喵",小猫来了。小猫说:"小熊,你好。"小熊说:"小猫,请你吃鱼。"小猫接过小熊手里的鱼,高兴地吃起来。

"汪汪汪,汪汪汪",小狗来了。小狗说:"小熊,你好。"小熊说:"小狗,请你吃肉骨头。"小狗接过小熊手里的肉骨头,高兴地吃起来。

"笃笃笃,笃笃笃",小兔来了。小兔说:"小熊,你好。"小熊说:"小兔,请你吃萝卜。"小兔接过小熊手里的萝卜,高兴地吃起来。

小猫、小狗和小兔吃饱了,他们一齐对小熊说:"谢谢你,小熊。"

游戏《小青蛙学本领》

教师示范双脚并拢从椅子(15～25厘米)上向下跳,引导幼儿认真观察学习"跳"的本领。幼儿自由练习,学习小青蛙"跳"。

◆ **案例解析:**

1. **适合年龄段分析**

首先,拿到素材,要对素材适合的年龄段进行分析。题目给出了两个故事两段歌曲。故事《小兔乖乖》是孩子们非常熟悉的故事,"小兔子乖乖,把门儿开开! 快点儿开开,妈妈要进来"的唱段反复出现,符合低龄幼儿喜欢重复的年龄特点;《小熊请客》这个故事则是进行改编后的故事,通过比较我们能够看出,改编后的故事比起原故事,故事情节简单,故事中的角色减少,故事内容重复性强。通过对两个故事的分析,我们可以大体判断,这些素材适合的年龄阶段是小班。接下来,通过对歌曲和游戏的分析,进一步印证。两首歌曲歌词的结构都比较短小工整,基本都是4个小节,2个乐句。节奏简单,都是以二分音符和四分音符为主,节拍分别是四拍子和两拍子,旋律比较平稳。从这些信息都可以推断出材料内容适合的年龄阶段是3—4岁幼儿。

2. **内容分析**

首先,将素材内容进行分析。歌曲《哈巴狗》传达的是动物的有趣,故事《小兔乖乖》讲的是小兔子的聪明、机智,歌曲《我爱我的小动物》从歌曲名字,可以抓到关键词"爱",《小熊请客》借着小动物之间的故事讲小动物的习性,体育游戏中可爱的小青蛙可以和幼儿一起锻炼身体。

其次,总结归纳次主题。通过对内容的分析,我们可以提取出一些关键词,如:有趣、聪明、爱、习性。然后对内容进行归纳,提升,可以得出几个次主题,如:我爱小动物、可爱的小动物、我的动物朋友、和动物一起做游戏、动物百科等。由于主题对象是小班,对产生的次主题进行分析,最后确定三个次主题名称——"你好,小动物""我爱小动物""动物本领大"。接下来,进行"头脑风暴",尽量将所有自己头脑中储备的跟主题相关的内容列出来。因为是在比赛背景下,因此,平时材料的积累十分重要。

3. 主题网络图绘制

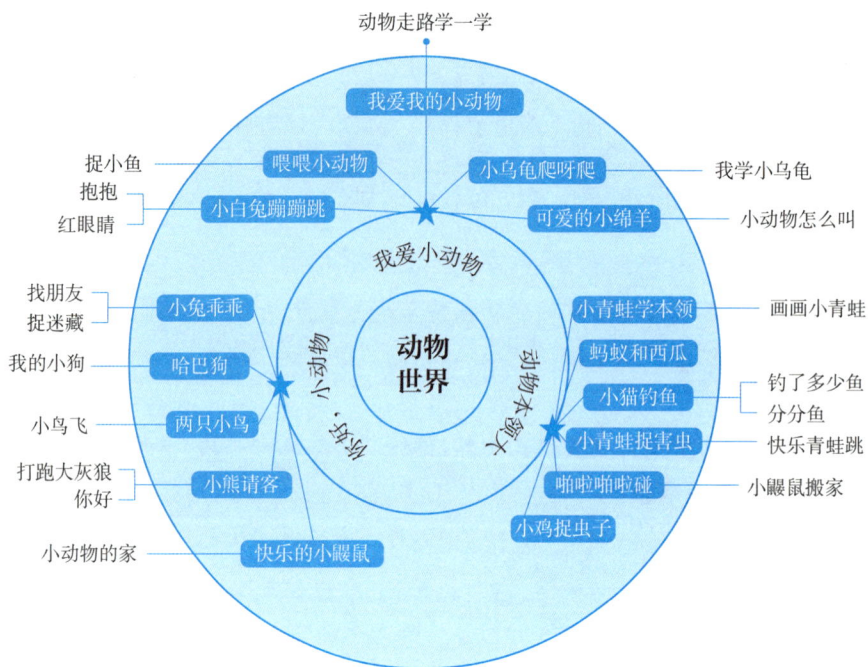

▲ 图2-4 动物世界主题网络图

案例2 主题网络图设计——我的家乡

◆ **要求：**

根据给定的素材,确定主题活动适合的年龄段,综合幼儿发展各领域以及幼儿园活动的类型,围绕主题设计主题网络图。主题网络图绘制具有丰富性、科学性、具体化和操作性强等特点,充分考虑到生活化、兴趣性、适宜性、幼儿主体性和家园合作等因素。[①]

◆ **素材：**

山东的主要名胜古迹

泰山——泰山又名东岳、岱山、岱岳、岱宗、泰岳,位于山东省的中部,隶属于山东省泰安市,绵亘于济南、淄博、泰安三市之间,总面积达24 200公顷。主峰为玉皇顶,海拔1 545米,气势雄伟磅礴。泰山有"五岳之尊""五岳之首""天下第一山""五岳之长"之称。

趵突泉——趵突泉位于济南市,东临泉城广场,南靠千佛山,北望五龙潭、大明湖。趵突泉总面积10.53公顷,是国家AAAAA级旅游景区、国家首批重点公园。趵突泉位居济南七十二名泉之首,被誉为"天下第一泉",也是最早见于古代文献的济南名泉。

曲阜孔庙——曲阜孔庙,位于曲阜市中心鼓楼西侧300米处,是祭祀中国古代著名思想家和教育家孔子的祠庙。始建于鲁哀公十七年(公元前478年),历代增修扩建,与相邻的孔府、城北的孔林合称"三孔"。它是一组具有东方建筑特色、规模宏大、气势雄伟的古代建筑群。

孔府——孔府,又被称为衍圣公府,位于山东曲阜市,是孔子的世袭衍圣公的后代居住的府第,位于曲阜城内孔庙东侧。始建于1377年,1503年重修拓建,1838年进行了扩修,1885年重建了遭受火焚的内宅。建国以后,曲阜市人民政府多次拨款重修,现在保存良好。

---

① 2019年全国职业院校技能大赛赛项规程

儿歌《夸山东》

山东是个好地方，
这里的特产多又多。
烟台苹果莱阳的梨，
乐陵的小枣甜如蜜。
泰安煎饼滨州的米，
德州扒鸡临沂的糁，
青岛啤酒万人迷。
潍坊的风筝飘万里。
山东的省会是济南，
济南的泉水数第一。
欢迎您到山东来，
美酒香茶迎接您！

歌曲《沂蒙山小调》

1=A 3/4   山东民歌

2 5 32 | 3 53 21 2 — — | 2 5 2 | 3 5 3 2 1 6 | 1 — — |

人 人 那个 都 说 嗨   沂 蒙 山 好，
青 山 那个 绿 水 嗨   多 好 看，
高 粱 那个 红 嗨   豆 花 香，
咱们 那人 共 产 党   领 导 好，

1 3 23 | 5 2 7 65 | 6 — — | 1· 2 76 | 53 5 — | 5 0 0 |

沂 蒙 那个 山 上 哎   好 风 光。
风 吹 那个 草 低 嗨   见 牛 羊。
万 石 那个 谷 子 嗨   堆 满 仓。
沂 蒙山的 人 民 嗨   喜 洋 洋。

山 东 秧 歌

1=F 2/4   佚 名 词曲

3 5 32 | 12 1 | 3·5 32 | 12 1 | 6·1 61 |

小 朋 友呀 快快来，挥起 彩带 扭秧 歌，扭 呀 扭呀

33 2 | 6·1 61 | 33 2 | 5·3 20 | 6·1 20 |

像条 龙，扭 呀 扭呀 像彩 虹，你 也 扭， 我 也 扭

5·3 20 | 6·1 20 | 23 23 | 23 20 | 56 56 |

你 也 扭， 我 也 扭， 扭呀扭呀 扭呀扭， 扭呀扭呀

5 6 50 | 5 53 | 2·3 50 | 661 32 | 1 — | X 0 :|

扭呀扭， 扭 得 大 家， 笑呀 笑呵呵。 嘿！

025

◆ **案例解析：**

1. 适合年龄段分析

首先，拿到素材，要对素材适合的年龄段进行分析。题目给出的素材涉及的面比较广，两段音乐素材，一段儿歌，一个知识介绍。可以捕捉到的关于素材中的年龄阶段的信息较少，尤其是这两段的内容，因为是民歌，不是幼儿歌曲，我们不能从音域、节奏、旋律、乐句等角度去分析适合的年龄阶段。素材中还有一个音乐表演的内容，舞蹈的元素是秧歌十字步，作为一种专门的舞蹈技能，幼儿最早也是要到中班下学期才适合的内容。由于是家乡的题材，幼儿的经验越丰富，主题的开展效果越好，因此可以将主题对象定为大班幼儿。

2. 内容分析

首先，将素材内容进行分析。第一段素材，介绍的是"我的家乡"山东的主要名胜古迹，我们可以简单归纳为"家乡美"；第二段夸山东的儿歌，主要介绍的是山东的特色美食；第三段沂蒙山小调，用歌唱的形式表达了家乡美；第四段秧歌步属于山东的传统民俗艺术。在对内容的分析基础上，我们进行归纳总结，可以得出几个次主题，如：家乡美、歌唱家乡、舌尖上的家乡、物产丰富等。从次主题的表述角度上，尽量采用工整的表达方式，可以将次主题定为："家乡真美""歌唱家乡""家乡味道"。

接下来，进行"头脑风暴"，尽量将所有跟主题相关的内容列出来。由于这个主题给定的素材是大班中班年龄阶段皆可的，因此具体活动内容的选择就非常重要，要体现年龄阶段的一致性，不要有的内容是针对中班幼儿的，而有的内容是针对大班幼儿的。

3. 主题网络图绘制

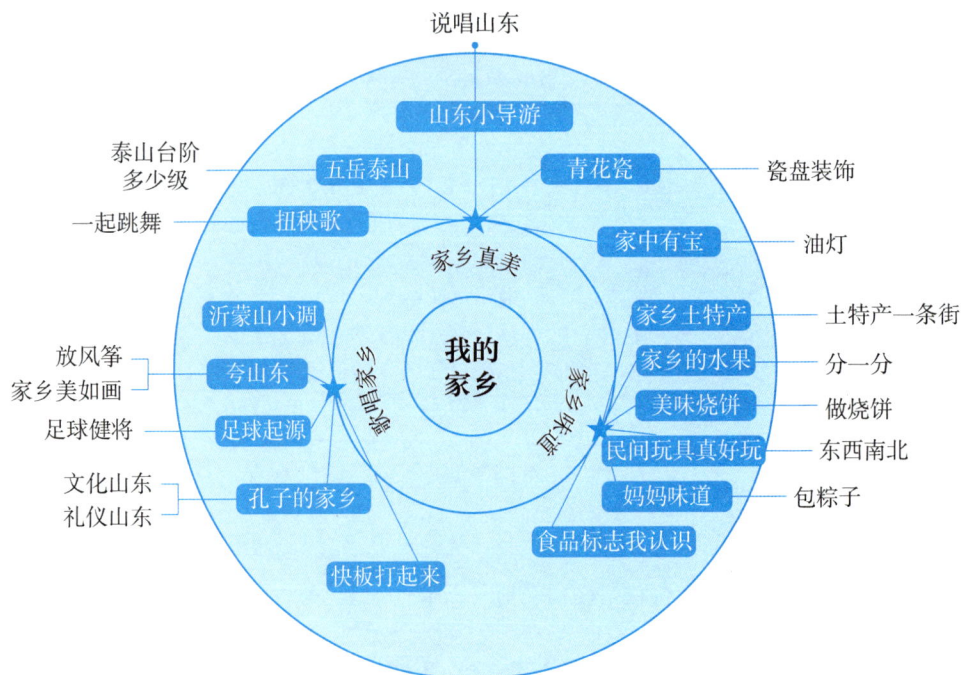

▲ 图2-5 我的家乡主题网络图

案例3　主题网络图设计——多彩的秋天

◆ **要求：**

根据给定的素材，确定主题活动适合的年龄段，综合幼儿发展各领域以及幼儿园活动的类型，围绕主题设计主题网络图。主题网络图绘制具有丰富性、科学性、具体化和操作性强等特点，充分考虑到生活化、兴趣性、适宜性、幼儿主体性和家园合作等因素。[①]

◆ 素材：

散文诗《树真好》

树真好，小鸟可以在树上筑巢，每天天一亮，小鸟就会唧唧喳喳地叫。

树真好，能挡住大风，不许风吵吵闹闹，到处乱跑。

树真好，我家屋子清清爽爽，阵阵风儿吹，满树花香往屋里飘。

树真好，我们全家在树荫下野餐，大家吃得很香，说说笑笑，热热闹闹。

树真好，天好了，树下铺着阴凉儿，我和我的小猫咪，躺在树下睡午觉。

树真好，如果有一只大狗来追我的小猫，小猫爬上大树躲起来，气得大狗"汪汪"乱叫。

树真好，我做个秋千挂在树上，让我的布娃娃坐上去，摇啊摇。

树真好，树叶在秋风里飘呀飘，树下铺着树叶地毯，我们可以在上面滚来滚去，跑跑跳跳。

歌曲《秋天多么美》

曾泉星　词
卫燕玲　曲

故事《梨子小提琴》①

小松鼠住在松树上。有一天,小松鼠从树上爬下来,到地上来玩。他在地上走来走去,看见一个大梨子。

大梨子颜色黄黄的,一头大一头小。可是小松鼠不认识它。

"咦? 这是什么东西呀? 真好玩。"

小松鼠费了好大的劲,把梨子背回家去。他找来一把刀,把梨子对半切开,一股香味飘散开来。

"啊,好香啊,好香啊。"

小松鼠吃掉半个梨子。那剩下的半个,他舍不得吃了。

小松鼠捧着那半个梨子左看右看,突然想到一个好主意。

"我拿它做一把小提琴吧!"

小松鼠真的把半个梨子做成了一把小提琴,又拿小树枝和自己的胡子,做成了一把琴弓。

小松鼠坐在树枝上,拉起小提琴来。拉出来的琴声好听极了,还带着一股淡淡的香味,传出很远很远去。

这样好听的音乐,森林里从来没有过。

这时候,在森林里的一个地方,有一只狐狸在追一只小野鸡,小野鸡一面哭,一面拼命地跑。"我一定要把你捉住!"狐狸可凶啦。

狐狸跑得快,小野鸡跑得慢,狐狸很快就要追上小野鸡了。"救命呀,救命呀!"小鸡吓得尖声乱叫。

突然,好听的音乐传进了狐狸的耳朵。呀,真好听呀! 狐狸对小野鸡喊起来:

"喂,你别跑啦,我不捉你了,我要去听音乐。"

这时候,在森林里的另一个地方,有一只狮子在追一只小兔子。小兔子一面哭,一面拼命地跑。

"我一定要把你捉住!"狮子可凶啦。

狮子脚步大,小兔子脚步小,狮子很快就要追上小兔子了。"救命呀,救命呀!"小兔子吓得失声乱叫。

突然,好听的音乐传进了狮子的耳朵。呀,真好听呀! 狮子对小兔子喊起来:

"喂,你别跑啦,我不捉你了,我要去听音乐。"

小松鼠还在松树上拉小提琴。

森林里许多动物都来了,脚步轻轻的,在松树下坐下来。

狐狸走来。他的身后,跟着那只小野鸡。

狮子走来。他的身后,跟着那只小兔子。

小松鼠拉呀,拉呀,星星也来听,月亮也来听。

优美的音乐,好像果子蜜流到动物们的心里去了,大家都觉得心里甜蜜蜜的。

森林里,真安静。狐狸让小野鸡躺在他的大尾巴上,这样,小野鸡听音乐会觉得更舒服些。狮子让小兔子躺在他的怀里,这样,小兔子听音乐会觉得更暖和些。

小松鼠拉着拉着,突然,从小提琴上掉下来一粒东西,落在地上不见了。

"咦,是什么东西掉下来呢?"

小松鼠说:"是我不小心,让小提琴里的一个小音符掉出来了。"

第二天,这儿地上长出来一棵小绿芽。动物们围着它,都说:"这准是发了芽的小音符。"

瞧它弯着腰,是见了陌生人怕难为情吧?

----

① 山东省幼儿园课程指导大班(上)主题三"多彩的秋天"。

小松鼠拉小提琴给绿芽听,听到琴声,小绿芽呼呼地直往上长,很快长成了一棵大树,大树上,结出很多很多的梨子。这些梨子,有的很大,有的很小,满满地挂了一树。

小松鼠说:"这些果子,都可以做提琴呢!"

小松鼠把梨子摘下来,送给动物们。最大的送给狮子,不大不小的,送给狐狸和小兔子,小的送给小野鸡,最小的,送给了小甲虫。这些梨子都做成了提琴,大的做成大提琴,小的做成小提琴。

动物们不再追来打去了,他们每天学拉提琴,到了有月亮的晚上,就都到松树下来开音乐会。

小知识《种子的传播》

自然界中,植物种子传播的方法有很多,比如水传播、动物传播、风传播、弹射传播、机械传播等。

1. 水传播

生长在水边或水里的植物,通常会借助水力来传播种子,例如睡莲、椰子等。

椰子:椰子成熟以后,外壳坚硬,像小船。椰子从树上落下以后,它会随着海水漂到远方,当浪潮把它冲上海岛之后,岸边就会长出新的椰树。

睡莲:睡莲的果实成熟以后,它会落在水里慢慢地腐烂,包有海绵状种皮的种子就会浮在水面上漂行,随着波浪漂,最后沉入水底,生根发芽。

2. 动物传播

走在草丛中,许多植物的果实或种子会黏到衣服或者裤子上,或者黏附在其他动物的身上,或者是成为动物的食物,若鸟类将未被消化的种子排泄出来,会被带至更远的地方,例如车前草、鬼针草、雀榕等。

野山参、野葡萄:小鸟或其他动物把种子吃进肚子,由于消化不掉,便随粪便排出来传播到四面八方。

松子、榛子、核桃:靠松鼠储存过冬食物时带走的。松鼠在秋天,为储存过冬的食物,喜欢把这些坚果带走,埋到树洞或地下保存,有些到春天还没有被吃掉,就会在埋藏地点生根发芽。

3. 风传播

有些果实或种子会长翅膀一样的结构,风一吹就飘到远方,例如蒲公英、昭和草、黑板树等。

红皮柳:靠柳絮的飞扬把种子传播到远处去的。春天,柳絮四处飞扬,你知道春天柳絮飞扬的奥秘吗?抓一团柳絮仔细观察,就会发现里面有些小颗粒,那是柳树的种子,柳树就是靠飞扬的柳絮,把种子传播到远处去的。

蒲公英:菊科植物蒲公英的瘦果上,长了很多长的冠毛,成熟时这些冠毛展开,像一把降落伞,随风飘扬,把种子散播远方。

◆ 案例分析:

1. 适合年龄段分析

歌曲《秋天多么美》展现的是一个秋天丰收的景象,歌曲共三段,涉及农作物分别是棉花、高粱和水稻。歌曲中有较多的附点节奏、连音和跳音,共有 28 个小节。因此,这首歌曲是适合大班幼儿进行学习的。故事《梨子小提琴》内容篇幅较长,运用了比喻、拟人等修辞手法,对语言的理解能力有较高的要求。植物种子的传播需要一定的经验的积累,引导幼儿关注自然界。综上分析,这个主题活动是适合大班幼儿的。

2. 内容分析

散文诗《树真好》和歌曲《秋天多么美》都向我们展现了一幅秋天的美景,《秋天多么美》的内容则是展示的丰收的场景。故事《梨子小提琴》创设了一个温馨、柔美的意境。《种子的传播》则能看出大自然的神奇。在对内容的分析基础上,我们进行归纳总结,可以得出几个次主题,如:"多彩的秋天""丰收的秋天""热闹的秋天"。接下来,围绕着次主题开始搜集内容,包括集体教学活动、区域活动、游戏活动等。丰收的秋天中,可以想到各种农作物,如玉米、花生、稻谷、红薯等,可以想到各种水果,如石榴、梨子、苹果等,可以想到各种干果,如开心果、板栗、瓜子等,还可以想到丰收的场景,收获的农民等;多彩的秋天,可以想到秋天随风起舞的落叶,可以随落叶跳舞,可以做树叶粘贴画,可以认识绿叶与枯叶,还可以想到秋天各种的颜色,有热情似火的枫叶,似蝴蝶飞舞的梧桐叶,金黄的银杏叶;热闹的秋天可以想到秋天的节日——中秋节,围绕着中秋节涉及一系列的活动。

3. 主题网络图绘制

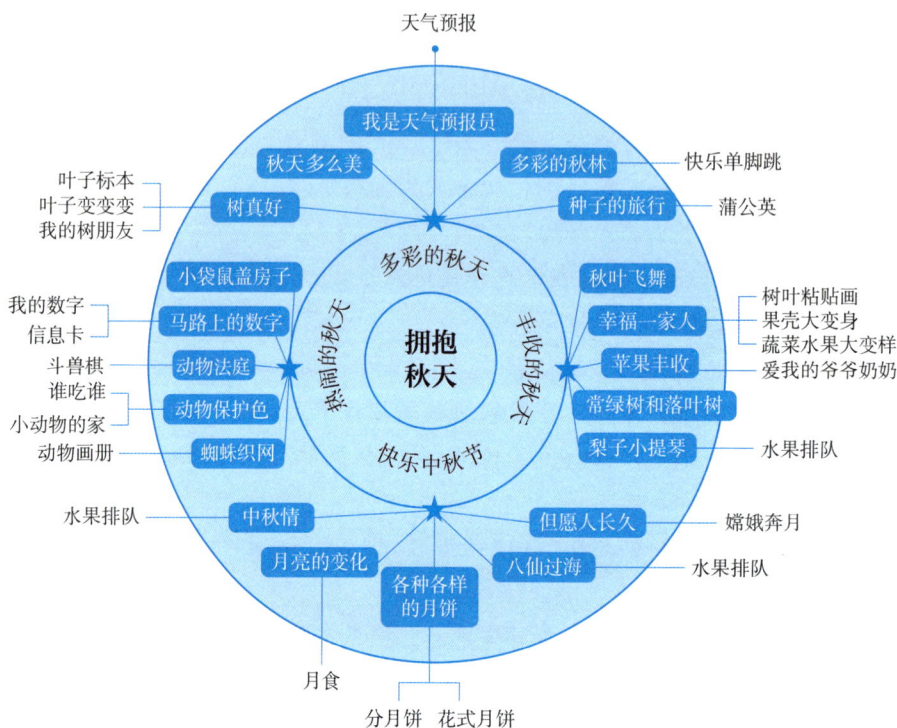

▲ 图2-6 拥抱秋天主题网络图

三、主题网络图设计实训

实训 1 **主题活动——冬天的故事**

◆ 要求:根据给定的素材,确定主题活动适合的年龄段,综合幼儿发展各领域以及幼儿园活动的类型,围绕主题设计主题网络图。主题网络图绘制具有丰富性、科学性、具体化和操作性强等特点,充分考虑到生活化、兴趣性、适宜性、幼儿主体性和家园合作等因素。

◆ 素材:

故事《雪孩子》

冬天来了,兔妈妈和小白兔在家里烤火,小白兔看着窗外大声叫着妈妈:"妈妈您快来看,好白呀!"原来外面大雪飘飘扬扬地下个不停,大雪把树枝压得弯弯的,把房屋盖得满满的,整个世界都铺上了一层白色。

中午的时候雪停了,兔妈妈拿着篮子准备出门:"妈妈出去给你找个大萝卜吃。""不嘛,妈妈,我想和你一块去。"小白兔说。"不,你不能去,外面太冷了。小白兔你还是在家里烤火吧。""可是妈妈我自己一个人在家太没意思了,一个朋友都没有,您就让我跟您去吧!"小白兔说完哭了起来。"乖孩子别着急,妈妈给你堆一个小雪人,你可以和他做朋友呀!""好呀好呀堆雪人。"兔妈妈带着小白兔走到外面,不一会儿就堆起了一个胖乎乎的雪孩子,小白兔有了漂亮的玩伴,不再喊着要跟妈妈一块出去了。

　　兔妈妈走后,小白兔和雪孩子在外面玩了好一会儿,他们又唱歌又跳舞别提多开心了。过了一会儿小白兔觉得冷了,对雪孩子说:"我们到屋子里面烤烤火吧。""不行不行你自己进去烤火吧,我是不怕冷却很怕热,太热的地方会让我融化的。"雪孩子坚持让小白兔回家。

　　小白兔只好自己回到屋子里烤火去啦,火盆边堆着许多干柴,小白兔往盆里添了好多柴火,把火烧得旺旺的,小白兔烤着火身上暖洋洋的,他打了个哈欠,爬到小床上去,不一会儿就睡着了。

　　屋子外面雪孩子等了一会又跳起舞来。忽然屋子的窗口里呼呼地冒出烟来,不好了! 小白兔家着火啦! 原来小白兔往火盆里添了许多柴,火把堆在火盆旁边的干柴也烧着了,小白兔被火惊醒了吓得大叫:"妈妈救我呀!"

　　雪孩子推开门看见火势太大,小白兔根本冲不出来,于是奋不顾身地冲了进去。雪孩子跑到小白兔的身边,一把抱起小白兔快步向外跑着,一边跑身体一边变小。等到雪孩子把小白兔救出来后自己已经融化成了一滩雪水,小白兔看着地上的一汪清水伤心地哭了。

　　太阳公公出来了,往地上呵着暖气,清水变成了水汽,轻轻地往上飘呀飘呀,一直飘到天空,变成一朵白云,跟雪孩子一模一样,笑着向小白兔招手呢。

歌曲《铃儿响叮当》

彼尔彭特　　曲
邓映易、胡炳　译配

1=F 4/4

5 3 2 1 5 | 0 5 5 | 5 3 2 1 6 0 | 6 4 3 2 7 0 |
冲破大风雪,　我们　坐在雪橇上,　飞奔　过田野,
早在两天前,　我就　想要乘雪橇,　美丽的小姑娘,
如今遍地白,　趁这　年轻好时光,　带上　好姑娘,

5 5 4 2 3 1 0 | 5 3 2 1 5 0 | 5 3 2 1 6 0 6 |
一路笑声朗。　铃儿响叮当,　精神多欢畅,　啊!
坐在我身旁。　马儿瘦又老,　命运多不幸,　啊!
雪橇歌儿唱。　选匹枣红马,　跑得快又快,　啊!

6 4 3 2 5 5 5 5 | 6 5 4 2 1 · 0 | 3 3 3 3 3 3 |
今晚滑雪多有趣,把　滑雪歌儿唱。
雪橇陷入雪堆里,啊! 车翻人摔倒,
拴上雪橇扬起鞭,啊! 保你准领先。
　　　　　　　　　　　　　　叮叮当! 叮叮当!

3 5 1 · 2 3 · 0 | 4 4 4 4 · 4 4 3 3 3 3 | 3 2 2 1 2 5 |
一路铃声响,　　多有趣啊多有趣,我的　雪橇跑得快哟!

3 3 3 3 3 3 | 3 5 1 · 2 3 · 0 4 4 4 4 · 4 4 3 3 3 3 | 5 5 4 2 1 · 0 ‖
叮叮当!叮叮当!一路铃声响,　多有趣啊,多有趣,我的 雪橇跑得快!

小知识:动物为什么要冬眠

　　如果你曾经观察过冬天的大自然,你会发现冬天的大自然特别安静。小鸟、小松鼠等动物都不见了。湖里的鱼也看不见了,乌龟也不知道躲到哪里去了,这些动物都去哪儿了呢?

　　如果你开动一下脑筋,你就会知道,它们肯定是嫌冬天太冷了。毕竟动物们没有钱买衣服,也没有装着暖气的屋子呀。它们只有靠自己的皮毛还有简陋的巢穴才能取暖。那么,这些动物到底是走了,还是躲到我们看不见的地方去了呢? 其实动物们也有各种各样过冬的方法。

宠物猫咪和人住在一起,在天冷的时候会蜷成一团。南极的企鹅会扎堆,聚在一起靠集体的温度取暖。许多候鸟会飞往温暖的南方过冬。

有一些动物却不想搬家。它们过冬的妙招就是冬眠。熊、臭鼬、蝙蝠、青蛙、火蜥蜴等动物就是靠冬眠渡过难关。那么什么是冬眠呢? 冬眠有点像睡觉,不过这是一种比较特别的睡觉,和动物平时的睡觉不一样。冬眠的时候,动物通常不吃不喝,睡够整个冬天。你很难叫醒一个冬眠的动物。

冬眠的动物身体会发生很大的变化。

首先,冬眠的动物心跳会变得很慢。许多动物在冬眠的时候什么也不吃,连厕所也不上。比如,冬眠中的灰熊每天就醒来15分钟。它们醒来后就是伸伸懒腰,把床拍一拍,然后又继续倒头大睡。

许多熊在冬眠前会花几个月的时间准备。秋天,当你背上小书包开学的时候,许多动物就开始准备储存食物了。有些动物把食物装到树干或是地里,有些把食物吃到肚子里,变成脂肪储存在身上。

当这些动物储存了足够的脂肪,它们就能安心地冬眠了。它们就是靠这些脂肪过冬。动物在冬眠前后的体重变化,也让科学家们十分好奇。因为这些动物每年都会规律地长胖然后再瘦下来,身体健康却一点也没有受到影响。如果能够了解它们保持健康的秘诀,或许就可以治疗人类的肥胖症了。

不过,并不是所有的熊都会冬眠。我们的国宝大熊猫在冬天会迁徙到温暖的地方继续每日的作息。

有些熊的冬眠时间非常长,比如北极熊。北极熊可以冬眠8个月。它们在冬眠前会找一个洞穴,并且在皮毛下面储存厚厚的脂肪,以抵御北极寒冷的冬天。

实训2　主题活动——我要上小学

◆ 要求:根据给定的素材,确定主题活动适合的年龄段,综合幼儿发展各领域以及幼儿园活动的类型,围绕主题设计主题网络图。主题网络图绘制具有丰富性、科学性、具体化和操作性强等特点,充分考虑到生活化、兴趣性、适宜性、幼儿主体性和家园合作等因素。

◆ 素材:

故事《好担心》

豆豆和莉莉快上小学了,这是一件多么让人高兴的事情啊! 可是小学将是什么样子呢? 他们俩的心里还有一点点的担心。

"上小学是不是要去得很早?"豆豆担心地问,"我如果迟到了,老师会把我关到教室外面吗?"这些豆豆所担心的问题,莉莉也不知道答案。

莉莉还有另外的担心:"到了小学里,怎么上厕所呢? 学校太大了,找不到厕所怎么办?"

"我知道,小学里不是每个班里都有厕所的。还有,男孩子要上男孩子的厕所,女孩子要上女孩子的厕所。"豆豆好像知道小学里的很多事儿。

"唉! 小学里没有那么多玩具了,我们能自己带玩具去吗?"豆豆一想到玩具,就觉得还是幼儿园好。

"小学没有那么多玩具,可是,我们会有很多书呀!"莉莉说,"小学生的书包里有很多很多书,还有装了笔的铅笔盒。我特别喜欢。"

"我也喜欢小书包,妈妈已经给我买好了。"豆豆得意地说。

"我爸爸也给我买好了。"莉莉接着说,"我的书包特别漂亮。"莉莉更得意。

"我的漂亮!"

"我的更漂亮!"

……

豆豆和莉莉争吵起来,吵了几句,他俩又担心起来。

"小学的老师不会喜欢我们这样的。"莉莉说。

"是啊，要是我们的小学老师是个男的，很凶很凶，怎么办？我们一吵嘴，他会瞪着眼睛训我们呢！"豆豆有点害怕地说。

第二天，豆豆很早很早就去上学。妈妈也很担心，路上不停地对豆豆讲这个讲那个。到了小学门口，豆豆一眼就看到了莉莉和她的爸爸。

"莉莉！""豆豆！"两个好朋友一见面就高兴地喊起来。

和好朋友一起上学，他俩不那么担心了。豆豆和莉莉看到门口的老师有女的，也有男的，每一个老师都是笑眯眯的，这一回，他俩更不担心了。

豆豆和莉莉手拉着手走进小学。豆豆妈妈和莉莉爸爸说："放学时，我们会来接你们。"两个好朋友回过头来，挥挥手说："别担心！别担心！"

歌曲《毕业歌》

故事《铅笔盒变医院》

小明是个一年级的学生。妈妈给他买了一个漂亮的铅笔盒。铅笔盒里有铅笔、橡皮、尺子、卷笔刀……铅笔和伙伴们都想帮助这个小朋友好好学习。

可是，他在上学的路上，抢起书包打蝴蝶，蝴蝶没打着，书包却摔在了地上。

这天晚上，小明睡着了，铅笔盒里发出了"呜呜"的哭声。一会儿，铅笔抹着眼泪跑了出来……小刀问铅笔为什么哭，铅笔说："小明老是不停地拿卷笔刀旋我，快把我旋没了。"

小刀把卷笔刀拉出来，啊！卷笔刀怎么变成这个样子了？原来他用书包打蝴蝶的时候，把卷笔刀摔坏了。橡皮和尺子也在哭，他们指着小刀说："都是你不好！老是割呀，切呀，看把我们弄成什么样子了！"小刀说："怎么能怪我呢！是小明让我干的。今天早晨他还拿我削树皮，树姐姐疼得直落泪。下午，他又用我刻墙壁，墙公公疼得直咧嘴。放学后，他又把我往泥里插着玩，你瞧，刀口全弄坏了！"铅笔盒里的伙伴都嚷嚷开了，有的说："看看吧，咱们这儿变成医院了！"有的说："小明这样不爱惜咱们,咱们也别帮助他学习了。"

第二天早晨,小明急急忙忙去上学。他写字的时候,铅笔尖一写就断;他抓起卷笔刀,可卷笔刀再也旋不动铅笔了;他用橡皮,橡皮就给他来了个越擦越黑;他又用尺子画直线,可尺子让他把直线画得弯弯曲曲的。

小明写不好作业,怕老师批评,伤心地哭了,他的眼泪一滴一滴滴落在铅笔盒里。

毕 业 诗

今天,是我最后一次站在这里,
和老师、小朋友在一起,我是多么欢喜。
再过几天,我就要进小学,做个一年级小学生,
坐在明亮的教室里,读书写字多么神气。

亲爱的老师、亲爱的阿姨,我有很多话想对您说。
三年前我第一次来到这里,玩具扔满地,还要发脾气。
今天,站在这里的还是我自己,
脸上再也没有泥,手帕、袜子自己洗,
还会唱歌、跳舞、画画、讲故事,
懂得了许多道理。

亲爱的老师、亲爱的阿姨,我从心里感谢您!
再见吧,老师! 再见吧,阿姨!
以后我一定来看您,向您汇报我的学习成绩!

实训3　主题活动——我在马路边

◆ 要求:根据给定的素材,确定主题活动适合的年龄段,综合幼儿发展各领域以及幼儿园活动的类型,围绕主题设计主题网络图。主题网络图绘制具有丰富性、科学性、具体化和操作性强等特点,充分考虑到生活化、兴趣性、适宜性、幼儿主体性和家园合作等因素。

◆ 素材:

故事《香喷喷的轮子》①

一只小松鼠在草地上散步,它走着走着,一下子被绊了个大跟头。小松鼠低头一看:哇! 草地上有四个圆溜溜、散发着香味的巧克力豆。它捡起一颗放到嘴边刚想吃,突然,想起了什么,停了下来。

原来,小松鼠做了一辆车,可是没有轮子,这四颗巧克力豆不正可以做车轮么?

小松鼠装好了车轮,开着小汽车在田野上跑。前面有两只毛茸茸的小鸡摇摇晃晃。原来,太阳光太热,都快把小鸡晒晕了。小松鼠连忙卸下两个车轮,在两边系上带子,给小鸡做了两顶太阳帽。小鸡感激地说:"谢谢小松鼠。"现在只剩下两个轮子了。没关系,小松鼠把小汽车改成了两轮摩托车。

小松鼠开着摩托车又往前跑,看见一位老爷爷眼正在发愁。原来他的纽扣掉了一个。小松鼠又把一个巧克力豆车轮送给老爷爷当纽扣,老爷爷笑眯眯地说:"谢谢你,小松鼠。"

只剩下一颗巧克力豆了。没关系,小松鼠把摩托车改成了独轮车,推着在草地上继续走。走着走着,小松鼠觉得饿了,它把最后一个巧克力豆车轮吃了,"吧嗒吧嗒"吃得真香。没有了车轮,小松鼠只好自己扛着车厢走,好累啊。

① 山东省幼儿园课程指导中班(上)主题四"我在马路边"。

小松鼠走着走着,忽然看见前面有一辆特别漂亮的小汽车。车厢上写着:"送给可爱的小松鼠!"小松鼠开心极了!

折纸《汽车》

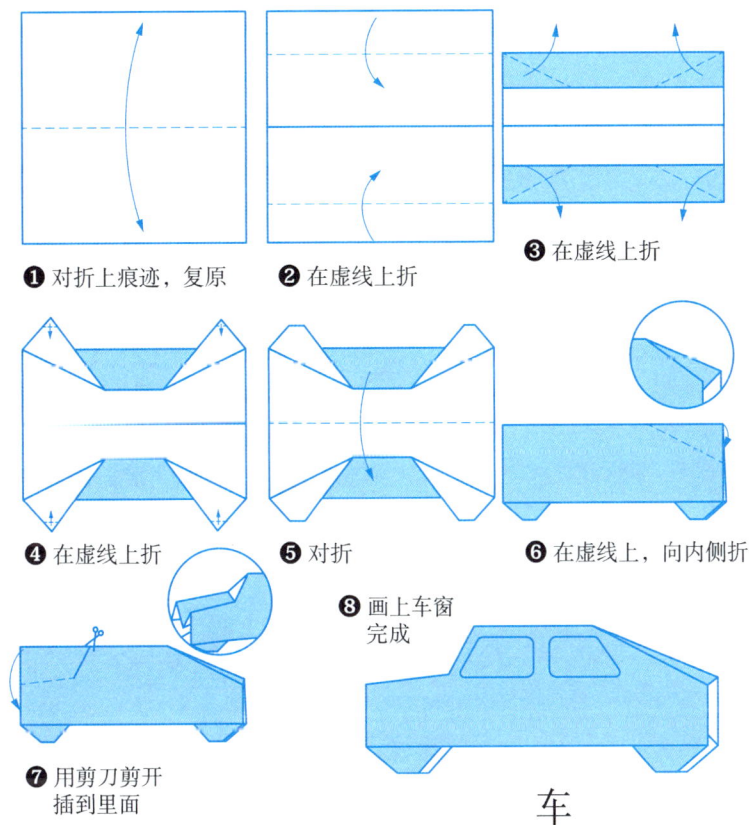

❶ 对折上痕迹,复原　　❷ 在虚线上折　　❸ 在虚线上折

❹ 在虚线上折　　❺ 对折　　❻ 在虚线上,向内侧折

❼ 用剪刀剪开插到里面　　❽ 画上车窗完成

车

▲ 图2-7　折纸《汽车》

故事《问路》①

鼠先生和鼠小姐在路上碰见了,他俩高兴地打招呼:

"鼠小姐,你好吗?"

"很好,谢谢你,但是我老是一个人在家,闷极了。"

"我也是这样,总觉得非常孤独。"鼠小姐邀请鼠先生到她家去玩,还给他留了地址。

过了几天,鼠先生就开着他的那辆红色轿车去看鼠小姐。但是,开着开着,他迷路了。

他来到一座淡绿色的小屋前,按了一下门铃,一只青蛙来开门,鼠先生问:"请问去鼠小姐的家怎么走?"

青蛙摇摇头说:"我不知道,请去问一下别人吧!"

鼠先生谢谢青蛙,继续开车往前走,来到一幢明亮的红房子前,按了一下门铃,一只公鸡来开门。

鼠先生问:"请问去鼠小姐的家怎么走?"公鸡说:"哦,沿着这条路笔直走就到了。"

鼠先生谢谢公鸡,又沿这条路笔直开下去,来到路口一幢深褐色的房子前,按了一下门铃,一只狗熊来开门。

鼠先生问:"请问去鼠小姐的家怎么走?"狗熊说:"哦,向左转就到了。"

鼠先生谢谢狗熊,向左转,看见大城堡,他接了一下门铃,一头狮子来开门。

① 山东省幼儿园课程指导中班(上)主题四"我在马路边"。

鼠先生问："请问是鼠小姐的家怎么走？"狮子说："哦，就在我家的右边，就是那幢可爱的黄色小房子。"

鼠先生一看，大城堡旁边果然有一幢可爱的黄色小房子。

他接了一下门铃，正是鼠小姐来开门，他俩拥抱在了一起。

交 通 标 志

▲ 图2-8　认识道路标志

第二节　幼儿园教育活动设计与组织

一、幼儿园教育活动设计与组织基本理论

《幼儿园教育指导纲要(试行)》(以下简称《纲要》)明确指出："幼儿园的教育活动，是教师以多种形式有目的，有计划地引导幼儿生动、活泼、主动活动的教育过程。"幼儿园教育活动的主要形式有：集体活动、区域活动、生活活动等。在全国职业院校技能大赛中重点考察的是集体教学活动的设计，这也是一名幼儿教师的基本职业能力。因此，本项目重点介绍集体教学活动的设计与实施，兼顾生活活动和区域活动。

（一）幼儿园集体教学活动的设计与组织

1. 集体教学活动的主要内容

《纲要》指出："幼儿园的教育内容是全面的、启蒙性的，可以相对划分为健康、语言、社会、科学、艺术五个领域，也可作其他不同的划分。各领域的内容相互渗透，从不同的角度促进幼儿情感、态度、能力、知识、技能等方面的发展。"幼儿园集体教学活动的内容通常是围绕健康、语言、社会、科学、艺术五个领域来进行。

由于有些活动综合性很强，在活动中将两个及以上领域进行了有机的整合，没有明显的领域倾向，我们也可以称之为综合活动，如小班综合活动"有趣的洞洞"，中班综合活动"谁藏起来了"等。但是，在比赛中，我们尽量以一个明显的主领域来进行活动设计，一方面便于评委评定成绩，另一方面，学生阶段对于综合活动的驾驭能力有限。

2. 幼儿园集体教学活动方案的设计

此处我们可以狭义地理解为教案的撰写。要设计一个规范的教案,首先要学习教案的基本格式与内容。通常,一个规范的幼儿园集体教学活动教案包括以下几个部分:

(1) 活动名称

活动名称有三部分组成,一是活动对象,小班、中班还是大班,活动对象直接决定了活动内容的难易程度,活动目标的设计,以及教法学法的选择等各个方面。二是主要领域,健康领域、语言领域、社会领域、科学领域还是艺术领域,有些内容领域的界定是容易出现问题的,比如生活中的标志,按照《3—6 岁儿童学习与发展指南》(以下简称《指南》)的划分,属于健康领域,但很多同学可能会主观地认为是社会领域。当然,领域的划分不要过于教条。三是具体的名称,名称是活动内容的浓缩,尽量让评委从名称就能大体看出活动内容,如大班科学活动"冬天里的动物"。我们以小班数学活动"神奇的魔术师"为例分析,这个活动设计者是通过设计魔术师变魔术的情景,来进行几何形状——圆、三角形、正方形的认知,然而从题目中我们对内容没有任何的把握,在比赛中尽量不要出现这样的题目书写方式。

(2) 设计意图

设计意图属于整个活动设计的背景。首先要介绍清楚活动的来源,即多方面地分析此活动产生的原因,比如,主题活动的线索、幼儿的兴趣、社会中关注的事件、节日等;其次要分析活动大体内容,说明活动的意义,即"我为什么要设计这个活动",这一活动设计对于幼儿发展有何作用,或者能给幼儿带来什么样的新经验等;第三,如果能够通过幼儿园的纲领性文件或者心理学等理论背景找到活动设计的依据,则是锦上添花。在比赛中,有些不需要有设计意图,具体看题目的要求。

(3) 活动目标

目标是活动的起点和归宿。活动目标的设计要涵盖三个方面,即三维目标,一是情感态度价值观方面的目标,二是能力发展目标,三是认知目标。通常情况下,三方面的目标在一个活动中不一定都有体现,但在比赛中尽量都要涉及。从写法上看,目标设计 2—3 条即可,三条目标与三维目标不一定一一对应,可以用综合的语言表述。在具体设计目标时,还应该注意以下几个方面:

第一,目标难易程度的把握。目标设计得过于容易,幼儿只是在低水平上简单重复原有经验,活动的设计没有实质的意义,而且缺乏挑战性的目标容易让孩子失去兴趣,尤其是大班幼儿。目标设计得过难,超出幼儿的年龄发展阶段,活动依然无法有效地开展。因此,一个好的目标的设计,是基于对幼儿现有发展水平的了解,既有一定的挑战性又不超出幼儿能力的目标。如大班语言活动"能够观察画面,并说出故事的主要情节"的目标设计,就明显要求过低,而要求小班幼儿"能根据画面内容推测故事情节的发展"的目标就是不切实际的。

第二,从幼儿角度写发展性目标。目标的发出主体可以是教师也可以是幼儿,两个不同的发出主体体现了不同的教育理念。以教师为主体设计目标体现的是培养目标,以幼儿为主体则是发展目标。教学活动的设计应以幼儿为主体,充分尊重幼儿发展的主动性。因此,要从幼儿角度写发展目标,如中班班语言活动"月亮的味道",我们把发展目标和培养目标做一个对比。

活动目标(发展目标):

① 理解故事内容,尝试用连贯的语句说出故事中角色之间的对话。

② 懂得齐心协力的含义,感受故事的趣味性。

活动目标(培养目标):

① 帮助幼儿理解故事内容,让幼儿能用连贯的语句说出故事中角色之间的对话。

② 培养幼儿齐心协力的品质,让幼儿感受到故事的有趣。

(4) 活动准备

活动准备可以从物质准备和经验准备两个方面进行考虑。物质准备包括在组织教学活动的过程中所用到的PPT、挂图、音频、视频、教具、学具、操作材料等。材料的份数是人手一份还是小组一份,操作材料是活动开始时出示还是在某个环节中出现,操作环节应该如何分组,桌子应该如何摆放,这些都是物质准备需要考虑的。经验准备包含教师的经验准备和幼儿的经验准备两个方面。教师要对所组织的教学活动有全面的知识储备,尤其是某些自己不太熟悉的领域,如科学活动"动物保护色""神奇的中草药"等,都需要教师提前查阅资料扩充认知经验。幼儿的经验准备方面,教师要对幼儿的现有经验有较为清楚的了解,在此基础上,根据所要组织的教学活动,酌情进行经验的准备。如大班辩论活动"有弟弟妹妹好不好",一方面教师要对班级里幼儿的家庭情况有所了解,另一方面幼儿需要有前期的辩论经验。

(5) 活动过程

活动过程要采取层层递进的方式将活动的开展叙述清楚,一般分为开始部分、基本部分、结束部分和延伸部分。

开始部分也就是活动的导入部分,导入的作用主要有两个,一是引起幼儿的兴趣,二是搭建幼儿原有经验与新经验的桥梁。好的导入要能唤起幼儿的原有经验,激发幼儿的活动兴趣。有的教师喜欢不论什么活动都用手指游戏来作为导入部分,显然是不合适的。大部分时候,手指游戏只是活动开始前组织纪律的准备活动。

基本部分属于核心部分,一般又分为3—5个环节来开展。每个环节在进行表述的时候分为四个层次,第一层次用高度概括的语言对本环节进行提炼概括,第二层次用过程性语言对本环节的开展进行描述,第三层次需要列出本环节教师的关键性提问,第四层次是对本环节进行小结。

结束部分的组织方式多种多样。要想圆满地组织好结束部分,需要对幼儿的年龄阶段特点和所组织的活动内容有准确的把握。如小班诗歌教学活动一般不进行创编;美术活动结束部分常常以作品分享的方式来进行。

延伸部分有时和结束部分融合在一起,有时单独出现。活动延伸的主要方向一般有两个:一是区域活动,延伸到与本次集体教学活动相关的区域中,如科学活动之后可以将相关操作材料投放至科学区角,幼儿在区域中继续进行相关的探索活动;二是家园共育,可以请家长和幼儿一起在家庭中做相关的延伸活动,如中班美术活动"漂亮的花布",可以在延伸部分让幼儿将自己的印染作品带回家中装扮家庭环境。

3. 幼儿园教育活动设计与组织的要求

表 2-1 全国职业院校技能大赛的评价标准[①]

内容		评 价 标 准
教学活动设计	活动目标	1. 活动目标符合《纲要》和《指南》精神,符合各领域的总目标和幼儿年龄阶段特点,切合儿童的发展水平和发展需要 2. 具有全面性,能围绕给定的主题,难度适当,对整个活动具有导向作用 3. 陈述简洁明了、主体统一、针对性强、具体可操作,充分体现本领域特点,能考虑到各领域间相互渗透
	活动准备	1. 活动前的知识储备、环境创设(墙饰布置、区域材料准备、活动材料准备、空间安排等)均符合实现教学活动目标的要求 2. 环境材料适宜,最大程度地支持和满足幼儿学习、探索、操作活动的需要 3. 有效利用现代化教学手段,适用、适时、适当地增加活动的实效性和趣味性

---

① 2019 年全国职业院校技能大赛赛项规程

内容	评 价 标 准
活动过程	1. 过程设计结构严谨,层次清晰,各环节之间过渡自然流畅,体现循序渐进,有层次感
	2. 教学方法和活动组织形式选择适宜,能体现幼儿的主体性,为幼儿提供感知与操作的机会,安排充分的思考和探索时间
	3. 提问具有思考性、启发性、开放性特点;能预测教学活动过程可能出现的问题并能设计出相应教学活动策略
	4. 活动详略得当,重难点突破时间充分,能较好地突出重点,突破难点;教学手段设计针对性强,既适合于幼儿的认知特点,支持儿童的学习,又有利于学习目标的达成
其他	1. 文字表述逻辑清楚,格式规范完整,无错别字 2. 活动设计新颖,教学方法巧妙独特,有一定创新和突破

二、幼儿园教育活动设计与组织案例分析

全国职业院校技能大赛是现场给出素材,根据给定素材内容,分析确定适合的年龄段,然后进行教案的设计再模拟讲课。全国职业院校技能大赛考察的是教案的设计能力,要能够根据给定的材料判断适合的年龄段,然后进行教学设计。

案例1 集体教学活动——顽皮的小雨滴

◆ **素材:**

散文诗《顽皮的小雨滴》

淅沥沥,淅沥沥,顽皮的雨滴娃娃离开了云妈妈的怀抱,

一个一个跳到了树上,落到了屋顶上,挤进了草丛里。

它把妹妹的伞当滑梯,站不稳,骨碌骨碌滚下来。

它把清清的池塘当游泳池,纵身一跳,在水面留下圈圈涟漪。

它喜欢躲在路边的土坑里,车轮碾过,它马上蹦得高高的,溅得路人一身泥。

它喜欢在柔柔的沙滩上捉迷藏,一眨眼就不见了,却傻傻地留下颗颗脚印。

淅沥沥,淅沥沥,顽皮的小雨滴唱着歌儿又不知躲哪儿去了。

◆ **要求:**

根据主题素材与年龄段,设计一课时(30分钟左右)集体教学活动的教案。教案格式完整规范,语言清晰、简洁、明了,目标设计、内容选择、方法运用符合幼儿年龄特征和领域特点。[①]

◆ **案例分析:**

1. 适合年龄阶段分析

《顽皮的小雨滴》是一首优美活泼、充满童真的散文诗,散文诗中"跳""滚""挤""躲"等拟人化动词的运用,让小雨滴调皮可爱的形象跃然纸上。这首散文诗具有很强的画面感,可以很好地借助挂图或者多媒体来辅助散文诗的理解。这一散文诗在中班和大班都可以设计集体教学活动,年龄阶段不同,活动目标的定位、活动内容的设计自然不同。如果同时还有其他素材,可以结合其他素材进一步确定活动对象的范围。活动对象为中班,活动目标可以侧重感受散文诗的优美和拟人化动词的运用;活动对象为大班幼儿,可以侧重感受理解诗歌和创编诗歌。

---

① 2019年全国职业院校技能大赛赛项规程

2. 教案设计①

· 设计意图

在欣赏和学习散文作品的过程中,幼儿获得经验的方式通常为倾听、观察、说讲、游戏、交流以及表演等方式,中班幼儿表达能力增强,能够独立地讲故事或叙述生活中的各种事物,所以在选择散文作品时应注重趣味性,内容与幼儿的生活经验紧密结合。大自然奇趣盎然,幼儿生活在绚丽多彩的大自然中,一切都使他们感到新奇,《顽皮的小雨滴》是一首优美动听、充满童趣的散文,所以从幼儿的兴趣出发,选择《顽皮的小雨滴》这个活动。

· 活动目标

1. 欣赏散文诗,感受散文诗所传递的活泼、欢快的情绪,体会散文诗的意境美和语言美。

2. 丰富词汇:滚、跳、挤、溅、躲,感受小雨滴的顽皮、可爱。

· 活动重点

欣赏散文诗,感受散文诗所传递的活泼、欢快的情绪。

· 活动难点

体会散文诗的意境美和语言美。

· 活动准备

1. 雨声的音频,《顽皮的小雨滴》音频、视频,轻音乐。

2. 《顽皮的小雨滴》图卡。

· 活动过程

1. 播放下雨声的音频,鼓励幼儿大胆模仿下雨的声音。

(1) 播放下雨声,倾听下雨的声音。

(2) 小结:这就是下雨的声音,下雨的声音除了哗啦啦、轰隆隆,还有一个好听的声音——淅沥沥,淅沥沥。

2. 分段欣赏散文,鼓励幼儿大胆模仿小雨滴顽皮的样子。

(1) 教师朗诵散文第一段,提问:小雨滴都到了哪些地方? 它是怎样来到这些地方的?

(2) 出示相应图卡,引导幼儿学一学小雨滴跳、落、挤的样子。

(3) 小结:淅沥沥,淅沥沥,顽皮的小雨滴娃娃离开了云妈妈的怀抱,一个一个跳到了树上,落到了屋顶上,挤进了草丛里。

3. 出示图卡和视频,引导幼儿大胆猜想会发生什么有趣的事情。

(1) 出示小雨滴落到妹妹伞上(跳进池塘)的图卡及视频。

(2) 提问:除了落在树上、屋顶上,草地上,小雨滴还会落在别的地方呢。瞧,这些小雨滴落在哪里了? 它把妹妹的伞(清清的池塘)当成了什么? 你们觉得它们在妹妹的伞上(清清的池塘里)会发生什么好玩的事情呢?

(3) 小结:它把妹妹的伞当滑梯(它把清清的池塘当跳水的游泳池),站不稳,骨碌骨碌滚下来(纵身一跳,在水面留下圈圈涟漪),小雨滴跳进池塘里,在水面上留下了一圈一圈的水波,这个水波有个好听的名字,叫涟漪,咱们一起说一说吧。

(4) 出示小雨滴躲在土坑(在沙滩上)的图卡及视频,猜想会发生什么有趣的事情。

(5) 小结:你们看,小雨滴们躲在小水坑里,汽车一碾过,它们就会四处飞射,就——溅得路人一身泥。它喜欢躲在路边的土坑里(它喜欢在柔柔的沙滩上捉迷藏),车轮碾过,它马上蹦得高高的,

① 全书教案仅供参考。

溅得路人一身泥(一眨眼就不见了,却傻傻地留下一个个脚印)。

4. 教师播放轻音乐有感情地朗诵散文,感受散文诗的语言美和意境美。

(1)教师播放轻音乐,结合图卡,有感情地朗诵散文诗,并请幼儿说一说自己是否喜欢小雨滴,为什么。

(2)播放动画,再次完整欣赏散文,进一步感受小雨滴的顽皮可爱,鼓励幼儿可以跟着动画一起朗诵,感受散文所传递的活泼、欢快的情绪。

5. 鼓励幼儿大胆猜想小雨滴还会落到哪些地方。

鼓励幼儿大胆猜想顽皮的小雨滴还会到哪些地方,还会发生什么有趣的事情,并尝试着去说一说。

说明:

在平时训练中可以结合在模拟教学中来深化练习:全国职业院校技能大赛只考查文本写作。

3. 教具设计

这里的教具,泛指一切的教学准备工作。

首先,物质准备。雨声的音频,要注意是音频,而不是视频。在导入时要调动幼儿对于"淅沥沥"的声音感受,音频文件可以调动听觉通道的感知。如果有画面的视频文件,视觉感知会优于听觉感知。因此,音频的效果要更好。图卡在制作时,可以突出小雨滴拟人化的可爱形象。用折叠图卡的形式,讲到哪里图卡出示到哪里。

其次,经验准备。这是一个语言活动,而且目标中明确提出了"体会散文诗的意境美和语言美",这种意境美是需要通过教师的语言来营造的,所以这个活动对教师的语言要求是很高的,教师需要在活动前反复朗诵练习以达到预期的效果。

4. 模拟教学组织要求

(1)教师语言的设计

这是一个语言活动,对教师的语言要求比较高。目标中"欣赏诗歌,感受诗歌所传递的活泼、欢快的情绪,体会散文诗的意境美和语言美",都需要教师通过声音的塑造,让孩子体验和感受散文诗的意境美和语言美。比如,"一个一个跳到了树上""骨碌骨碌转滚下来""唱着歌又不知躲到哪儿去了"这些诗句,要传达出可爱、轻快、跳跃、调皮的感觉。通篇适合用轻快的节奏来朗读。

在分句理解诗歌后的整体欣赏环节,尤其要注意语速的快慢、语调的变化、重音的突出、停顿的合适。以第一句为例,"淅沥沥,淅沥沥"用慢速,平调;"顽皮的雨滴娃娃离开了云妈妈的怀抱"重点落在"雨滴娃娃",平调,慢速;"一个一个跳到了树上、落到了屋顶上、挤进了草丛里"逐渐加速,用中慢速,重点突出"跳""落""挤"几个拟人化动词上。

(2)师幼互动的设计

师幼互动可以从以下几个方面来体现:

第一,提问的设计。提问是实现师幼互动最直接有效的方式。教师的每一个问题都要精雕细琢,提问要紧紧围绕活动目标设计,并体现层次性。同时还可以预设幼儿精彩的回答,教师一方面对幼儿的回答进行反馈,另一方面根据需要对幼儿的回答进行追问。比如,教师提问"除了落在树上、屋顶上、草地上,小雨滴还会落在别的地方呢。瞧,这些小雨滴落在哪里了?"幼儿观察图片回答。教师提问:"它把妹妹的伞当成了什么?""你们觉得它们在妹妹的伞上会发生什么好玩的事情呢?"这个问题开放性就比较强,可以预设幼儿回答"跳舞",教师可以引导幼儿完整地表达"在哪里跳舞啊,你可以试着连起来说一说""哦,它们在妹妹的伞上跳舞,真不错"。用这种重复幼儿答案的方式体现幼儿的回答。

第二,回应的设计。教师要通过自己的语言、表情、肢体语言对幼儿的回答进行模拟回应。

如教师播放下雨的音频提问"你听到了什么声音?",教师可以用微笑点头的方式回应,并说"嗯,是下雨的声音"。教师提问:"你喜欢小雨滴吗? 为什么?"可以预设幼儿多种回答如"我喜欢小雨滴,因为他很可爱""我喜欢小雨滴,因为他像我弟弟一样有点调皮"……这些回答需要通过教师的回应反映出来,如教师说"甜甜说,她很喜欢小雨滴,因为小雨滴像她弟弟一样有点调皮,甜甜的弟弟也一定很可爱"。

第三,教态的设计。教师的教态也可以体现师幼互动。如,教师的眼中要有幼儿,模拟讲课的过程中,要预设幼儿的位置,并且眼神要与幼儿有交流和互动。教师在抛出提问后,可以身体前倾,伸手示意邀请状说"请你说说看"。

案例2 **题目:集体教学活动——咏柳**

◆ **素材:**

咏 柳

[唐]贺知章

碧玉妆成一树高,万条垂下绿丝绦。

不知细叶谁裁出,二月春风似剪刀。

黄梅戏与京剧、豫剧、越剧、评剧并称"中国五大戏曲剧种",是安徽省的主要地方戏曲剧种,江苏、浙江、湖北、福建、江西、香港、台湾等地区也有黄梅戏的专业或业余演出团体,受到广泛的欢迎。

黄梅戏的唱腔流畅淳朴,以抒情明快见长,具有丰富的表现力;表演质朴细致,以真实活泼著称。

歌曲《咏柳》

◆ **要求**

根据主题素材与年龄段,设计一课时(30分钟左右)集体教学活动的教案。教案格式完整规范,语言清晰、简洁、明了,目标设计、内容选择、方法运用符合幼儿年龄特征和领域特点。[①]

◆ **案例分析**

1. 素材分析

大班歌唱活动《咏柳》是用黄梅戏的曲调特点演唱古诗,词是七言诗《咏柳》。曲是黄梅戏《女驸马》的选段。黄梅戏属于中国传统文化艺术,独特的唱腔和曲调风格的理解与感受需要幼儿有一定的音乐经验和诗歌学习经验,因此适合大班年龄阶段的幼儿。

2. 教案设计

• **设计意图**

当前,国家倡导传承和学习传统文化,《指南》中也明确指出"创造条件让幼儿接触多种艺术形式和作品"。《咏柳》是一首融古诗和黄梅戏为一体、具有中国传统特色的歌曲,既体现了中国古诗词和传统戏曲的独特魅力,更体现了文化传承的精神。活动中,通过示范带动、动作暗示、对比讨论等方法,使幼儿在结伴寻找、分组练习、互相评价、教师点评的过程中,逐步找到演唱黄梅戏的方法。整个过程层层铺垫、由浅入深,使幼儿在学唱黄梅戏的过程中得到美的熏陶,获得美的体验。

• **活动目标**

1. 欣赏、体验黄梅戏优美、流畅、抒情的曲调风格,感受其特别之处。

2. 探索黄梅戏咬字清楚、唱腔婉转的演唱方法,并尝试运用动作、表情和眼神演唱《咏柳》。

• **活动重点**

欣赏、体验黄梅戏优美、流畅、抒情的曲调风格,感受其特别之处。

• **活动难点**

探索黄梅戏咬字清楚、唱腔婉转的演唱方法,并尝试运用动作、表情和眼神演唱《咏柳》。

• **活动准备**

经验准备:学习朗诵古诗《咏柳》;玩汉字游戏,为古诗《咏柳》找字词;欣赏乐曲《女驸马》选段《谁料皇榜中状元》。

物质准备:《女驸马》选段《谁料皇榜中状元》伴奏音频、视频,歌曲录音《咏柳》(黄梅戏曲调),古诗《咏柳》教学课件;打印好的歌词4份,记号笔4支放于小筐里。

• **活动过程**

1. 师幼朗诵《咏柳》,比对发现戏曲朗诵的特别之处。

(1)带领幼儿随黄梅戏的乐曲走圆场步上场,导入活动。

(2)师幼分别朗诵,引发幼儿进行对比,发现教师朗诵的特别之处。

(3)带领幼儿从每一行诗句中找一个字,发音清楚、面带微笑,用唱戏的感觉来说一说。

(4)小结:小朋友说的很有唱戏的感觉了,真的有人把这首诗用黄梅戏唱出来了呢,我们来听一听。

2. 引导幼儿讨论曲调特点,探究黄梅戏的唱法。

(1)播放黄梅戏曲调《咏柳》,请幼儿欣赏、讨论:用黄梅戏曲调唱出来的《咏柳》,除了刚才说的发音是唱戏的感觉,还有什么特别的地方呢?

(2)小结:曲子里有很多拖长音的字,并且是拐弯的。

(3)出示歌词的操作材料,请幼儿自由结伴,边听边找出拐弯的字并进行标注。

---

① 2019年全国职业院校技能大赛赛项规程

师：哪个地方拐弯呢？这里有四份歌词，请你们 4 个小朋友一组，一边听一边好好商量一下，把拐弯的字圈出来。

（4）幼儿自由结伴进行讨论、记录。

（5）展示记录结果，鼓励幼儿与同伴分享交流。

（6）请每个小组派一个代表介绍一下：你们找到的有拐弯的是哪个字？它是怎么拐弯的？教师在白板上标记讨论出的有明显拐弯的字。

（7）鼓励幼儿跟随乐曲进行演唱，提醒幼儿注意标记的字词，尝试唱出拐弯的带有戏曲的感觉。

（8）分组演唱，相互评价，激发幼儿练习唱黄梅戏的感觉。

3. 尝试运用动作、表情和眼神进行演唱，表现古诗优美的意境。

（1）播放视频《女驸马》选段《谁料皇榜中状元》，激发幼儿模仿表演的兴趣。

师：你们只是听一听、唱一唱，就唱得很有黄梅戏的味道了，如果加上表情、动作、眼神，一定能唱得更美。我们来看一段专业的黄梅戏演出，看看她的表情、动作和眼神。

（2）欣赏视频，提出问题：黄梅戏演员的表情、动作和眼神是怎样的？

（3）小结：保持微笑、嘴角上扬；女孩兰花指、男孩虎口；眼睛跟着手转，还有亮相。

（4）鼓励幼儿运用表情、动作和眼神，进行演唱。

师：小朋友用上黄梅戏的表情、动作、眼神，唱得就更美了，好像真的看到万条翠绿的柳枝轻柔垂下，让听的人也仿佛看到了这样的景象。

4. 集体表演，亮相结束。

（1）请一个小朋友带头走圆场步"上台"表演，教师当观众。

师：小朋友们一个个都像戏曲演员了，这次，我来当观众，看看谁演唱得让我看到了春天生机勃勃的春柳。

（2）教师跟着幼儿"上台"，学习幼儿的动作，增强幼儿自信，共同表演，亮相结束。

• 活动延伸

1. 了解黄梅戏服饰，在表演区进行装扮，表演《咏柳》。

2. 继续赏析黄梅戏曲《女驸马》选段，找出黄梅戏曲常用的打击乐器，在表演区结伴表演。

全国职业院校技能大赛只考察教案设计，在平时训练中为可以结合在模拟教学中来深化练习，反过来加深学生教案设计能力。

3. 模拟教学组织要求

幼儿园集体教学活动的组织要求是基于合理的教学设计，怎样将教学设计能够完美地展现出来，则是对学生的综合考验。这是一个大班的音乐活动，因此教师的音乐感染力要强，要事先反复对歌唱内容进行揣摩并练习。

（1）得体的教态

在模拟授课的过程中，要运用充满感情、富有变化的语言，生动形象、亲切的表情，自然得体的手势。在这个活动中则对教师的语言和动作有了进一步的要求，教师的语言和动作要有戏曲的韵味，如模仿花旦的兰花指和踏点步、小生的靠步和虎掌等动作，通过这些让幼儿领略黄梅戏这一曲种的美。

（2）情境的创设

这个活动情境的营造，一方面依靠音频、视频等听觉感官材料，另一方面，教师的语言动作也是情境营造的重要方面。

（3）灵活的互动

虽然是"无生"上课的状态，但是要求教师要灵活地体现出师幼互动。比如在"引导幼儿讨论曲调特点,探究黄梅戏的唱法"环节,要体现出幼儿的主体性,在教师的引导下,幼儿总结出拖长音、拐弯等特点,而不是由教师直接去讲解。比如"分组演唱,互相评价"的环节,也要预设好幼儿之间的评价,并进行反馈。

案例3 题目:集体教学活动——地震来了

◆ **素材:**

地震来了千万别慌,掌握正确的逃生方式能够更好地面对紧急情况。

万一真的发生了地震该怎么办呢? 这些行为不可取! 盲目逃出建筑物,惊慌失措跳窗户,逃生时拥挤推搡。地震来了千万别慌,从感到震感到最强的地震波需要一段时间,建筑物被破坏也需要时间,因此掌握正确的逃生方式最重要。

如果你身处农村平房,屋外是空矿区,那就保护好头部尽快跑到室外。如果你身处城市的高楼,等晃动停止并确认户外安全后再离开,离开时千万不要搭乘电梯。逃到室外后,在农村应当避开山边和水边的危险环境,在城市应当避开高大建筑物和人多的地方,躲避到广场等开阔地带,并保护好头部,蹲下或趴下,以免摔倒。

无论是在农村还是城市,没有办法躲避到室外的话,应当迅速躲避在各种坚实的家居下,或暂时躲避在承重墙较多、空间较小的房间,确认安全后再转移到室外。

所谓"活命三角区",是指地震发生后,室内的人应该躲在大而坚实的物体旁,这样墙体和梁倒下后能与该物体形成一个三角空间,躲在这个空间里的人便可活命。

地震因为不能预测,所以家里、车里要常备应急包、手电、哨子、电池、创可贴、止血用品和口罩等物品,再加上四瓶500毫升的矿泉水及罐头,放在顺手好拿的地方,紧急时刻足够你撑一天。地震时要学会随机应变,在家或学校,手边杂志、垫子、被子、背包都能拿来保护头部,及时藏身于桌下、讲台旁、墙角、厕所,也是正确选择。

在商场购物也别急,避开货架和橱窗,跑到通道处,把购物筐顶在头上,屈身蹲下。走在街上,不光要小心广告牌、砖墙、门柱、自动售货机,还要警惕大楼上掉下来的碎玻璃。

◆ **要求:**

根据主题素材与年龄段,设计一课时(30分钟左右)集体教学活动的教案。教案格式完整规范,语言清晰、简洁、明了,目标设计、内容选择、方法运用符合幼儿年龄特征和领域特点。[①]

◆ **案例分析:**

1. 素材分析

地震是幼儿安全教育的重要方面,每一个年龄阶段的幼儿都要求在幼儿园进行地震逃生演练。给定的素材主要是指各种情况下的地震逃生方法,属于演练前的教育。从素材看,中大班都可以作为本次活动设计的活动对象,因此,不同年龄阶段的活动设计要体现出不同的年龄特点。

2. 教案设计

• **设计意图**

《纲要》中明确指出:幼儿园必须把幼儿生命安全和促进幼儿健康放在首位。地震作为群灾之首,最容易在这个幼小的群体中造成重大伤亡事故。为引领幼儿了解地震常识,掌握避震技巧,更好地保护自己,开展了本次安全教育活动。本次活动,通过正反方的辩论、视频和PPT的分析、情境游戏的演练,帮助幼儿进一步梳理在地震的不同情境中做出正确的选择,或迅速逃离或安全躲避,从而提高自我保护意识,使其从小具备逃生避险的能力。

---

① 2019年全国职业院校技能大赛赛项规程

• 活动目标

1. 能根据地震的不同情境选择迅速逃离或躲避,提高自护的能力。

2. 能完整、清楚地表达自己的观点,初步学习多角度思考问题。

• 活动准备

1. 组织幼儿开展第一课时,引导幼儿了解地震时正确自救的基本常识。

2. 了解辩论的基本常识和规则,如:正方、反方及其含义,辩手要清楚表达自己的观点,认真倾听别人的观点等。

3. 创设辩论情境:桌子上摆放"跑"和"不跑"的指示牌。

4. 地震逃生视频,生命三角区 PPT。

5. 警报铃声、各种抱枕。

• 活动过程

1. 回顾经验,引发讨论。

(1) 提问:如果突然地震了,我们应该怎么办?

(2) 小结:大家各有各的想法,有的认为抓紧时间跑,有的认为不能跑,到底是跑还是不跑,今天我们就来讨论一下。

2. 提出讨论的话题,明晰观点。

(1) 出示指示牌,请幼儿根据自己的观点选择相应的位置坐好。

(2) 提出辩论规则:发言时眼睛要看着对方,声音要响亮,大胆清楚地说出自己的观点;别人发言时认真倾听、不打断别人。

3. 第一轮:陈述自己的观点及理由。

(1) 地震来了应该快点跑,为什么?

(2) 地震来了不能跑,你们的理由是什么?

(3) 小结:认为应该跑的孩子说跑可以逃命,可以快点离开这个有灾难的地方;认为不能跑的孩子说地震时房屋晃动得很厉害,跑会更加危险,应该先躲起来。我觉得你们说得都有道理。

4. 第二轮:自由辩论,说出逃生的方法。

(1) 这一轮要说清楚什么时候跑,怎么跑;什么时候不跑,不跑怎么做。如果你觉得他说得对,你就可以支持他;如果你觉得他说得不对,就可以反驳他。

(2) 小结:地震要根据情况来决定先跑还是先躲。一要看地震的大小,二要看住的楼层高矮,如果地震不是很厉害,我们又住在 1 楼,就应该赶紧快跑,跑到安全的地方去;如果地震很厉害,不管我们住在 1 楼还是 20 楼,根本来不及跑,那就应该先躲起来,等地震过去再跑,这样才能保证安全。

5. 观看逃生视频,梳理逃生方法。

(1) 地震来了,视频中的孩子们是怎么做的? 他们的身体是什么样子的? 为什么要蜷缩成球? 请你来学一学。

(2) 小结:地震来了,快速躲到桌子下面,双手紧紧地抓住桌腿,身体蜷缩成球可以占很小的空间,躲藏起来更安全。

(3) 他们是什么时候跑的? 怎么跑?

(4) 小结:地震过去后,他们用书包保护着头部,跟着老师有秩序地跑到安全的地方。

6. 情境演练,逃生自救。

(1) 请你们找一找活动室里可以躲到什么地方? 哪里离你最近?

(2) 警报铃声响起,幼儿可就近选择抱枕、衣服、棉被等在墙角或洗手间躲藏。

（3）随机拍下幼儿躲藏的情况，现场分享：你躲在了什么地方？为什么选择这个地方？你的身体是什么样的？有什么问题？应该怎样解决？

（4）演示PPT，了解生命三角区的结构、特点及意义。

① 第一、二张：可以躲在沙发或其他物品的什么位置？

② 小结：沙发、钢琴、床、衣橱、木箱等很多地方都可以躲避，因为它们都有一个共同的秘密，如果地震来了房屋倒塌的时候，这些地方都可能形成一个活命三角区。

③ 第三张：活命三角区是怎样构成的？

④ 小结：塌下来的墙或是梁借助物体的一条边，撑起一个安全的空间，人躲在里边可以活命，这就是活命三角区。

⑤ 第四张：可以躲在什么位置？

⑥ 小结：没有家具的地方，可以就近躲在墙角或是有管道的地方。因为墙角有两面墙相互支撑，有管道的地方管道和墙相互支撑不容易倒塌，躲在这里比较安全。

（5）带领幼儿再次演练、分享。

① 这一次你觉得他躲得怎么样？为什么？

② 小结：躲避的时候你们沉着冷静、不慌不忙，相信你们已经学会了躲避地震的好方法，也一定能够很好地保护自己，下一次我们再一起练习怎么快跑，怎么有秩序地跑。

3. 模拟教学组织要求

这个活动用辩论这种语言形式，引导幼儿通过自己的思考建立正确的自救方法，是适合大班年龄阶段的。在模拟教学中，除了具备共性的要求之外，作为一个安全教育活动，有两点一定要注意，一是逃生知识的准确性、科学性，二是教师在组织教学过程中的教态。如"情景演练、逃生自救"的环节，教师要有紧张有序的状态，既不能游戏化的嬉戏，也不可以过于严肃吓到孩子。

三、幼儿园教育活动设计与组织实训

实训1　根据以下素材设计一个集体教学活动

◆ 素材：

故事《丑小鸭》

在一个非常美丽的乡下，有森林、小溪和一座漂亮的房子，这是贝拉拉的家。贝拉拉家养了一只鸭子、一只小鸡，还有一只猫。

这只鸭子马上要变成鸭妈妈了，因为她的小鸭子快要孵出来了。终于，蛋一个接着一个"噼！噼！"开始裂了，出来一个个可爱的、毛绒绒的小鸭子，他们还"吱，吱！"地叫，鸭妈妈"嘎，嘎"地回答他们，好像在说："好美丽的世界啊！"

可是还有一个大的鸭蛋没有裂开，于是鸭妈妈继续坐在巢里，这时有一只老鸭子路过说："哈喽！最近还好吗？"鸭妈妈说："还有一枚蛋需要花很长时间。"老鸭子说："让我看看你那枚没裂开的蛋。"看完后他告诉鸭妈妈，那颗蛋是枚鸡蛋。她劝鸭妈妈带着其他小鸭子去学游泳，鸭妈妈说她再坐一段时间看看，等它裂开。

终于这枚大蛋裂开了，出来一只又大又丑的鸭子，和其他小鸭子不一样。鸭妈妈想：这小家伙会不会真是火鸡呢？鸭妈妈想了一个办法，这一天阳光明媚，非常暖和，她带着孩子们去游泳。鸭妈妈扑通跳进水里，小鸭子们也一个接着一个跟着跳下去。水淹到了他们头上，但是他们马上又冒出来了，游得非常漂亮。

他们的小腿很灵活地划着。他们全都在水里,连那个丑陋的灰色小家伙也跟他们在一起游。真好! 他不是火鸡。小鸭子们跟着妈妈游得很开心,这一天很顺利。可是过了几天,小鸡们都啄这只丑鸭子,而且情况一天比一天糟。大家都要赶走这只可怜的小鸭,连他自己的兄弟姊妹也对他生气起来。他们老是说:"你这个丑妖怪,希望猫儿把你抓去才好!"

有一天丑小鸭看见蓝天上飞过一群白天鹅,丑小鸭羡慕极了。他想:要是我也能拥有一双像白天鹅一样——又宽又坚硬的翅膀该多好呀! 那样,我就能飞到外面的世界去看看。"丑小鸭慢慢长大,终于有一天他离开了家。这是一个寒冷的冬天,丑小鸭走了很久走累了,倒在了地上。这时,一位农夫路过,好心的农夫救了丑小鸭,把他抱回家并给他做了一个温暖舒适的家。

到了第二年春天,丑小鸭终于长大了。他也不再是那只灰色的丑小鸭,他有雪白的羽毛,变成了一只白天鹅。这一天他在河里游泳,天空中一群白天鹅飞过,他们和丑小鸭打招呼,很快他们就成了好朋友,一起游过一条小河,不知不觉来到了贝拉拉家的附近。他们轻飘飘地浮在水上,羽毛发出飕飕的响声。

小鸭们认出了丑小鸭,心里感到一种说不出的难过。鸭妈妈高兴地为丑小鸭祝福,看着丑小鸭和白天鹅们越飞越高、越飞越快、越飞越远……

◆ 要求:

根据主题素材与年龄段,设计一课时(30分钟左右)集体教学活动的教案。教案格式完整规范,语言清晰、简洁、明了,目标设计、内容选择、方法运用符合幼儿年龄特征和领域特点。

实训 2　根据以下素材设计一个集体教学活动

◆ 素材:

不再麻烦好妈妈

颂今 千红 词
颂今 曲

1=C 2/4

天真地

5 56 | 53 01 | 4·3 | 20 | 5 51 |
妈　妈　妈妈　你　歇　会儿吧,　自　己的

53 01 | 4·3 | 20 | 34 32 | 1 1 |
事儿　我会　做　了。　自己　穿衣　服呀,

34 32 | 1 1 | 32 34 | 5 5 | 32 34 |
自己　穿鞋　袜呀,自己　叠被　子呀,自己　梳头

55 | i - | 5 - | 43 2 | 6 - |
发呀,　不　再　麻烦　你　呀,

54 03 | 23 | 1 - | 1 0 ‖
亲爱　的　好妈　妈。

◆ 要求:

根据主题素材与年龄段,设计一课时(30分钟左右)集体教学活动的教案。教案格式完整规范,语言清晰、简洁、明了,目标设计、内容选择、方法运用符合幼儿年龄特征和领域特点。

实训 3　根据以下素材设计一个集体教学活动

◆ 素材:

制作泡泡的方法

工具:

吸管、洗洁精。

方法：

(1) 准备吸管和洗洁精。可以用一根吸管,也可以将多支吸管用橡皮筋捆在一起,效果更好。

(2) 准备一个杯子,将洗洁精倒进杯中,再倒进少许清水,杯中的量要少,浓度要高。

(3) 将吸管插入杯中,用嘴对着吸管,吹出许多小泡泡,直到泡泡溢出杯口。吹泡泡的目的,是将水和洗洁精充分混合,这样更容易吹出大泡泡。

◆ 要求：

根据主题素材与年龄段,设计一课时(30 分钟左右)集体教学活动的教案。教案格式完整规范,语言清晰、简洁、明了,目标设计、内容选择、方法运用符合幼儿年龄特征和领域特点。

实训4　根据以下素材设计一个集体教学活动

◆ 素材：

不能跟陌生人走

陌生人的东西我不吃,

陌生人的礼物我不要,

陌生人敲门我不开,

提高警惕不上当,

安全自护记得牢。

◆ 要求：

根据主题素材与年龄段,设计一课时(30 分钟左右)集体教学活动的教案。教案格式完整规范,语言清晰、简洁、明了,目标设计、内容选择、方法运用符合幼儿年龄特征和领域特点。

第三节　说　　课

一、说课的基本理论

(一) 什么是说课

说课是教师必备的基本能力,是教师在备课的基础上,向听课同行或领导系统地分析自己的教学设想(意图)和活动设计的理论依据。说课这一方式要求说课者在有限的时间内,简单明了、准确无误地将自己的活动设计及理论依据阐述清楚,它是一种考察教师基本功的有效方式,非常适合设置为比赛项目,既考察教师活动设计的能力又考察基本理论的掌握及应用能力。

(二) 说课的基本内容

1. 说教材

教材是说课的重要环节,是开展说课的依据。说教材是通过分析所选活动主题及具体活动内容特点,指明它在主题活动中的地位。说教材首先要理解、分析教材,并对教材进行深入分析,挖掘教材中蕴含的教育价值,不能停留在表面、肤浅的层面上。教材分析的内容通常包括以下方面：

(1) 说教材的地位

教材的地位包括内容来源及其与前后知识的关系。内容的来源一方面为选自哪个版本的教材,哪一个主题或者单元,在本主题或本教材中的地位和作用;另一方面,属于生成性课程的需要说明课程主题的来源,也就是内容是如何产生的。如果在选材方面涉及地域特色或者幼儿园特色,就要更加突出说明。

（2）说活动内容及价值

本次活动开展的主要内容是什么，具有什么教育价值，主要解释活动内容符合《幼儿园教育指导纲要（试行）》《3—6 岁儿童学习与发展指南》的教育理念，以及对幼儿发展的价值。切忌出现长篇大论地引用《幼儿园教育指导纲要（试行）》《3—6 岁儿童学习与发展指南》中的原文，所引用内容跟教材分析联系不大，没有针对性的情况。

2. 说幼儿

幼儿是教育活动的主体，也是教育活动的对象，对幼儿科学、具体的分析是活动设计的基础。幼儿分析主要包括以下内容：

第一，幼儿年龄特点和学习特点分析，主要是分析幼儿的生理和心理发展特点，及幼儿学习的特点，在此基础上来确定活动目标和活动过程。

第二，幼儿已有经验分析，主要是对于本次活动内容幼儿的相关经验分析。

第三，幼儿在学习中可能遇到的困难。

3. 说活动目标

活动目标是教育活动的出发点，也是教育活动的归宿。在此环节的表述中要注意不要简单地罗列活动目标，而应该将确立活动目标的依据、活动目标的内容以及如何确保活动目标的实现进行详细的说明。说活动目标的主要内容包括：

（1）确立活动目标的依据

活动目标的确立首先需要考虑教育活动总目标和年龄阶段目标的要求，在具体实施过程中，也就是要体现《幼儿园教育指导纲要（试行）》《3—6 岁儿童学习与发展指南》中的教育理念和要求。其次，应符合幼儿的能力，既要符合幼儿的身心发展规律，特别是 3—6 岁儿童心理发展特点，不要制定超高难度的目标，还要了解幼儿的已有经验基础，在幼儿已有经验基础上来确立相关的活动目标。

（2）阐述活动目标的内容

阐述要全面、详细、具体，一般来说，活动目标的三个纬度要体现出来，必要的时候要对目标作出解释，而不要仅仅停留在把目标写一遍的层面上。

（3）如何确保活动目标的实现

这是说课中比较容易忽略的环节，此环节不需要详细阐述，简要说明即可，如"我将结合活动准备中的某种材料、活动过程中的某些具体环节来确保目标的实现"。

4. 说活动重点、难点

活动重点是幼儿在学习过程中应掌握的知识和应达到的能力发展水平；活动难点是幼儿在学习过程中难以掌握的，需要付出努力才得以实现的内容。说课时需要依据《幼儿园教育指导纲要（试行）》和《3—6 对儿童学习与发展指南》中对活动开展的要求、教材的知识结构和幼儿的认知水平，从知识点中梳理出重点和难点。重点、难点是否得当，直接影响活动目标的达成。说课稿中容易出现重点、难点不清晰、不准确，简单罗列缺少解释，或者没有说明活动重点、难点在活动中如何突破的情况。

5. 说活动准备

活动准备可以从经验准备和物质准备两方面着手。经验准备一方面是幼儿在开展活动前应该掌握的浅显的相关知识经验，教师可以通过活动开展前的谈话活动或之前的教育活动达成目的，另一方面是教师在活动中涉及的知识储备。物质准备是环境创设和材料教具的准备等。要特别注意材料的充足和有效性。有的老师上课准备了很多材料，但是在课堂上的使用率不高，有一些材料甚至可有可无。建议在物质准备方面要丰富，但要物尽其用，深入地挖掘每一种材料的可用性和价值。说活动准备环节，要全面地说明活动的经验准备和物质准备情况，并简要说明相关准备在教育活动中的作用如何。

6. 说教法学法

教法是教师如何教,学法是幼儿如何学、怎样学。说教法旨在说明本次活动中要采用的教学方法和运用的教学手段,以及这样设计的原因。说教法时要结合领域特点,注意多种方法的有机结合,并分析所采用教法的依据。说学法时要说出活动中幼儿怎样学习、依据是什么,自己在活动中如何激发幼儿的学习兴趣和探索欲望。说学法时应注意:首先,学法应建立在对幼儿学情分析的基础上,根据活动的内容及活动目标,分析幼儿应采用怎样的学习方法来学习活动内容,这种学法的特点是怎样的,如何在活动中进行操作;其次,学法要考虑到幼儿学习的特殊性,要发挥幼儿的主体地位,注重参与法、练习法、小组合作等多种学法的综合运用。

7. 说活动过程

说活动过程是整个说课的重点部分,它反映着教师的教学思想、教学风格与个性,也只有通过活动过程设计的阐述,才能看到活动安排是否科学合理,是否具有艺术性。说活动过程是说明整个活动的流程,即各个活动环节的实施过程并进行理性的分析,在分析活动过程时应注意:

(1) 说明活动各环节的设计和开展情况

说课中的活动环节不同于活动设计中的教学过程,面对不同的对象,要把各环节"说"出来,而非"讲"出来。说活动环节时要注意环节之间的联系,并要详细说明设计意图,说清这样设计的依据是什么。

(2) 说明各环节对于活动目标完成中承担的任务

各个环节对于目标的贡献值不同,在此要说明每个活动环节在活动目标完成过程中的作用是什么。

(三) 说课的基本要求

1. 语言方面

说课语言方面的要求是流利,表达顺畅、有感染力、自然、富有逻辑性,普通话标准并富有情感。

说课不同于背稿子,要语速适中,缓缓道来;说课的语言要简洁,不要太啰嗦,用最少的语言说清自己的观点;不要有无意义的口头语或语气词。

2. 多媒体课件

多媒体课件是说课的辅助手段之一,在条件允许的情况下建议使用。如条件不允许,也可以使用板书等方式进行辅助。

多媒体课件作为辅助手段,具有提示作用,既可以给说课者提示说课内容,也为听课者提供理解上的辅助。在说课中有的多媒体课件将说课稿的所有内容都呈现出来,说课者甚至变成了念课件,这种情况是不恰当的。说课中多媒体的要求如下:

第一,体现提示性,最好使用带有索引页形式的课件,方便听课教师和学生理解说课的流程和内容。

第二,体现内容的关键点和逻辑性,不要把所有的内容都呈现在幻灯片上,只选择关键性内容,有条理地呈现,也可以在课件上采用图片、动画等方式来辅助阐述说课内容。

第三,页面美观,操作简单。每页课件只呈现一个知识点,如教材分析单独一页等;课件的字体、构图、配色要美观大方;课件上不要出现过多的装饰,如跟说课无关的动画效果等,以免分散听课者的注意力。

表2-2　全国职业院校技能大赛说课评价标准①

说课	说内容	1. 能结合主题网络图、根据幼儿年龄特征和发展水平阐述内容选择的理由 2. 能正确分析、理解教学活动内容(素材),在客观分析幼儿的发展状况和已有经验的基础上,充分挖掘教材的价值,选取适合幼儿学习的内容
	说目标	1. 阐述目标的具体内容并说明目标制定的理由和依据 2. 准确把握重点和难点,说明确定重难点的理由和解决重难点的方法和策略
	说过程和方法	1. 能清晰说明各环节的设计与目标达成的关系 2. 能清楚阐述主要的教学方法及选用的理由 3. 合理设计,准确预估教学效果,措施得当,应变性强
	现场表现	1. 仪表大方,举止文雅,表情自然、丰富,有亲和力 2. 语言规范,条理清楚,逻辑性强,表达流畅,有感染力 3. 时间把握准确(超时相应扣分)

二、说课案例分析

案例1　中班语言活动"香喷喷的轮子"

◆ 素材:

故事《香喷喷的轮子》②

一只小松鼠在草地上散步,它走着走着,一下子被绊了个大跟头。小松鼠低头一看:哇! 草地上有四个圆溜溜、散发着香味的巧克力豆。它捡起一颗放到嘴边刚想吃,突然,想起了什么,停了下来。

原来,小松鼠做了一辆车,可是没有轮子,这四颗巧克力豆不正可以做车轮么?

小松鼠装好了车轮,开着小汽车在田野上跑。前面有两只毛茸茸的小鸡摇摇晃晃。原来,太阳光太热,都快把小鸡晒晕了。小松鼠连忙卸下两个车轮,在两边系上带子,给小鸡做了两顶太阳帽。小鸡感激地说:"谢谢小松鼠。"现在只剩下两个轮子了。没关系,小松鼠把小汽车改成了两轮摩托车。

小松鼠开着摩托车又往前跑,看见一位老爷爷正在发愁。原来他的纽扣掉了一个。小松鼠又把一个巧克力车轮送给老爷爷当纽扣,老爷爷笑眯眯地说:"谢谢你,小松鼠。"

只剩下一颗巧克力豆了。没关系,小松鼠把摩托车改成了独轮车,推着在草地上继续走。走着走着,小松鼠觉得饿了,它把最后一个巧克力车轮吃了,"吧嗒吧嗒"吃得真香。没有了车轮,小松鼠只好自己扛着车厢走,好累啊。

小松鼠走着走着,忽然看见前面有一辆特别漂亮的小汽车。车厢上写着:"送给可爱的小松鼠!"小松鼠开心极了!

◆ 要求:

就内容、目标、方法、过程设计等进行说课,说清楚"学什么、教什么""怎么学、怎么教"以及为什么等问题,语言规范,条理清楚,逻辑性强,表达流畅。说课时间在7分钟内完成。③

◆ 案例分析:

1. 教案设计

说课稿是基于教学设计的,通过对素材的分析,将这一语言活动的简案设计如下。

---

① 2019年全国职业院校技能大赛赛项规程
② 山东省幼儿园课程指导中班(上)主题四"我在马路边"。
③ 2019年全国职业院校技能大赛赛项规程

中班语言活动"香喷喷的轮子"

• 活动目标

1. 理解小松鼠把巧克力豆变成轮子、帽子、纽扣来帮助别人的故事内容,丰富词汇:香喷喷、圆溜溜、绊、扛。

2. 能大胆想象故事情节,并用比较连贯的语言进行表达。

3. 感受故事情节的有趣,体验助人的快乐。

• 活动准备

《香喷喷的轮子》课件和图片;表演头饰和场景道具。

• 活动过程

1. 教师出示圆圆的巧克力豆,引发幼儿猜想巧克力豆可以用来干什么。

2. 教师采用故事中断法讲述故事,引导幼儿大胆猜想小松鼠用巧克力豆帮助小鸡和老爷爷的故事情节,初步感受故事内容。

3. 教师播放《香喷喷的轮子》课件,引导幼儿进一步理解故事内容,感受故事的有趣。

4. 教师提问"假如你有辆漂亮的小汽车,你会怎样用它帮助别人",引导幼儿大胆想象故事情节,创造性表达。

• 活动延伸

将场景道具和表演头饰投放到表演区角,鼓励幼儿分角色创造性的表演故事。

2. 结合教案,挖掘教案背后的理论依据,形成说课稿

中班语言活动"香喷喷的轮子"说课稿

一、教材分析

故事《香喷喷的轮子》中小松鼠把巧克力豆变成了轮子,又用巧克力轮子变成别的东西帮助好朋友,从而得到意外的惊喜。故事语言通俗易懂,情节引人入胜,既贴近幼儿生活,又切合幼儿的认知水平,符合《纲要》要求。

二、幼儿分析

中班时期是掌握语言最迅速的时期,已经能够说出完整句。同时,中班幼儿活动水平明显提高,需要更为丰富充实的活动。因此我特地选取了本次活动,让幼儿能在轻松的环境中理解故事的内容,促进幼儿语言能力的发展。

三、说活动目标

根据《纲要》在语言领域中提出的目标要求,结合中班幼儿年龄特点和语言发展水平,我从认知、能力、情感三个方面制订了以下目标:

1. 认知目标。

理解小松鼠把巧克力豆变成轮子、帽子、纽扣来帮助别人的故事内容,丰富词汇:香喷喷、圆溜溜、绊、扛。

2. 能力目标。

能大胆想象故事情节,并用比较连贯的语言进行表达。

3. 情感目标。

感受故事情节的有趣,体验助人的快乐。

四、说活动重、难点

中班幼儿正处在词汇发展的关键期,这一时期他们的词汇量迅速增加,语言能力发展迅速,所以我将本次活动的重点指定为:理解故事内容,丰富词汇。难点是:能大胆想象故事情节,并用比较连贯的语言进行表达。

五、说活动准备

为了使活动的趣味性、综合性和知识性协调统一,寓教育于活动情境中,更好地完成本次活动的目标,我做了以下准备:

1.《香喷喷的轮子》课件和图片。

2. 表演头饰和场景道具。

六、说教法、学法

在活动中,我力求为幼儿创造一个轻松愉悦的活动氛围,因此我选择的教法有:直观法、谈话法。在整个活动中遵循《纲要》理念,以幼儿为主体,让幼儿在轻松气氛中解决重点,突破难点,完成教育目标。幼儿的学法主要有:观察法、讲述法。

七、说活动过程

根据中班幼儿的语言发展水平和年龄特点,结合幼儿园教学工作原则和本次活动的目标,我制定了以下活动过程:

1. 激发想象,引出故事。

教师出示巧克力的图片并提问:这是什么啊?它是什么样子的?它是什么味道的?除了吃以外,它还可以用来做什么?

这个环节主要借助直观形象的图片,通过谈话讨论的方法,唤起幼儿的生活经验,激发引起幼儿的兴趣,引出主题。

2. 猜猜讲讲,理解故事。

这个环节主要通过设置悬念的方法,让幼儿大胆地猜想故事,培养幼儿的思维能力。

在播放图片前先提问,如:小松鼠的四轮车变成了两轮车,这是怎么回事?小松鼠的两轮车为什么变成了独轮车?最后小松鼠连一个轮子都没有了,这又是怎么回事呢?

通过先猜后讲,引导幼儿大胆地猜想故事,培养幼儿的思维能力,并且结合幼儿的观察运用生动的语言,丰富的肢体动作讲述故事情节,这种呈现方式更能帮助幼儿理解故事内容。此环节初步解决活动的重点。

3. 完整讲述,深化提升。

教师用富有表现力的声音配合到位的表情动作将故事完整呈现给幼儿,并提问:为什么轮子是香喷喷的?你喜欢小松鼠吗?为什么?

通过这一环节帮助幼儿加深对故事主题的理解,感受帮助别人的快乐。

4. 谈谈说说,迁移经验。

教师提问:"假如你有辆漂亮的小汽车,你会怎样用它帮助别人?"

这个环节旨在引导幼儿大胆想象故事情节,创造性地运用较为连贯的语言表达认识,体验语言交往的乐趣,进而突破活动的难点。

5. 总结拓展,自然延伸。

教师总结:今天我们一起听了一个好听的故事《香喷喷的轮子》,咱们把这个好听的故事表演出来好不好?将幼儿引到活动区,自然结束。

这一设计旨在通过多种活动帮助幼儿加深对作品的体验和理解,同时将集体教学自然而然地拓展到区域活动。

《纲要》指出:"语言能力是在运用的过程中发展起来的,发展幼儿语言的关键是创设一个能使他们想说、敢说、喜欢说、有机会说并能得到积极应答的环境。"这是我设计以上活动的核心理念。设计中不当之处,望各位老师给予批评指正。

案例2　大班韵律活动"娃哈哈"

◆ 素材:

娃　哈　哈

维 吾 尔 族　民歌
石　夫记谱、编词

1=F 2/4

1.我们的　祖国　是花　园,花园里　花朵　真鲜　艳,
2.大姐姐　你呀　赶快　来,小弟弟　你也　莫躲　开,

温暖的　阳光　照耀着　我们,每个人　脸上都　笑开　颜,
手拉着　手呀　唱起那　歌儿,我们的　生活　多愉　快,

娃哈　哈!娃哈　哈!每个人　脸上都　笑开　颜。
娃哈　哈!娃哈　哈!我们的　生活　多愉　快。

◆ 要求:

就内容、目标、方法、过程设计等进行说课,说清楚"学什么、教什么""怎么学、怎么教"以及"为什么"等问题,语言规范,条理清楚,逻辑性强,表达流畅。说课时间在7分钟内完成。①

◆ 案例分析:

1. 教案设计

说课稿是基于教学设计的,通过对素材的分析,将这一韵律活动的教案设计如下。

大班韵律活动"娃哈哈"

· 活动目标

1. 感知新疆舞曲的基本节奏,体会舞曲欢快的风格,初步学习新疆舞中的行礼、踏踮步,手挽花。

2. 大胆创编手挽花动作,能随音乐手脚协调的表演。

3. 能够身心愉快地参与活动,体验围成圈圈跳舞的快乐。

· 活动准备

(1) 舞曲《娃哈哈》及新疆舞视频。

(2) 教师及幼儿每人一顶维吾尔族帽。

· 活动过程

1. 欣赏音乐,感知节奏。

(1) 教师戴维吾尔族帽向幼儿行礼、问好,幼儿了解新疆维吾尔族的特点。

---

① 2019年全国职业院校技能大赛赛项规程

（2）欣赏新疆舞曲。随音乐《娃哈哈》拍膝、拍腿、耸肩等,初步感知舞曲强、弱、次强、弱的节奏特点和欢快的风格。

2. 观看新疆舞视频,初步学习踏蹲步、手挽花。

（1）观看新疆舞的视频,鼓励幼儿说说自己最喜欢的动作。

（2）学习踏蹲步。引导幼儿观察教师踏步时左右脚的变化,讨论踏蹲步的动作要领:一脚踏下的同时另一脚抬起;用前脚掌踏地。

（3）教师用词语说节奏型,引导幼儿边说边练习踏蹲步。

（4）通过游戏"我说你做"由慢到快练习,体会强弱变化,巩固内心节奏。幼儿由慢到快地边说节奏边原地练习踏蹲步。

（5）边听音乐边练习几遍,由原地至行进成圆圈。前奏部分加入行礼。注意提醒幼儿听前奏和节奏。

（6）坐在圆圈上休息并小结:这个动作叫"踏蹲步",是新疆舞中的基本舞步。

（7）坐在圆圈上,教师带领幼儿玩"照镜子"的游戏学习手挽花。

3. 在圆圈上表演新疆舞。

（1）随音乐进行上下肢动作配合,完整练习新疆舞,引导幼儿注意倾听前奏和尾声。

（2）坐在圆上再次欣赏维吾尔族舞视频,引导幼儿观察演员的表情神态。

4. 结束活动。

请幼儿戴上维吾尔族帽在圆圈上表演新疆舞。教师提醒幼儿注意舞蹈时的表情、眼神等要素,随音乐完整表演。

2. 结合教案,挖掘教案背后的理论依据,形成说课稿

大班韵律活动"娃哈哈"说课稿

一、教材分析

新疆舞曲《娃哈哈》是一首节奏鲜明,情绪欢快,有浓郁民族特色的乐曲。以它为背景设计的韵律活动,在学习新疆舞的踏蹲步、行礼等动作元素的基础上,加入了动作创编环节,有利于帮助大班幼儿对少数民族舞蹈进行感知、学习,发展肢体协调能力和节奏感。

二、幼儿分析

大班幼儿动作的自我控制能力更强,动作分化也更精细,这个阶段的幼儿既能上下肢配合地联合动作,也能完成一些比较精细的手腕动作,可以在教师的引导下随音乐初步尝试表演新疆舞中的经典动作——踏蹲步和手挽花。

三、说活动目标

根据大班幼儿的动作发展和认知水平,我从能力、技能、情感三方面提出了以下目标:

1. 感知新疆舞曲的基本节奏,体会舞曲欢快的风格,初步学习新疆舞中的行礼、踏蹲步,手挽花。

2. 大胆创编手挽花动作,能随音乐手脚协调的表演。

3. 能够身心愉快的参与活动,体验围成圆圈跳舞的快乐。

四、说活动重点难点

1. 重点:感知新疆舞的基本节奏,初步学习踏蹲步、行礼,并创编上肢动作。

2. 难点:随音乐节奏手脚协调的表演。

五、说活动准备

1. 舞曲《娃哈哈》及新疆舞视频。

2. 教师及幼儿每人一顶维吾尔族帽。

六、说教法、学法

本次活动中我运用的教法主要是：示范法、游戏法，学法主要是模仿法、练习法。我将结合活动过程，详细阐述我如何运用教法学法来层层递进的突破重点难点、完成活动目标。

七、说活动过程

整个活动过程由四部分组成，遵循了由易到难、由慢到快、动静交替、循序渐进的原则。

1. 热身活动。

(1) 展示维吾尔族帽，行礼、问好。

道具的使用和行礼、问好，既说明了韵律活动的背景，又为下面的动作学习做了铺垫。

(2) 随音乐《娃哈哈》拍膝、拍腿、耸肩等动作以回旋的方式进行声势练习。一是能使幼儿初步感知新疆舞曲强、弱、次强、弱的节拍特点和欢快跳跃的情绪风格；二是集中幼儿注意力，安定其情绪；三是充分活动身体，为后面的动作学习做铺垫。

2. 熟悉节奏型，初步学习踏跐步。

在这个环节以节奏为主线，分三个层次来完成：人声模仿节奏型——动作感知节奏型——用基本舞步表现节奏型。其中在"用动作感知节奏型"的过程中，启发幼儿拍不同身体部位感知节奏，充分发挥了幼儿的动作空间创造性。在学习基本舞步踏跐步时，通过观察——讨论——模仿——练习这四个步骤，层层递进，由易到难地解决了活动的重点，降低了幼儿学习的难度。

3. 创编上肢动作，完整表演。

在大部分幼儿已掌握踏跐步要领的情形下，及时加入上肢动作元素，鼓励幼儿大胆创编不同动作表现音乐与节奏，不断激发幼儿的学习兴趣，在上下肢配合中巩固练习踏跐步，避免了练习过程的枯燥单调。而由学习基本舞步到随音乐完整表演的过程，则是按由慢到快，由原地到行进，由下肢到上肢再到上下肢配合，由节奏到音乐的顺序来完成的，逐步解决了活动的重点与难点。

在幼儿比较熟练地掌握技能后，为幼儿提供一个展示的机会，将进一步激发幼儿的练习兴趣，体会学习的成功感。

4. 放松活动。

完整欣赏音乐，教师带幼儿随节奏拍腿放松，再次感知音乐的基本节奏型。引发幼儿对下次活动的期待。

由于幼儿在整个活动中腿部活动量比较大，因此需要及时、充分的放松，不仅可以缓解疲劳，完整的欣赏也让幼儿进一步感知新疆舞曲的节奏型及欢快的情绪、风格，加深印象。最后教师带领幼儿一起唱《再见歌》在歌声和期待中结束活动。

设计亮点：

韵律的核心是用肢体表现节奏和音乐。对节奏的感知应该是一切韵律活动的基础。因此整个活动设计由节奏入手，逐渐过渡到动作学习和创编，始终围绕新疆舞的基本节奏型层层展开活动，不仅使活动的重点更加突出，难点解决更加充分，而且使幼儿在学习动作、技能的同时对音乐本身风格的感知、理解也会更加深刻，从而促进了幼儿音乐能力的整体提高。

三、说课实训

实训 1 根据以下素材设计说课稿并进行说课

◆ 素材：

故事《大熊的拥抱节》

清晨,大熊早早就出了门。今天是森林城一年一度的拥抱节,和谁拥抱就表示愿意和谁做朋友。大熊给自己定了一个目标,要和 100 个朋友拥抱!

远远地,大熊看见袋鼠哥哥,他连忙张开双臂:"袋鼠哥哥,你好!"可袋鼠哥哥支吾着说:"嗯,我很忙。"说着,就跑了。

大熊尴尬地放下手臂,安慰自己说:"没关系,还有好多拥抱的机会呢。"

呀,前面一蹦一跳过来的不是漂亮的兔妹妹吗? 大熊赶紧张开双臂:"亲爱的兔妹妹,你好!"兔妹妹停也不停,自顾自哼着歌儿过去了。

大熊愣了一下,生气地甩了甩手说:"哼,真没礼貌!"

大熊再往前走,看见了红狐狸。大熊张开双臂,红狐狸却赶紧绕了过去,连个招呼也没打。

大熊慢慢地把手臂放下来,不明白为什么大家都不跟他拥抱。

天快黑了,大熊没有拥抱到一个朋友。"昨天,我把兔妹妹的萝卜全拔光了。我还老是揪袋鼠哥哥和红狐狸的尾巴。"大熊的眼泪一滴一滴落下来。

这时,小动物们手牵着手走过来,看见孤零零的大熊,他们都愣住了。大熊呢,马上站起来,捂着脸跑回家了。

"我今天没拥抱大熊。"兔妹妹说。

"大熊看上去很伤心呢!"袋鼠说。

小动物们你看看我,我看看你,然后,他们都往大熊家走去。

天黑了,大熊晚饭也没吃,一个人躺在床上想心事。

"笃笃笃!"是谁在敲门?

大熊慢吞吞地走过去开门。门一开,大熊惊呆了!

小动物们在门前排成了长长的队伍,一个个张开双臂,说:"大熊,祝你拥抱节快乐! 我愿意做你的朋友。"

大家一个接一个地拥抱了大熊,大熊的眼泪越来越多,比刚才没人拥抱他时还要多。他在心里暗暗对自己说,从明天起一定要让大家看到一个不一样的大熊!

月亮的银光柔柔地撒在森林城,撒在互相拥抱着的小动物们身上,这真是一个令人难忘的拥抱节呀!

◆ 要求：

就内容、目标、方法、过程设计等进行说课,说清楚"学什么、教什么""怎么学、怎么教",以及"为什么"等问题,语言规范,条理清楚,逻辑性强,表达流畅。说课时间在 7 分钟内完成。

实训 2 **根据以下素材设计说课稿并进行说课**

◆ 素材：

中国功夫

1=G 4/4
每分钟38拍

宋小明　词
伍嘉冀　曲

6·1 56 17 6--- | 6 1 56 45 3-00 3 32 5 56 |

1. 卧 似 一 张 弓，　站 似 一 棵 松，　不 动 不 摇
2. 南 拳 和 北 腿，　少 林 武 当 功，　太 极 八 卦
3.4.东 方 一 条 龙，　儿 女 似 英 雄，　天 高 地 远

3 4 32 1- | 2·3 56 17 | 6-00: | 2·3 56 17 6--- |

坐 如 钟，　走 路 一 阵 风。　　中 华 有 神 功。
连 环 掌，　中 华 有 神 功。
八 面 风。

:|6·1 53 60 | 6·1 54 30 | 3·2 56 32 1 | 2·3 56 17 6 0 |

卧 似 一 张 弓，　站 似 一 棵 松，　不 动 不 摇坐 如 钟，走 路 一 阵　风

6·1 53 60 | 6·1 54 30 | 3·2 56 32 1 | 2·3 56 76 - |

南 拳 和 北 腿，　少 林 武 当 功，　太 极 八 卦连 环 掌，中 华 有　神 功，

XX XX X0 | XX XX X0 | XX X XX XX X | XX XX X0 |

棍 扫 一 大 片，　枪 挑 一 条 线。　身 轻　好 似 云 中 燕，豪 气 冲 云 天。
清 风 剑 在 手，　双 刀 就 看 走。　行 家 的 功 夫 一 出 手，就 知 有 没 有。

XX XX X0 | XX XX X0 | XX X XX XX X | XX XX X0:|

外 练 筋 骨 皮，　内 练　一 口 气。　刚 柔 并 济 不 低 头 我 们　心 中 有 天 地。
手 是 两 扇 门，　脚 下 是 一 条 根。　四 方 水 土 养 育 了 我 们　中 华 武 术 魂。

2·3 56 17 | 6--- | 6--- | 6 0 00: |

中 华 有 神　功。

动作范例

1　　2　　3　　4　　5　　6　　7

8　　9　　10　　11　　12　　13

059

◆ 要求:

就内容、目标、方法、过程设计等进行说课,说清楚"学什么、教什么""怎么学、怎么教",以及"为什么"等问题,语言规范,条理清楚,逻辑性强,表达流畅。说课时间在 7 分钟内完成。

实训 3 **根据以下素材设计说课稿并进行说课**

◆ 素材:

儿歌《我们的祖国真大》

北方,有冬爷爷的家,

十月就飘大雪花。

我们的祖国真大,

南方,有春姑娘的家,

一年四季盛开鲜花。

啊! 伟大的祖国——妈妈,

东西南北中的孩子,

在同一个时候,

有的滑雪,有的游泳,

有的围着火炉吃西瓜。

◆ 要求:

就内容、目标、方法、过程设计等进行说课,说清楚"学什么、教什么""怎么学、怎么教",以及"为什么"等问题,语言规范,条理清楚,逻辑性强,表达流畅。说课时间在 7 分钟内完成。

实训 4 **根据以下素材设计说课稿并进行说课**

◆ 素材:

动 物 保 护 色

保护色是指动物把体表的颜色改变为与周围环境相似,这种颜色叫保护色。

这种保护色的例子在动物界可以举出许多,我们简直每走一步路都可以遇见它。沙漠里的动物,大多数都有微黄的"沙漠色"作为它们的特征。如那里的狮子、鸟、蜥蜴、蜘蛛、蠕虫、青蛙等等,总之,沙漠动物群当中一切具有代表性的动物身上,都可以找到这种颜色。相反的,北方雪地上的所有动物,比如可怕的北极熊也好,不伤人的海燕也好,却都披上了一层白色,它们在雪的背景上简直看不出来。在长期的险恶环境中生存的野兔,它们的毛色都是土黄色,这种颜色,也是秋天大部分草木的颜色,所以野兔可以借此来逃避许多天敌的危害。变色龙是蜥蜴的一种,是典型的具有保护色的动物。它能在周围环境对光线的反射中迅速地改变体色,变成树干或树叶的颜色来保护自己。每一个捕捉昆虫的人都知道,由于昆虫有保护色,要找到它们十分困难。你不妨试着去捉在你脚边的草地上吱吱叫着的绿色蚱蜢——在掩护着它的绿色背景里,你简直看不清蚱蜢在哪里。还有生活在树皮上的蝶蛾和毛虫,颜色都非常接近树皮的颜色。

水生动物也是这样。在褐色藻类里生活的海生动物,都有"保护性"的褐色,使眼睛无法察觉它们。生长在红色海藻区域里的动物,主要的保护色是红色。银色的鱼鳞也同样具有保护性,它保护鱼类,使它们受不到在空中搜寻它们的猛禽的伤害,又使它们受不到在水下威胁它们的大鱼的袭击。水面不但从上面往下看像面镜子,并且从下面,从水的最深处向上看更像面镜子,而银色的鱼鳞刚好同这种发亮的银色背景融为一体。至于水母和水里的其他透明动物,像蠕虫、虾类、软体动物等,它们的保护色是完全无色和透明的,使敌人在那无色透明的自然环境里看不见它们。

许多动物都能按照周围条件的变动来改变保护色的色调。在雪的背景上不易察觉的银鼠如果不随着雪的融化而改变自己毛皮的颜色,那它就会失去保护色的好处。因此在春天,这种白色小动物会换上一身红褐色的新毛皮,使自己的颜色跟那从雪里裸露出来的土壤的颜色打成一片。随着冬季的来临,它们又穿上了雪白的冬衣,重新变成白色。

◆ 要求:

就内容、目标、方法、过程设计等进行说课,说清楚"学什么、教什么""怎么学、怎么教",以及"为什么"等问题,语言规范,条理清楚,逻辑性强,表达流畅。说课时间在7分钟内完成。

实训5 **根据以下素材设计说课稿并进行说课**

◆ 素材:

团扇的制作方法

1. 将卡纸对折,在一面纸上画出扇子的形状,将对折的卡纸沿着轮廓剪下,得到两片相同形状的扇面。
2. 创造性地绘制扇面的图案。
3. 用冰糕棍做团扇的扇柄。

◆ 要求:

就内容、目标、方法、过程设计等进行说课,说清楚"学什么、教什么""怎么学、怎么教",以及"为什么"等问题,语言规范,条理清楚,逻辑性强,表达流畅。说课时间在7分钟内完成。

第四节 幼儿故事讲述

一、幼儿故事讲述基本理论

(一) 什么是幼儿故事讲述

幼儿故事讲述指根据幼儿故事的内容,进行必要的分析和处理,通过口头语言和肢体语言,借助一定的道具,惟妙惟肖地将故事演绎出来,使幼儿感受到故事的生动有趣,从而理解故事内容的一种活动。

(二) 幼儿故事讲述的内容

故事是一种以叙事为主,具有情节,比较便于口头讲述的文学形式。幼儿故事又分狭义和广义的之分。狭义的故事是指适合幼儿欣赏的,具有一定教育价值的,篇幅短小,内容单纯的叙事类作品。广义的故事包含童话故事、神话传说、成语故事、科学故事、生活故事、寓言故事等。对于学前教育专业学生,应具备广义的幼儿故事讲述的能力。

(三) 幼儿故事讲述的要求

下表是"全国职业院校技能大赛(高职组)'学前教育专业教育技能'赛项规程"中关于"幼儿故事讲述"的评分标准。

表 2-3 幼儿故事讲述评分标准

内 容		评 分 标 准
幼儿故事讲述	基本功	1. 语音标准,口齿清晰,语速适宜,表达流畅,内容完整 2. 恰当、自然地运用语言技巧;感情充沛、精神饱满、抑扬顿挫 3. 脱稿讲述

内容	评 分 标 准
表现力	1. 语气、语调、动作、表情符合角色形象,符合故事内容和特点,有感染力 2. 故事内容加工合理,表现具有个性
儿童化	1. 讲述富有童趣,适合幼儿学习与欣赏 2. 恰当运用态势语言,能激发幼儿倾听兴趣,亲和力好

（四）幼儿故事讲述的策略

生动形象地对故事进行演绎才能吸引幼儿兴趣,帮助幼儿理解故事内容,感受故事传达的情感。幼儿的心理发展特点决定了幼儿注意力集中时间短,注意力容易分散,这就要求故事讲演者要很好地分析故事、理解故事、演绎故事。怎样才能成为幼儿故事讲述的高手呢,我们可以从以下方面进行练习。

1. 通读文本,理解作品

此处之所以用通读,是因为本书的训练是针对比赛,要求在较短的时间内进行准备,然后将故事讲演出来。如果是正常的教学过程,则要将"通读文本"的要求改为"熟读文本"。在通读文本的过程中,要借助问题,迅速地理解故事内容,如什么时间,发生了什么事情,结果是什么,故事中的人物都有谁。只有真正理解了故事内容,把握了故事主旨,才能把故事讲好。

如故事《小马过河》,可以迅速梳理出线索:

小马运粮——牛伯伯——不深——松鼠——太深——问妈妈——自己尝试

2. 分析故事,合理加工

讲故事,并不是要一字不落地背故事,有些故事本身的词句并不便于孩子理解或者不适合口头讲述,因此,要对故事内容进行合理加工。对故事文本的加工体现在以下几个方面:

（1）故事开头的设计与加工

故事讲述虽然是用独白讲述,但是也需要通过预设的问题进行虚拟的情境创设。好的开头非常重要,能够迅速吸引孩子的兴趣,抓住听众。故事的开头没有固定的模式,可以是提问式的,也可以是议论式的。如故事《龟兔赛跑》可以先设置提问:"森林里,兔子和乌龟要进行一场跑步比赛。你们猜猜谁会赢得比赛呢?"

（2）故事内容的加工与改编

首先是语言的加工。一是口语化加工。故事讲述的语言要求简单明白,口语化,不用书面语和生僻字。如书面语"此时"就可以变为口语"这时候"。要对文本中的长句进行加工处理,使之更加便于口头表达。二是形象化加工。教师要通过自己的讲述将文字的内容跃然纸上,使其富有感染力。比如"小明一不小心摔了一跤"就可以在故事讲述时加上"哎呦""扑通"之类的拟声词,使故事更加形象生动。三是互动式加工。有的故事内容,陈述的部分太多,如果单纯按照文字内容讲述,就显得单调。也可以对原有的重点故事情节进行扩充,如关键对话的扩充,由原来的一来一往的对话,变为几组对话的来回,增强故事的丰富性和趣味性。如故事《老鼠娶亲》,老鼠村长在寻找"世界上什么最强大"的过程中,可以把陈述的语句转化为对话,老村长问:"太阳太阳,你是世界上最强大的吗?""乌云乌云,你是世界上最强大的吗?""风,你是世界上最强大的吗?"等。

其次是名称的加工。有些优秀的国外故事人物姓名很长或者拗口,可以根据情况灵活加工,比如故事《灰姑娘》是来自欧洲的民间故事,灰姑娘的名字叫辛德瑞拉,在讲述故事时就可以用灰姑娘代之姓名。

（3）故事结尾的加工与设计

故事结尾的设计要和开头遥相呼应。好的结尾使故事意犹未尽。一般来说故事的结尾可以设计为总结式结尾,也可以设计为提问式结尾,留下悬念。如故事《龟兔赛跑》结尾可以设计提问:"如果乌龟和兔子再比一次,你觉得兔子还会不会睡大觉? 如果再比一次,谁会赢得比赛呢?"

3. 剖析角色,全面设计

(1)语言设计

语言的拿捏是故事讲述成功的关键,如何在故事讲述中使语言更加生动形象,富有吸引力?

首先,要从故事的整体上进行分析把握,分析故事的起伏转折,使故事整体上在抑扬交错的节奏中进行。比如故事《丑小鸭》,抑的部分是丑小鸭到处被欺负,它被迫躲来躲去,扬的部分是它在湖面看到自己的倒影,发现自己竟然是一只美丽的白天鹅。抑的部分要用低缓、凄凉的声音来表达,扬的部分用高兴、惊讶的声音来刻画。

其次,角色声音的塑造也非常重要。先明确故事中有几个角色,再分析不同角色的特点,最后个性化设计角色的声音表达。不同的职业、不同的年龄、不同的性别、不同的身份、不同的情境下,都有可能有不同的声音,要用不同的声音刻画不同的角色。在比赛中,讲故事者要自己演绎故事中不同的角色,因此,角色语言的差别要尽量明显。比如,故事《三只小猪》中,主要角色有——猪妈妈、猪老大、猪老二、猪老三和大灰狼。猪妈妈这一角色要体现妈妈的特点,在角色语言的设计上,体现慈爱、语重心长、担心等特点,语言要温柔、有爱、和缓。猪老大和猪老二懒惰,要用慵懒、磨磨唧唧的语言来进行刻画。猪老三的角色特点是勤奋、吃苦、聪明,在用语言表现猪老三时,可以赋予角色轻快、欢乐的语言表现。大灰狼则是凶狠的角色,可以用低沉、粗犷、凶狠的声音来表现。

第三,从语音、语调、语气等方面进行技巧设计。比如,故事《月亮姑娘做衣裳》,裁缝三次为月亮姑娘量体裁衣,两次说到"看来,我量错了",每次的语音、语调、语气都是不一样的。第一次量体裁衣用中速平调来表达,第二次要表现出裁缝的吃惊,第三次要语速加快,用升调,表示出再次量错的惊讶与生气。

通常来说,热烈的、快乐的、紧张的氛围用较快的语速,宁静、沉闷、庄重的氛围用较慢的语速,开朗活泼、机智勇敢、狡猾奸诈的角色性格用较快的语速,诚实淳朴、沉着冷静、愚昧迟钝的角色性格用较慢的语速。疑问句时多用升调,表示肯定、允许、感叹时多用降调,陈述、说明时多用平调,怀疑、夸张、烦躁、讽刺时多用曲折调。

(2)体态语设计

体态语主要包括眼神、表情、动作等方面。在幼儿故事讲演的过程中,体态语是辅助性的,应该与声音协调一致,而不要喧宾夺主。体态语的设计要遵循自然、得体、适度、和谐的原则。当故事中的角色较多时,讲演者可以通过不同位置的站位辅助体现角色的转换。

二、幼儿故事讲述案例分析

案例1 **幼儿故事讲述——母鸡和苹果树**①

◆ 故事内容:

母鸡住在美丽的树林里面。一天早晨,母鸡醒来,发现门口有一棵大大的苹果树。母鸡说:"真奇怪! 这棵苹果树哪来的呢? 昨天还没有这棵树呢。"

一阵风吹来,两片树叶从树上飘落下来,母鸡发现了苹果树长出来尖尖的耳朵,母鸡说:"真奇怪,我从来没见过苹果树长着尖尖的耳朵。"苹果树说:"我们苹果树有的时候是这样的。"

母鸡仔细地看看苹果树,又发现了许多奇怪的事。"真奇怪,我从来没见过苹果树长着血红的大嘴?""我们苹果树有的时候是这样的。""真奇怪,我从来没见过苹果树长着毛茸茸的尾巴?""我们苹果

---

① 山东省幼儿园课程指导中班(上)主题三"落叶飘飘"

树有的时候是这样的。"

这到底是不是一棵真正的苹果树呢? 母鸡想了想,想出了个办法。她让苹果树学大树摇,苹果树摇呀摇,几片树叶从树叶上飘落下来,苹果树露出了尖尖的耳朵,就这样,又露出了牙齿、身体、尾巴。

呀! 原来苹果树是一只大灰狼装的。母鸡赶紧把门窗关得紧紧的。大灰狼吃不到母鸡,只好灰溜溜地走了。

◆ **要求:**

讲述故事。普通话标准,能运用一定的语言技巧,动作、表情符合角色形象;根据提供的故事内容,能进行合理加工,富有童趣,表现具有个性;脱稿讲述。

◆ **案例分析:**

1. 通读文本,理解作品

故事角色:母鸡、大灰狼。

故事梗概:母鸡发现家门口多了棵苹果树,逐渐发现苹果树的异样,发现是大灰狼装的,逃跑。

故事线索:苹果树——耳朵——嘴巴——尾巴——大灰狼——母鸡逃走。

关键对话:"真奇怪,我从来没见过苹果树长着……?"

"我们苹果树有的时候是这样的。"

2. 分析故事,合理加工

(1) 设计提问式开头

"小朋友们,你们见过苹果树吗? 母鸡的门口啊,就有一棵奇怪的苹果树,这棵苹果树到底哪里奇怪呢? 我们一起来听故事《母鸡和苹果树》。"

(2) 故事内容的改编与加工

母鸡住在美丽的树林里面。(改为:美丽的森林里,住着一只母鸡。)一天早晨,母鸡醒来,发现门口有一棵大大的苹果树。母鸡说:"真奇怪! 这棵苹果树哪来的呢? 昨天还没有这棵树呢。"

一阵风吹来,两片树叶从树上飘落下来,母鸡发现了苹果树长出来尖尖的耳朵,母鸡说:"真奇怪,我从来没见过苹果树长着尖尖的耳朵。"苹果树说:"我们苹果树有的时候是这样的。"

母鸡仔细地看看苹果树,又发现了许多奇怪的事。"真奇怪,我从来没见过苹果树长着血红的大嘴?""我们苹果树有的时候是这样的。""真奇怪,我从来没见过苹果树长着毛茸茸的尾巴?""我们苹果树有的时候是这样的。"

这到底是不是一棵真正的苹果树呢? 母鸡想了想,想出了个办法。她让苹果树学大树摇,苹果树摇呀摇,几片树叶从树叶上飘落下来,苹果树露出了尖尖的耳朵,就这样,又露出了牙齿、身体、尾巴。(改为:这到底是不是一棵真正的苹果树呢? 母鸡想了想,想出了个办法。她对苹果树说:"真正的苹果树都是会摇晃的,你会吗?"苹果树摇呀摇,几片树叶飘落下来,苹果树露出了尖尖的耳朵;苹果树又摇啊摇,苹果树露出了牙齿、身体、尾巴。)

呀! 原来苹果树是一只大灰狼装的。母鸡赶紧把门窗关得紧紧的。大灰狼吃不到母鸡,只好灰溜溜地走了。

(3) 故事结尾可设计总结式结尾

"小朋友们,母鸡是不是很聪明啊,你们碰到问题的时候,也要像母鸡学习,开动脑筋啊!"

3. 剖析角色,全面设计

角色性格:母鸡——机智,声音利落,勇敢,童音,语速中等。

大灰狼——凶狠,男低音,粗犷,拖着腔调,装模做样,语速慢。

◆ **故事整体设计如下:**

小朋友们你们见过苹果树吗?(左手自然交叉在小腹前,眼睛看前方,重音落在"苹果树"三个字,语调前平后扬,中速。)

母鸡的门口啊,就有一棵奇怪的苹果树。(说到"一棵"时右手向前抬起,食指伸出,悬疑语气,重音落在"母鸡""奇怪的"两个词,平调,中慢速。)

这棵苹果树到底哪里奇怪呢?(眼神露出奇怪的神情,曲折调,中速。)

我们一起来听故事《母鸡和苹果树》。(平调,强调故事名,停顿。)

美丽的森林里,住着一只母鸡。一天早晨,母鸡醒来,发现门口有一棵大大的苹果树。(双手向前自然摊开,平调,慢速,舒缓。)

母鸡说:"真奇怪!这棵苹果树哪来的呢?昨天还没有这棵树呢。"(声调略高,移动台步,向右前方走一步,手指向前方指向树的方向,悬疑语气,降调、升调、降调。)

一阵风吹来,两片树叶从树上飘落下来。(加上风声拟声词"呼呼",声音中低速,慢,用手做树叶飘落状。)母鸡发现苹果树长出来尖尖的耳朵。(双手书放在头顶食指中指并拢向上伸出,重音"尖尖的耳朵",中速。)

母鸡说:"真奇怪,我从来没见过苹果树长着尖尖的耳朵。"(悬疑语气,曲折调,中高音。)

苹果树说:"我们苹果树有的时候是这样的。"(换位置,可向左后走一步,低音,声音粗,与母鸡的形成鲜明对比,拖着腔调。)

母鸡仔细地看看苹果树,又发现了许多奇怪的事。(换回母鸡的站位,重音"许多"。)

"真奇怪,我从来没见过苹果树长着血红的大嘴?"(强调"从来没见""血红的大嘴",更加怀疑的语气。)

"我们苹果树有的时候是这样的。"(略有不耐烦的语气。)

"真奇怪,我从来没见过苹果树长着毛茸茸的尾巴?"(进一步疑惑,突出"毛茸茸的尾巴"。)

"我们苹果树有的时候是这样的。"(更加不耐烦的语气。)

这到底是不是一棵真正的苹果树呢?母鸡想了想,想出了个办法。(做动脑筋状,自言自语。)

她对苹果树说:"真正的苹果树都是会摇晃的,你会吗?"(机智、轻快的语言发问,中快速,升调。)

苹果树摇呀摇,几片树叶飘落下来,苹果树露出了尖尖的耳朵,苹果树又摇啊摇,苹果树露出了牙齿、身体、尾巴。(全身晃动,语速渐快。)

呀!原来苹果树是一只大灰狼装的。(音量提高,急速,营造紧张氛围。)

母鸡赶紧把门窗关得紧紧的。(用拟声词"砰",做关门状,快速,紧张氛围。)

大灰狼吃不到母鸡,只好灰溜溜地走了。(大灰狼视角,语速放缓,弯腰弓背做出灰溜溜的样子。)

小朋友们,母鸡是不是很聪明啊,你们碰到问题的时候,也要像母鸡学习,开动脑筋啊!(回到起始站位,"聪明"处右手向前竖起大拇指。)

◆ 说明:

第一,故事中有两个角色,母鸡和大灰狼,可以通过站位来区分两个角色,当母鸡说话时右退一步,大灰狼说话时,左侧站位。

第二,对话语言是刻画人物的重要部分。一来一回的几组对话在揣摩母鸡和大灰狼的语言特点的基础上,需要体现不同。母鸡的每次发现,一次次加重心中的疑问,悬疑的语气应越来越重,可以通过声调、音量、音色的变化体现。大灰狼的回答虽然是一模一样的,也要有不一样的设计。如第一次说"我们苹果树有时候是这样的"是拖着长音,淡定,略带得意的样子,被母鸡发现的破绽越来越多之后,大灰狼再回答同样的问题,语气是一遍遍的不耐烦和急躁。

第三,体态语的设计。整个故事是母鸡不断发现破绽揭露"苹果树"本来面目的过程,讲演者的眼神要有戏,体现出怀疑和惊奇的眼神。在讲演的过程中不要一直站在一处不动,要自然地根据故事情节设计走动,比如最后,母鸡赶紧关门窗的动作表现,大灰狼灰溜溜走的样子。

案例 2　幼儿故事讲述——狐狸和乌鸦

◆ **故事内容：**

山坡上有一棵大树。乌鸦在大树上搭了一个窝，并且在窝里生蛋，孵出了四个小宝宝。大树的下边有个洞，洞里边住着一只狐狸。

这天，乌鸦飞到很远的地方找吃的去了。它好不容易找到一块肉，就叼了回来站在窝旁的树杈上，心里别提有多高兴了，因为这块肉足够它吃一天的啦。

这时候，洞里边的狐狸肚子饿了，也钻出来找食物。它抬头一看："喔，乌鸦嘴里叼着一块不小的肉，真香啊！"狐狸馋得直流口水。

狐狸的眼珠一转，就打起了鬼主意，它用两只后腿站起来，笑眯眯地对乌鸦说："嘿嘿……你好啊，我亲爱的邻居，尊贵的乌鸦太太。"

乌鸦嘴里叼着肉，没有做声。

"亲爱的乌鸦太太，您的羽毛真美丽，可怜的麻雀比起您来可就差多了。"狐狸继续说。

乌鸦不做声。

狐狸见乌鸦不做声，又说："亲爱的乌鸦太太，几天不见，您的小宝宝胖了吧！"

乌鸦看了狐狸一眼，仍然没做声。

狐狸又说："您的嗓子真好啊，唱起歌来谁都爱听，我最爱听您唱的歌了。您要高兴的话就唱上几句，再让我欣赏欣赏吧！"

听了狐狸的话，乌鸦心里边啊美滋滋的，像是吃了蜜一样。它得意极了，嗓子眼也痒痒极了，就再也忍不住了："哇哇哇……"

它这一唱不要紧啊，一张嘴，肉就"啪嗒"一声掉到地上去了。

◆ **要求：**

讲述故事。普通话标准，能运用一定的语言技巧，动作、表情符合角色形象；根据提供的故事内容，能进行合理加工，富有童趣，表现具有个性；脱稿讲述。[①]

◆ **案例分析：**

1. 通读文本，理解作品

故事角色：狐狸、乌鸦。

故事梗概：乌鸦找到一块肉被狐狸花言巧语骗走了。

故事线索：乌鸦叼肉——狐狸打起肉的主意——打招呼——夸羽毛——夸孩子——夸歌声——肉被骗走。

2. 分析故事，合理加工

（1）设计提问式开头

"小朋友们，你们听过乌鸦唱歌吗？乌鸦唱歌好听吗？可是，有只狐狸啊，却夸乌鸦的歌声美妙极了。这是为什么呢？我们一起来听故事《狐狸和乌鸦》。"

（2）故事内容的改编与加工

山坡上有一棵大树。乌鸦在大树上搭了一个窝，并且在窝里生蛋，孵出了四个小宝宝。大树的下边有个洞，洞里边住着一只狐狸。（口语化改编：山坡上有一棵大树，大树上有一个窝，窝里有四个蛋宝宝，原来这是乌鸦的家。大树下有一个洞，洞里住着一只狐狸。）

这天，乌鸦飞到很远的地方找吃的去了。它好不容易找到一块肉，就叼了回来站在窝旁的树杈上，心里别提有多高兴了，因为这块肉足够它吃一天的啦。（口语化改编：有一天，乌鸦飞到很远的地

---

① 2019 年全国职业院校技能大赛赛项规程

方找吃的……）

这时候,洞里边的狐狸肚子饿了,也钻出来找食物。它抬头一看:"喔,乌鸦嘴里叼着一块不小的肉,真香啊!"狐狸馋得直流口水。(口语化改编:肚子饿了,可以加拟声词"咕噜咕噜"。)

狐狸的眼珠一转,就打起了鬼主意,它用两只后腿站起来,笑眯眯地对乌鸦说:"嘿嘿……你好啊,我亲爱的邻居,尊贵的乌鸦太太。"(形象化加工:狐狸的眼珠"骨碌碌"一转。)

乌鸦嘴里叼着肉,没有做声。

"亲爱的乌鸦太太,您的羽毛真美丽,可怜的麻雀比起您来可就差多了。"狐狸继续说。

乌鸦不做声。

狐狸见乌鸦不做声,又说:"亲爱的乌鸦太太,几天不见,您的小宝宝胖了吧!"

乌鸦看了狐狸一眼,仍然没做声。

狐狸又说:"您的嗓子真好啊,唱起歌来谁都爱听,我最爱听您唱的歌了。您要高兴的话就唱上几句,再让我欣赏欣赏吧!"

听了狐狸的话,乌鸦心里边啊美滋滋的,像是吃了蜜一样。它得意极了,嗓子眼也痒痒极了,就再也忍不住了:"哇哇哇……"

它这一唱不要紧啊,一张嘴,肉就"啪嗒"一声掉到地上去了。

(3) 故事结尾的设计

结尾可以与开头的问题遥相呼应:"小朋友们,你们知道狐狸为什么夸乌鸦了吗? 如果有人花言巧语说好话,可一定要动脑筋不要上当受骗啊。"

3. 剖析角色,全面设计

角色性格:狐狸——花言巧语、狡猾、声音尖细。

乌鸦——虚荣、爱听好话、不动脑筋。

◆ 故事整体设计如下:

山坡上有一棵大树,大树上有一个窝,窝里有四个蛋宝宝,原来这是乌鸦的家。大树下有一个洞,洞里住着一只狐狸。(讲到"大树上"和"大树下"分别做出上面和下面的手势,平调,叙述,中速。)

有一天,乌鸦飞到很远的地方去找吃的。它好不容易找到一块肉,就叼了回来站在窝旁的树杈上,心里别提有多高兴了,因为这块肉足够它吃一天的啦。(重音"好不容易",后半句表情体现出美滋滋的感觉,第一句平调,后边音量渐高,降调。)

这时候,洞里边的狐狸肚子饿了,也钻出来找食物。它抬头一看:"喔,乌鸦嘴里叼着一块不小的肉,真香啊!"狐狸馋得直流口水。(一侧走两步,体现狐狸站位。)

狐狸的眼珠"骨碌碌"一转,就打起了鬼主意,它用两只后腿站起来,笑眯眯地对乌鸦说:"嘿嘿……你好啊,我亲爱的邻居,尊贵的乌鸦太太。"(眼神体现出"骨碌骨碌"一转,狐狸的动作可以设计为胳膊在胸前微曲,学动物前爪样,狡猾的声音,尖细,讨好,慢速。)

乌鸦嘴里叼着肉,没有做声。(换站位,俯视,无表情状。)

"亲爱的乌鸦太太,您的羽毛真美丽,可怜的麻雀比起您来可就差多了。"狐狸继续说。(尖细声音,讨好,重点"羽毛真美丽",谄媚的语言,慢速。)

乌鸦不做声。(换站位,讲演者边讲边摆摆手。)

狐狸见乌鸦不做声,又说:"亲爱的乌鸦太太,几天不见,您的小宝宝胖了吧!"(更加讨好、谄媚的声音,眼睛朝上看,表情是讨好的,语调稍高,语速稍快,降调。)

乌鸦看了狐狸一眼,仍然没做声。(眼神透露处被夸奖后的动摇,高兴。)

狐狸又说:"您的嗓子真好啊,唱起歌来谁都爱听,我最爱听您唱的歌了。您要高兴的话就唱上几句,再让我欣赏欣赏吧!"(中快速,讨好谄媚中略带着急,一气呵成,曲折调。)

听了狐狸的话,乌鸦心里边啊美滋滋的,像是吃了蜜一样。它得意极了,嗓子眼也痒痒极了,就再也忍不住了:"哇哇哇……"(表现出乌鸦心里的高兴,"哇哇"的叫声调高音调,表现出兴奋的音调。)

它这一唱不要紧啊,一张嘴,肉就"啪嗒"一声掉到地上去了。(与上一句形成反差对比,旁观者的语调。)

◆ 说明:

1) 首先是角色站位,故事中有两个角色,可以通过左右站位来区分角色。还要注意的是,狐狸是在树下,乌鸦在树杈上,因此,讲演者在表演狐狸时要微蹲,抬头,向上方看着问话,表演乌鸦时呈俯视的样子。

2) 对话主要是狐狸的语言,从夸奖羽毛到孩子再到歌声,每次要有变化,虽然每次都是讨好、谄媚的语气,可以通过语速、音调的变化,体现出狐狸的着急,对肉的垂涎三尺,急切想骗到手的心理。

3) 体态语的运用在这个故事中起着很重要的作用,比如眼神表现狐狸的狡猾,在不停地搜肠刮肚想办法的样子。乌鸦虽然一直蹲坐树杈,每次狐狸的讨好都会在乌鸦的心里掀起波澜,如何通过表情眼神的细微动作体现出来。这些细节都要处理好。

案例3 幼儿故事讲述——鸭子骑车记①

◆ 故事内容:

有一天,在农场里,鸭子冒出一个疯狂的主意:"我打赌我会骑车。"他一摇一摆地走到男孩停着的自行车旁,爬上去,骑了起来。开始他骑得很慢,而且左摇右晃,但是很好玩!

鸭子骑过母牛身旁,冲母牛招了招手,"你好,母牛!"鸭子说。

"哞——"母牛应了一声。可她心里想:"一只鸭子在骑车?这可是我见过最愚蠢的事!"

鸭子骑过绵羊身边,"你好,绵羊!"鸭子说。

"咩——"绵羊应了一声。可她心里想:"要是不小心,他会受伤的!"

现在鸭子骑得好多了。他骑过狗的身边,"你好,狗!"鸭子说。

"汪!"狗应了一声。可他心里想:"这可是真功夫呀!"

鸭子骑过猫身边,"你好,猫!"鸭子说。

"喵——"猫应了一声。可她心里想:"我才不会浪费时间去骑车呢!"

鸭子蹬得快了一点。他骑过马身边,"你好,马!"鸭子说。

"嘶——"马应了一声。可他心里想:"你还是没我快,鸭子!"

鸭子一边按铃,一边朝母鸡骑过去,"你好,母鸡!"鸭子说。

"咯咯!"母鸡应了一声。可她心里想:"你看着点路,鸭子!"

鸭子骑过山羊身边,"你好,山羊!"鸭子说。

"咩——"山羊应了一声。可他心里想:"我真想吃了那辆车子!"

鸭子单脚站到车座上,骑过两头猪身边,"你好,猪猪们!"鸭子说。

"呼噜——"这两头猪应了一声。可他们心里想:"鸭子真爱出风头!"

鸭子撒开车把,骑过老鼠身边,"你好,老鼠!"鸭子说。

"吱——"老鼠应了一声。可他心里想:"我真想像鸭子那样骑车!"

忽然,一大群孩子骑着自行车冲下路来。他们骑得特别快,谁也没有看到鸭子。他们把车停在门前,就进屋去了。

现在,所有的动物都有自行车骑了!他们在谷仓旁边的空地上骑来骑去。"真好玩!"他们异口同声地说,"鸭子,你的主意真棒!"

---

① 选自绘本故事《鸭子骑车记》。

他把自行车放回屋旁。没有人知道,那天下午,曾经有一头母牛、一只绵羊、一只狗、一只猫、一匹马、一只母鸡、一只山羊、两头猪、一只老鼠和一只鸭子骑过自行车。

◆ 要求:

讲述故事。普通话标准,能运用一定的语言技巧,动作、表情符合角色形象;根据提供的故事内容,能进行合理加工,富有童趣,表现具有个性;脱稿讲述。[①]

◆ 案例分析:

1. 通读文本,理解作品

故事角色:鸭子、母牛、绵羊、狗、猫、马、母鸡、山羊、猪、老鼠、小朋友们。

故事梗概:鸭子骑车,不同动物看到后心思各异,动物一起骑车。

故事线索:鸭子骑车——路遇母牛——绵羊——狗——猫——马——山羊——猪——老鼠——小朋友们骑车——动物骑车。

2. 分析故事,合理加工

(1) 设计讨论式开头

"小朋友们,会骑自行车吗?你们有没有见过鸭子骑自行车?你如果看到一只鸭子骑自行车,你想对它说什么?我们一起来听故事《鸭子骑车记》。"

(2) 故事内容的改编与加工

本故事来自一本经典的图画书,故事的语言简洁明快、生动形象,无需进行过多的加工。如果读过绘本,绘本中还有很多次生动的描写鸭子骑车的细节的重复画面:左脚用力,右脚用力,左脚用力,右脚用力,左—右—左—这不断重复的骑车细节,使得故事更加生动,同时,也在暗示了鸭子的不放弃,骑车技能越来越娴熟。

(3) 设计故事结尾

"故事讲完了,原来不光鸭子骑车了,还有这么多动物朋友也都骑车了,他们玩得可真高兴啊!"

3. 剖析角色,全面设计

第一,本故事中的角色较多,先对故事中角色的性格特点进行分析,然后根据性格特点赋予角色不同的语言特点。

角色性格:鸭子——勇敢、自信、坚定、热情

母牛——惊奇、嘲笑

绵羊——担心

狗——佩服、赞美

猫——慵懒、不屑

马——骄傲

母鸡——担心

山羊——贪吃

猪——笨重

老鼠——羡慕

第二,这本身就是一个简单滑稽、别具一格的故事,书名《鸭子骑车记》就是一个既夸张又刺激的想法,到最后动物们骑自行车狂欢,这都要求教师要通过语言将这个欢乐的场景营造出来。因此,整个故事对教师语言的张力要求很高,从各种动物的叫声模拟,到角色心理的语言反映,要达到让听众应接不暇捧腹不止的效果。鸭子兴奋地和不同动物打招呼的语气语调和其他动物心理活动形成语

---

① 2019 年全国职业院校技能大赛赛项规程

气、语调、语速等方面的对比,在对比中展示不同动物的性格特征。

第三,动作的设计要夸张,反映动物特点。其中,鸭子骑车的状态,从摇摇晃晃到逐渐娴熟,要通过教师的动作细腻地刻画出来。从舞台站位来看,这个故事牵扯到的角色较多,教师可以分成两边,一边是鸭子的舞台站位,一边是其他的各种动物。

第四,眼神和表情是反映不同角色心理特点的窗口,要细细揣摩,如猫的慵懒不屑,马的骄傲。

第五,这个故事是在不断的重复中走向高潮,每次的重复要体现出不同的细节处理。比如每次的打招呼,在最初和母牛打招呼时,是兴奋和小心翼翼并存,动作的预设是双手扶车把,晃晃悠悠,到和狗打招呼时,鸭子骑车逐渐熟练,小心翼翼逐渐转为自信,可以设计一只手扶车把,另一只手尝试放开打招呼,再到和猪、老鼠打招呼时,则是从容、大方、快乐地炫车技。

◆ 故事设计:

有一天,在农场里,鸭子冒出一个疯狂的主意:"我打赌我会骑车。"(重音"疯狂的""骑车",开始平调,慢速,重音部分音调加重,音色"疯狂的"修饰,语气是快乐坚定的。)

他一摇一摆地走到男孩停着的自行车旁,爬上去,骑了起来。开始他骑得很慢,而且左摇右晃,但是很好玩!(这一段主要通过动作刻画,动作"一摇一摆"模仿一只快乐的鸭子的样子,"爬""骑""摇摇晃晃"的姿态,表情是兴奋快乐的,动作小心翼翼,语气是兴奋的,突出动词和"很好玩"。)

鸭子骑过母牛身旁,冲母牛招了招手,"你好,母牛!"鸭子说。(鸭子的神态是兴奋,又带炫耀的。)

"哞——"母牛应了一声。可她心里想:"一只鸭子在骑车?这可是我见过最愚蠢的事!"(换站位,眼睛斜视向鸭子的方向,重音"鸭子""骑车""愚蠢"。)

鸭子骑过绵羊身边,"你好,绵羊!"鸭子说。

"咩——"绵羊应了一声。可她心里想:"要是不小心,他会受伤的!"(绵羊的声音可以模仿慈爱的母亲,担心的语气,音调低,慢速。)

现在鸭子骑得好多了。(轻快的语气,中快速,平调。)

他骑过狗的身边,"你好,狗!"鸭子说。(开心、轻快的语气,中速,降调。)

"汪!"狗应了一声。可他心里想:"这可是真功夫呀!"(右手竖起大拇指,佩服的语气,降调,中速。)

鸭子骑过猫身边,"你好,猫!"鸭子说。(开心、轻快的语气,中快速,降调。)

"喵——"猫应了一声。可她心里想:"我才不会浪费时间去骑车呢!"(慵懒的猫的动作可以设计为刚睡醒,尖声的猫女士形象,手托下巴。)

鸭子蹬得快了一点。他骑过马身边,"你好,马!"鸭子说。(轻快,中快速,打招呼语速也略加快。)

"嘶——"马应了一声。可他心里想:"你还是没我快,鸭子!"(骄傲的马的动作,双手在胸前交叉。)

鸭子一边按铃,一边朝母鸡骑过去,"你好,母鸡!"鸭子说。(加上响铃的拟声词"铃铃铃",兴奋的语气,语速渐快。)

"咯咯!"母鸡应了一声。可她心里想:"你看着点路,鸭子!"(音调低,与前一句形成对比,担心的语气,中慢速。)

鸭子骑过山羊身边,"你好,山羊!"鸭子说。(兴奋、开心、中快速。)

"咩——"山羊应了一声。可他心里想:"我真想吃了那辆车子!"(塑造头也不抬,一心想着吃的山羊,语速慢。)

鸭子单脚站到车座上,骑过两头猪身边,"你好,猪猪们!"鸭子说。(更加兴奋,语速快,炫车技。)

"呼噜——"这两头猪应了一声,可他们心里想:"鸭子真爱出风头!"(笨重的猪,粗粗的声音。)

鸭子撒开车把,骑过老鼠身边,"你好,老鼠!"鸭子说。(双手打招呼,雀跃的。)

"吱——"老鼠应了一声。可他心里想:"我真想像鸭子那样骑车!"(羡慕的语气。)

忽然,一大群孩子骑着自行车冲下路来。他们骑得特别快,谁也没有看到鸭子。他们把车停在门前,就进屋去了。(快乐的语气持续,语速中快。)

现在,所有的动物都有自行车骑了!他们在谷仓旁边的空地上骑来骑去。"真好玩!"他们异口同声地说,"鸭子,你的主意真棒!"(重点"所有的动物",语速渐缓,快乐的语气。)

他把自行车放回屋旁。没有人知道,那天下午,曾经有一头母牛、一只绵羊、一只狗、一只猫、一匹马、一只母鸡、一只山羊、两头猪、一只老鼠和一只鸭子骑过自行车。(狡黠、快乐、轻快、悠然的语气,中慢速,平调。)

三、幼儿故事讲述实训

实训 1　故事《云朵棉花糖》[①]

有三只小老鼠,一只是鼠老大,一只是鼠老二,还有一只是鼠小小。他们住在一幢小楼里。鼠老大最大,住在最下面,鼠老二住在二楼,鼠小小住在三楼。

一天,鼠小小打开窗子,一朵白云飘了进来。啊,这朵云很白很白,很软很软,很松很松。他一把抱住了云朵。

鼠小小抱着白云到二楼去,鼠老二说:"我可以用它来做枕头,肯定很松软的。"

鼠小小和鼠老二又到了一楼,鼠老大说:"我看可以用它来做棉衣,肯定很暖和的。"

鼠小小说:"我看还是把它做成棉花糖吧!"鼠老大和鼠老二说:"对,这个办法好。"

接着三只老鼠就开始做棉花糖了。他们先往云朵里加一些果汁,再加一些牛奶和糖,搅拌后抬到太阳底下晒,香味就开始飘散开来了。

闻到香味,动物们都来了。大家好馋呀!三只老鼠把做好的云朵棉花糖分给大家,这个一朵,那个也一朵。大家吃得真开心啊!

分到最后,云朵棉花糖只剩下那么一点点了。三只老鼠你舔一口,我舔一口,舔得很开心。

第二天,大家都等着云朵再飞进鼠小小家的窗口,因为他们要做更多的云朵棉花糖。

◆ 要求:

讲述故事。普通话标准,能运用一定的语言技巧,动作、表情符合角色形象;根据提供的故事内容,能进行合理加工,富有童趣,表现具有个性;脱稿讲述。

实训 2　故事《小熊请客》

有一只狐狸又懒又馋,整天吃饱了睡,睡够了就去偷东西吃,所以呀,谁见了他都讨厌。

有一天,他在大树底下睡懒觉。一觉醒来,太阳快下山了,肚子也咕咕叫了,他想,到哪去弄点吃的东西来呢?忽然,他看见小猫咪提着一包点心,从身边走过,忙叫起来:"小猫咪,小猫咪,你到哪里去?"

小猫咪说:"今天过节,小熊请客。我们到他家去,又吃又玩又唱歌,真呀真快乐!"狐狸说:"你带我一起去吧!"小猫咪看看他说:"狐狸狐狸,你不做工,还想白白吃东西,哼,我才不带你去呢。"说着跑掉了。

狐狸叹口气又躺下去,忽然他看见小花狗带着一件礼物走过去。狐狸忙叫:"小花狗,小花狗,你到哪里去?"小花狗说:"今天过节,小熊请客。我们到他家去,又吃又玩又唱歌,真呀真快活!"

狐狸说:"你带我一起去吧!"小狗看看他说:"狐狸狐狸,你不做工,还想白白吃东西,哼!我才不带你去呢!"说着撒开腿跑掉了。

狐狸刚想走开,忽然看见小公鸡来了,怀里还抱着一包礼物。狐狸忙站住,招呼小公鸡:"小公鸡!今天你打扮得那么漂亮,要到哪里去呀?"

① 山东省幼儿园课程指导小班(上)主题二"香喷喷　甜蜜蜜"

小公鸡说："今天小熊请客。我们到他家去，又吃又玩又唱歌，真呀真快活！"狐狸说："你带我一起去吧！我跟你们一起吃。"

小公鸡白了他一眼说："你就知道吃，自己不做工，还想白吃东西，哼！我才不带你去呢。"说着飞快地跑掉了。

狐狸很生气，嘴里骂着："你们都是坏东西，好啊，你们不带我去，我偏要去，到了小熊家，我就把好吃的东西一口气都吞进肚子里，你们等着吧！"说着，舌头舔了舔，朝小熊家走去。

小熊正在家里忙着呢，他把地扫干净，桌子凳子擦干净，把三盆菜——小鱼、肉骨头和小虫子放在桌上，忽然听到敲门的声音，小熊忙问："谁呀？""我是小猫咪！""欢迎你，欢迎你！"

小熊家把门打开，请小猫咪进来，又把门关好。小猫咪把点心送给小熊，小熊说："谢谢你，谢谢你，我也请你吃东西。这是骨头、小虫和小鱼，你随便吃点，别客气。"

小猫咪说："骨头、小虫我不爱，小小鱼儿我最欢喜。"小猫正在吃东西，小花狗来了，他也把带来的礼物送给小熊。

小熊说："谢谢你，谢谢你，我也请你吃东西，这是骨头、小虫和小鱼，随便吃点，别客气。"

小花狗说："小虫、小鱼我不爱吃，肉骨头我最欢喜！"

这时候小公鸡也来了。他把礼物交给了小熊，小熊说"谢谢你，谢谢你，我也请你吃东西，这是骨头、小虫和小鱼，随便吃点，别客气。"小公鸡说："骨头、小鱼我不爱吃，小小虫儿我最欢喜！"

忽然咚咚咚响，谁在使劲敲门啊，小熊问："谁啊？"狐狸在门外大声叫："快开门！我是大狐狸。"

小熊吓了一跳，哎呀，原来是这个坏东西来了，狐狸把门敲得更响了，一边敲一边叫："快开门，把好吃的东西都拿出来。"小熊、小猫咪、小花狗，还有小公鸡凑在一起想办法。

小熊说："我盖房子的时候，还剩下好些石头，我把石头分给你们，等一开门，咱们就一块拿石头扔他！"大家说："好！"

小熊赶快把石头分给了大家，小熊把门打开，狐狸一进门就喊："快把好吃的东西拿来！""给你！给你！给你！"大家一边喊着，一边向狐狸扔石头。狐狸抱着头直叫，"哎呦，哎呦，痛死我啦！"他连忙夹着尾巴跑掉了。

◆ 要求：

讲述故事。普通话标准，能运用一定的语言技巧，动作、表情符合角色形象；根据提供的故事内容，能进行合理加工，富有童趣，表现具有个性；脱稿讲述。

实训3　故事《大熊的拥抱节》

清晨，大熊早早就出了门。今天是森林城一年一度的拥抱节，和谁拥抱就表示愿意和谁做朋友。大熊给自己定了一个目标，要和100个朋友拥抱！

远远地，大熊看见袋鼠哥哥，他连忙张开双臂："袋鼠哥哥，你好！"可袋鼠哥哥支吾着说："嗯，我很忙。"说着，就跑了。

大熊尴尬地放下手臂，安慰自己说："没关系，还有好多拥抱的机会呢。"

呀，前面一蹦一跳过来的不是漂亮的兔妹妹吗？大熊赶紧张开双臂："亲爱的兔妹妹，你好！"兔妹妹停也不停，自顾自哼着歌儿过去了。

大熊愣了一下，生气地甩了甩手说："哼，真没礼貌！"

大熊再往前走，看见了红狐狸。大熊张开双臂，红狐狸却赶紧绕了过去，连个招呼也没打。

大熊慢慢地把手臂放下来，不明白为什么大家都不跟他拥抱。

天快黑了，大熊没有拥抱到一个朋友。"昨天，我把兔妹妹的萝卜全拔光了。我还老是揪袋鼠哥哥和红狐狸的尾巴。"大熊的眼泪一滴一滴落下来。

这时，小动物们手牵着手走过来，看见孤零零的大熊，他们都愣住了。大熊呢，马上站起来，捂着脸跑回家了。

"我今天没拥抱大熊。"兔妹妹说。

"大熊看上去很伤心呢!"袋鼠说。

小动物们你看看我,我看看你,然后,他们都往大熊家走去。

天黑了,大熊晚饭也没吃,一个人躺在床上想心事。

"笃笃笃!"是谁在敲门?

大熊慢吞吞地走过去开门。门一开,大熊惊呆了!

小动物们在门前排成了长长的队伍,一个个张开双臂,说:"大熊,祝你拥抱节快乐!我愿意做你的朋友。"

大家一个接一个地拥抱了大熊,大熊的眼泪越来越多,比刚才没人拥抱他时还要多。他在心里暗暗对自己说,从明天起一定要让大家看到一个不一样的大熊!

月亮的银光柔柔地撒在森林城,撒在互相拥抱着的小动物们身上,这真是一个令人难忘的拥抱节呀!

◆ 要求:

讲述故事。普通话标准,能运用一定的语言技巧,动作、表情符合角色形象;根据提供的故事内容,能进行合理加工,富有童趣,表现具有个性;脱稿讲述。

第五节 幼儿歌曲弹唱与歌表演

一、幼儿歌曲弹唱与歌表演的基本理论

(一)幼儿歌曲弹唱

幼儿歌曲弹唱,又称"自弹自唱",是幼儿教师的一项重要技能,有着广泛的用途。第一,在幼儿园音乐活动的组织过程中,教师的弹唱可以使幼儿对歌曲进行完整的欣赏,或者有重点地突破要学习的难点;第二,教师的弹唱可以根据幼儿的需要,调整弹唱的速度及力度,帮助幼儿更好地理解和欣赏歌曲;第三,教师的弹唱可以作为一日生活的过渡环节,减少幼儿消极的等待时间。

幼儿歌曲弹唱是集乐理、声乐、钢琴等学科的综合运用。幼儿歌曲弹唱包括两个有机协调的部分——"弹"和"唱"。首先,需要明确的是"弹"和"唱"的主次关系,一定是以"唱"为主,"弹"是辅助手段,因此,切忌"弹"的过重,喧宾夺主,对"唱"形成干扰。其次,"弹"和"唱"之间要有机配合,因此,要在充分分析并理解歌曲的基础上,设计好歌唱方式与演奏技巧。

幼儿歌曲弹唱的材料一般具有以下几个特点:

第一,歌词内容生动形象、浅显易懂,符合幼儿的认知发展特点。从歌词内容上看,歌词内容与幼儿的具体生活紧密联系,如交通工具、动植物、身体、节日等。从歌词结构上看,歌词多重复,句子与句子之间的节奏、长短、旋律等方面相近,便于幼儿理解、记忆。从歌词意义上看,歌词内容都是富于美、富于爱、富于想象的。歌词中的象声词、感叹词等用得较多,经常用到拟人、夸张的修辞手法。另外,幼儿歌曲弹唱的材料一般表演性较强,在后面歌表演的部分我们会详细分析。

第二,曲调节奏简单、旋律平稳、适合幼儿的音域。幼儿园阶段的歌曲一般以二分音符、四分音符、八分音符构成的节奏为主,中、大班的歌曲有时会出现休止符和附点音符的节奏。由于幼儿的呼吸比较短浅,因此,一般适合中速的演唱。幼儿歌曲的乐句不会过于庞大,4 岁以前的儿童歌曲以 4 个乐句为宜,总长度一般不超过 8 个小节。幼儿歌曲一般最长也不要超过 24 个小节、8 个乐句,特殊情

况除外。幼儿歌曲一般以一段体为主,到大班阶段有时会出现简单的两段体或者三段体,但是段落之间的变化部分非常少。幼儿演唱歌曲时声音要求自然、放松。因此选择适合幼儿的歌曲才能保证幼儿不"走音"。一般来说,3—4 岁的幼儿,可以唱出 5—6 个音(c1 – a1),其中听起来最舒服的声音是在 d1 – g1 之间。5—6 岁儿童的音域会稍有扩展。向上一般可以达到 b1 或者 c2,向下一般可以达到 b 或者 a。

第三,词曲的对应关系比较单纯,一般是一字一音,中大班也可以两字一音,但是还是以一字一音为主。

通过以上内容可以判断比赛中给定歌曲适合的年龄阶段,从而以适合该年龄阶段的方式进行弹奏和演唱,以及歌表演。

1. 幼儿歌曲演唱的要求

(1) 正确的歌唱姿势

歌唱姿势一般有站姿和坐姿。采用站姿进行演唱时要注意,身体自然直立,两脚分开站稳,保持自然放松,眼睛平视双肩放松,胸部舒展小腹稍收,眼神要自然生动,避免耸肩塌胸,避免过分低头仰头,避免面部表情紧张,避免下巴前伸。坐姿歌唱时要求腰背挺直,两臂自然下垂或自然放在腿上,坐着歌唱时不将椅子坐满,不靠在椅背上等。

(2) 正确的呼吸与发声

正确的呼吸方法:自然呼吸;均匀用气;呼吸时不抬头、不耸肩,不发出吸气声;一般不在句子中间换气等。

正确的发声方法:下巴自然放松;嘴巴自然张开;自然地向前发音,既不肆意大声叫喊,也不刻意控制音量等。

(3) 歌唱中的吐字与咬字

咬字、吐字、气息与情感表达的一般规律是:

优美、温柔、悲伤的歌曲,多采用较慢速度,较弱力度和相对更连贯、更柔和的气息流动方式。咬字、吐字的方式用比较形象的动词来说就是——"推"出去的。我们可把这种唱法称为"抒情曲的唱法"。如《小乌鸦爱妈妈》《大树妈妈》《迷路的小花鸭》《摇啊摇》等。

轻松、欢快、活泼的歌曲,多用适中的力度,较快速和更有弹性、更短促、相对更不连贯的气息流动的方式。咬字、吐字方式用较为形象的词来说就是——"弹"出去。我们可以把这种唱法称为"舞曲的唱法"。如《我有小手》《小小蛋儿把门开》《胡说歌》《郊游》等。

朝气勃勃、坚定有力的歌曲,多用较强的力度、较快速和较短促,较为不连贯的气息流动方式。咬字、吐字方式用较形象的词来说就是——"打"出去。我们可把这种唱法称为"进行曲的唱法"。如《小海军》《长大要当解放军》《这是小兵》等。

沉稳、有力的歌曲,多用较强力度、较为稳健的速度和相对较长的、不完全连贯的气息流动的方式。这种气息流的头部比"进行曲"的气息流的头部还要更大一些,尾部也要更长一些。咬字、吐字的方式用较形象的词来说就是——"爆发"出去。在幼儿园常用这种方法来演唱劳动歌曲,所以我们可把这种唱法称为"劳动曲的唱法"。如《拔萝卜》《加油干》《嘿哟!加把劲》等。

需要说明的是,上述四种演唱方法仅仅是为了能较简单地说明问题。实际上,同种性质的歌曲往往表达的内容各不相同,因此具体的演唱处理也有很大差异。而且在不少歌曲中,段与段、句与句之间也可能采用不同的方法来处理。有时甚至同一首歌曲也可以因为演唱方法的不同而表达不同的情感。如《小树叶》的第一段可以用连贯、舒缓、轻柔的声音演唱,以表现小朋友对小树叶的同情和关怀之情。第二段可以用断顿、跳跃、有力的声音演唱,以表现小树叶勇敢坚强的性格。

(4) 歌曲情感的表达

自然舒适地歌唱,有感情、有理解地歌唱,自然恰当地运用声音表情、面部表情以及身体动作表情,不故意做作。

歌曲情感的表达,牵涉到两个方面的问题:首先是歌唱者内心是否具有某种感情体验和歌唱者是否有愿望表达这种感情体验;其次是歌唱者是否掌握了用歌声表达感情的有关知识和技能,即能否运用咬字、吐字、气息断续变化以及速度、力度变化等演唱技巧进行歌唱。只有这种运用一定的演唱技巧,借助歌声传达出的内心情感才可以表达好歌曲的情感。

2. 幼儿歌曲伴奏的要求

(1) 坐姿、手型与指法

弹奏钢琴时要在自然、放松的基础上练习坐姿与手型。上身挺直,用双臂轻轻提起双手置于键盘之上。三分之二的臀部坐于琴凳上,右脚放在踏板边,左脚微微向后,身体略向前倾,双腿微微分开,保持身体平衡,后背微微向前挺直。

手型与指法的要点是:手指自然弯曲,手掌和手指握成半圆形,呈握球状。掌关节凸起,不要凹陷。手指自然分开,一般一个手指对准一个琴键。从前臂到手呈水平位置摆在琴键上,手指触键的位置在白键与黑键二分之一的位置处。

(2) 几种基础的弹奏方式

非连音奏法:这是钢琴演奏中一种重要的、基础的演奏方法,音和音之间略微分开,奏出断开的效果。在弹奏的过程中,通过手臂带动手腕向上方自然提起,然后自然地落下,当手指落到琴键底部时,手指、手掌做好支撑并顺势将力量集中于指尖,手腕和琴键保持水平,发声后手臂随即放松。弹奏时,每一个音都应包含一个起落动作,声音要求饱满、圆润,音和音之间虽然断开,但要注意音断意不断,要注意手部、肩部自然放松,一只手弹奏时,另一只手做好准备。

连音奏法:是指音和音之间不断开、无间隙的一种奏法,主要用于弹奏抒情的乐句,通常用"⌒"来标记。弹奏连音时,当第一个音弹奏完成后,手腕不再提起,通过手指交替将力量转移到下一个音,手腕要配合平移,整个过程自然柔顺,让琴声连贯、圆润、无中断。

跳音奏法:属于断奏的一种,也是较为常见的一种弹奏方式。弹奏时音和音之间要断开,声音短促而富有弹性。弹奏时力量集中在指尖,触键要敏捷,离键时要迅速并放松。

(3) 常用的伴奏音型

柱式和弦:和弦各音同时弹奏,音响效果丰满、厚实,适用于进行曲、歌颂、赞美类儿童歌曲,如《共产主义儿童团团歌》。

半分解和弦:将和弦分成两部分,常见的形式是单音加音程,两部分先后出现,适用于活泼、俏皮、轻松的歌曲,如《粉刷匠》。

分解和弦:和弦各音以单音的形态先后演奏,音响富于流动性,适用于抒情类的儿童歌曲。

(4) 前奏、间奏和尾声

歌曲的前奏、间奏和尾声不属于歌曲主题结构的范畴,属于附加结构,但也是歌曲不可或缺的组成部分,它们对音乐形象的塑造、烘托歌曲情绪都起着重要作用。

前奏也叫引子,是指在歌声开始前由器乐演奏的部分,主要是为演唱者做好技术上和情绪上的准备。有的前奏是原作中就已经创作好的,有的前奏是用歌曲的最后一个乐句来做前奏,还有的前奏是用歌曲中最有代表性的乐句来做前奏,这是三种儿童歌曲最常见的前奏方式。

间奏是两段歌唱部分之间的器乐片段。间奏的主要形式有:原曲中已经创作好的;重复前一个乐段的最后一个乐句;分节歌曲,常用前奏的材料作为间奏。

尾声是歌声结束后的器乐片段,作为歌曲的结束语以加强终止感。尾声的主要形式有:原曲中已经创作好的;重复前奏或者间奏;在结尾处添加琶音或音阶。

(5) 速度与强弱

速度是作品表现的重要因素之一,不同的速度会赋予音乐不同的表现力。快速的音乐适合表现欢快、激动、紧张的情绪,慢速的音乐适合平静、舒缓或忧伤的音乐。

音乐中的强弱主要指力度。在儿童歌曲伴奏的过程中一方面要注意节拍的基本强弱规律,还要注意旋律和歌词中隐含的力度。一般来说,音调向上用来表现激昂、热烈的情绪,力度上表现为渐强,音调下行产生低沉的情绪,力度上表现为渐弱。歌词中需要重点强调的内容,在演唱中需要加重语气的词语,在伴奏中可以用较强的力度来处理,在句子中居于次要地位或者没有明确意义的虚词对应的地方则可以做弱化处理。

3. 幼儿歌曲弹唱的要求

表 2-4 全国职业院校技能大赛幼儿歌曲弹唱评价标准[①]

内容		评 分 标 准
幼儿歌曲弹唱	基本功	1. 儿童歌曲演唱完整,音准节奏准确,咬字吐字清晰,歌词准确无误;真假声结合自然,声音通畅 2. 根据儿童歌曲的原调准确弹奏,指法、触键规范;和弦编配、和声织体运用恰当 3. 弹唱配合协调,声部平衡,弹唱流畅、完整
	表现力	1. 演唱情绪的处理独到,彰显歌曲个性。 2. 根据歌曲意境编配和声织体,旋律演奏具有美感;准确处理伴奏音色,合理配合歌曲演唱
	儿童化	1. 歌曲弹唱富有美感和童趣,能引发幼儿欣赏的兴趣 2. 设计的前奏、间奏、尾奏符合歌曲特点,适合幼儿感受与欣赏、表现与创造 3. 声音能准确表达歌曲情感,塑造儿童歌曲音乐形象,适合幼儿感受与欣赏、表现与创造

(二) 幼儿歌曲表演

幼儿歌曲表演是用简单、形象的表情、动作、姿态等将歌曲的内容和音乐形象表现出来,通常边唱边表演。幼儿歌曲表演是在掌握了幼儿歌曲的歌词和旋律后,在对歌曲理解的基础上,用动作来表现音乐。幼儿歌表演应以唱为主,以动作表演为辅。在比赛中,幼儿歌表演和幼儿歌曲弹唱是针对同一首儿童歌曲,因此,在弹唱的过程中应该对歌唱有了基本掌握。幼儿歌曲表演的动作要根据歌曲适合的年龄阶段,选择适合 3—6 岁幼儿表演的动作。这种用身体有节律的动作来表现音乐的方式,比起舞蹈较为简单,又是舞蹈的基本组成部分,称为律动。

要想根据幼儿歌曲设计出适合的律动,首先要对幼儿的动作以及音乐表现能力的发展有清楚的认识。

小班阶段:3 岁前幼儿已经基本掌握一些简单的非移动动作,如拍手、点头、摇头、挥动手臂等。小班阶段幼儿的动作开始逐渐精细,进入初步分化阶段。这个阶段幼儿的动作表现是以自我为中心的,缺乏跟同伴的配合、合作。

中班阶段:幼儿动作的协调性有了较大发展,身体的大动作有了明显的进步,可以做一些连续的移动动作,开始初步有同伴合作动作的产生。

大班阶段:动作进一步分化,从身体躯干的大动作到腕部、手部的精细动作都得到了很大发展,能够自如地随音乐做动作,喜欢用同伴之间的合作动作来创造性地表现音乐。

幼儿园韵律动作一般包括基本动作、模仿动作和舞蹈动作三类。

1. 基本动作

基本动作是指儿童在反射动作基础上发展起来的生活动作。如走、跑、跳、摇头、点头、弯腰、曲膝、击掌、招手、抓握等。

---

① 2019 年全国职业院校技能大赛赛项规程

（1）拍手

拍手是最基本的韵律动作，是练习节奏的基本动作。拍手动作可以坐着拍，也可以站着拍；可以在胸前拍手，也可以在身体两侧拍手，还可以在头顶拍手；可以原地不动拍，也可以在行进中拍；还可以根据音乐的不同变换更多的拍手方式。拍手时两手相对，五指并拢，手指向上，手腕放松，两手对拍。拍手动作既可以表现音乐内容，也可以用在前奏或者间奏时，用来进行音乐过渡。

（2）点头

点头动作一般有上下点头，左右点头，左右摇头，向左前方点头，向右前方点头。点头动作要结合眼神方能更好地表现音乐情感。动作幅度注意不要太大，否则容易头昏眼花。

（3）叉腰

叉腰动作一般可以作为音乐开始时手的预备姿势。叉腰动作是指两臂屈肘成三角形，手放到腰部的动作。手在腰部主要有以下几种姿势：一是虎口叉腰，四指向前，拇指朝后，这种动作一般用来表现有力的造型及人物；二是手背靠在腰后，又称反叉腰，一般在民族舞蹈中用得较多；三是手背放在腰侧，掌心朝外，这是幼儿自然叉腰的动作。

（4）招手

招手可以是双手招手，也可以是单手招手。做这一动作时双臂向上向前举起，随着音乐挥动腕关节。

（5）拍腿

拍腿动作可以坐着拍、站着拍或者蹲着拍，可以单手拍腿，可以双手拍腿。拍腿动作常常和屈膝动作连在一起进行。

（6）抓握

抓握是手部的表现动作。抓握动作时随着音乐五指攥拳、打开。抓握动作一般和手臂的挥动连在一起来表现音乐。

2. 模仿动作

模仿动作是指儿童在表现特定事物的外在形态和运动状况时所用的身体动作。如鸟飞、鱼游，刮风、下雨，花开、树长等。此外，还包括儿童模仿日常活动的动作（如洗脸、刷牙、拍球、打气等）和模仿成人活动的动作（如锄地、撒种、骑马、打枪、织网、采茶、开飞机、开火车等）。

3. 舞蹈动作

幼儿的舞蹈动作主要是一些简单的基本舞步。

小碎步：后背挺直，脚跟提起，膝关节松弛，前脚掌交替重心走。

小跑步：双臂自然摆动，双脚全脚掌交替跑动。

蹦跳步：并脚屈膝向上蹬，双脚直膝向上跳。双脚掌先落地，双膝要弯曲。

后踢步：膝关节带动小腿向后抬起，双脚交替向后踢。

踏跳步：抬左脚踏地，重心移至左脚下，左脚原地跳起，右脚吸离地。交替进行。

踏点步：双手叉腰，双腿弯曲右脚离地，右脚踏地腿伸直的同时左脚离地，左脚掌先落地，右腿小腿向后吸。

点步：主力腿膝关节随音乐节拍原地屈伸，动力腿用脚掌或脚尖按音乐节奏点地，可以是一拍一点也可以是两拍一点。点地的位置可在主力腿的前方、后方、旁侧、内侧或交替各位置，分别是前点步、后点步、侧点步、跨点步。

进退步：一只脚向前向后踏，另一只脚原地踏步，重心前后移动。

在进行幼儿歌曲表演动作的创编时要注意以下几个方面：

第一，要用适合幼儿年龄特点的动作来表现歌曲。3—4 岁的幼儿，小肌肉动作、联合性动作发展得不太好，因此，开始可以选用一些坐着或站着不移动的单纯上肢大肌肉动作，如打鼓、吹喇叭、拍球等。随后,可以逐步学习一些单纯的下肢动作,如踏步、走步、小碎步等。最后,在上述动作均已熟练的基础上再做移动和不移动的联合动作,如边走边拍手、边走小碎步边学小鸟飞、边踏步走边绕动手臂做开火车的动作等。4—6岁的幼儿,其控制动作的能力与节奏感都有所发展,因而可以较多地学习移动动作、联合动作和一些小肌肉、细小的动作,如边走秧歌步边甩动红绸、边走垫步边手腕转动摘果子等。动作选择应遵循三条规律:从大的整体动作到小的精细动作,从不移动动作到移动动作,从单纯动作到复合动作。

第二,交替频率越高,学习难度就越大。就动作的变化来说,低龄幼儿一般比较容易接受连续重复的动作。动作变换一般应在段落之间进行,偶尔也可以在乐句之间进行。随着儿童记忆和反应能力的提高,动作变换可以较多地在乐句之间进行,甚至偶尔也可以在乐句之内进行。

幼儿歌表演的要求:

表 2-5　全国职业院校技能大赛幼儿歌表演评价标准

歌表演	基本功	1. 肢体动作协调、优美,动作连接顺畅 2. 能合理运用各种舞蹈语汇进行创编 3. 儿童歌曲演唱完整,音准节奏准确,演唱时气息稳定,歌曲演唱情绪与舞蹈动作所表达的情绪相一致
	表现力	1. 歌曲所表达的情绪与意境把握准确,体现儿童歌曲的风格特点 2. 动作流畅,能够把握儿童的年龄特点
	儿童化	1. 歌表演富有美感和童趣 2. 歌曲演唱能准确表达歌曲情感,舞蹈动作创编符合歌曲特点 3. 适合幼儿感受与欣赏、表现与创造

二、幼儿歌曲弹唱与歌表演案例分析

案例 1　歌曲《粉刷匠》

◆ 内容:

(1)弹唱歌曲

(2)歌表演

粉　刷　匠

波　兰　歌　曲
佳其洛夫斯卡　词
列申斯卡　曲
曹永声　译配

1=G 2/4
中速

5 3 5 3 | 5 3 1 | 2 4 3 2 | 5 — | 5 3 5 3 | 5 3 1 |
我是一个 粉刷匠, 粉刷本领 强, 我要把那 新房子,

2 4 3 2 | 1 — | 2 2 4 4 | 3 1 5 | 2 4 3 2 | 5 — |
刷得 很漂 亮。 刷了 房顶 又刷墙, 刷子飞舞 忙,

5 3 5 3 | 5 3 1 | 2 4 3 2 | 1 0 |
哎呀 我的 小鼻 了, 变呀 变了 样。

◆ 要求:

1. 弹唱歌曲

① 完整流畅地弹奏:和声编配、织体选用、触键技巧合理。

② 有表情地歌唱:音准节奏准确,咬字吐字清晰,声音流畅自然。

③ 弹唱协调:钢琴伴奏能很好地烘托歌唱。

2. 歌表演

① 肢体动作协调,动作连接顺畅,舞蹈动作优美。

② 能合理运用各种舞蹈语汇进行创编。

③ 表情适宜,表演与歌曲情绪相一致。

◆ 案例分析:

1. 歌曲分析

《粉刷匠》是一首活泼、轻快的儿童歌曲,2/4 拍,简单易唱。整首歌曲的音域仅有五度,由四个短小整齐的乐句组成,旋律多使用重复的手法,以"✕ ✕ ✕ ✕ ┃ ✕ ✕ ✕ ┃ ✕ ✕ ✕ ✕ ┃ ✕ － ┃"的节奏贯穿全曲。轻松风趣的旋律配上了诙谐幽默的歌词,歌词生动地描绘了小小粉刷匠只顾劳动,弄得自己一鼻子灰,开心快乐的劳动场景。整首歌的词曲对应关系也很单纯,基本都是一字一音。幼儿要理解歌词内容,需要一定的生活经验,综合分析,这首歌曲适合中班幼儿。

2. 儿歌弹唱

音乐内容活泼,在弹奏的过程中,速度要稍快,表现出轻快的音乐感受。四二拍一强一弱有规律地交替出现,形成对比明显的节拍感,具有明快、有力的特点。作为一首轻松活泼的儿歌,适合用半分解和弦进行伴奏。歌曲本身没有前奏,在演奏时可以用最后一个乐句作为前奏。

演唱歌曲的过程中要注意以下几个问题:

首先,伴奏是为演唱服务的,要把握好"弹"和"唱"之间的关系,声音响亮,语调自然。

其次,要通过演唱声音和表情传递歌曲快乐,幽默,活泼的氛围。

最后,可以对音乐做一些创造性的处理,如弹唱结束时,用诙谐的声音加一句"诶,小鼻子变了样"。

3. 歌表演

首先,根据幼儿年龄阶段选择动作范围,中班阶段上肢动作、下肢动作均可设计,以上肢动作为主,移动动作和不移动动作均可设计,以不移动动作为主,动作变化少,可多设计重复动作,如歌词"我"的乐句开头两拍都设计同样的动作。

粉　刷　匠

(前奏时双手叉腰,有节奏地点头)

我是一个粉刷匠,(左、右手臂弯曲轮流放胸前,一个小节放一只手)

粉刷本领强。(左右手依次竖大拇指朝左前方、右前方伸出)

我要把那新房子,(双手举过头顶,指尖在头顶上方合拢)

刷得很漂亮。(从头顶分别从身体两侧随节奏打开)

刷了房顶又刷墙,(伸左脚前点步,双手朝左前方伸出做刷墙动作)

刷子飞舞忙,(伸右脚前点步,双手朝右前方伸出做刷墙动作)

哎呀我的小鼻子,(稍微弯腰,左手叉腰,右手伸出食指指鼻子,做滑稽表情)

变呀变了样。(后退步,双手向前摊开)

案例2　歌曲《走路》

◆ 内容:

(1) 弹唱歌曲

(2) 歌表演

走　路

陈缢康　词
王平　苏勇　曲

1=C　2/4

1	3	5	5	<u>1 1</u> <u>1 1</u>	5　—
小	兔	走	路	蹦蹦 蹦蹦	跳，

1	6	5	3	<u>4 4</u> <u>4 4</u>	2　—
小	鸭	走	路	摇呀 摇呀	摇，

3 4	5	3 4	5	6	6	6　—
小乌 龟	走	路	慢	吞	吞，

5 1	1	3 6	5	4 3	2	1　—
小花 猫	走	路	静	悄	悄。

◆ **要求：**

1. 弹唱歌曲

① 完整流畅地弹奏：和声编配、织体选用、触键技巧合理。

② 有表情地歌唱：音准节奏准确，咬字吐字清晰，声音流畅自然。

③ 弹唱协调：钢琴伴奏能很好地烘托歌唱。

2. 歌表演

① 肢体动作协调，动作连接顺畅，舞蹈动作优美。

② 能合理运用各种舞蹈语汇进行创编。

③ 表情适宜，表演与歌曲情绪相一致。

◆ **案例分析：**

1. 歌曲分析

《走路》是一首节奏欢快的儿童歌曲，2/4拍，一段体，简单易唱。歌曲共有四个简单的乐句，词曲关系单纯，基本是一字一音对应的，歌词内容是幼儿喜爱并熟悉的小动物走路的样子，直观形象便于理解，适合小班幼儿学唱。

2. 儿歌弹唱

这首儿童活泼轻快，可以选用半分解和弦进行伴奏，在演奏中注意手掌张开，手腕重心随手指的转换迅速调整，触键后指尖站立，手臂放松。演唱和弹奏中根据歌词内容，演奏出不同的速度与力度，如"小兔走路"的乐句，在弹唱"蹦蹦跳"时用跳音，演唱和弹奏出活泼蹦跳的感觉，"小乌龟"的乐句要用慢速来演奏，"小猫"的乐句要注意轻弹轻唱，力度要小，演绎"静悄悄"。最后一个乐句可以用来作为前奏。

3. 歌表演

小班歌表演的动作设计尽量简单，以大动作、不移动的上肢动作为主。

走路（前奏时双手叉腰点头）

小兔走路（双手举过头顶，做出"v"的手型表示小兔）

蹦蹦蹦蹦跳，（保持前面动作，双腿屈膝学小兔原地跳两下）

小鸭走路（左手右手分别放在身侧，手背朝上，手掌朝下，胳膊伸直）

摇呀摇呀摇，（保持前面动作，脚尖呈外八字，左脚右脚交替朝左前、右前抬起收回，学鸭子摇摆）

小乌龟走路（弯腰，胳膊弯曲，双手放在胸前，五指打开，一拍一只手）

慢吞吞，（保持前面动作，向前慢慢走两步）

小花猫走路(五指分开,胳膊弯曲,在面颊前从中间往外做动作,一拍一只手)

静悄悄。(左手背后,稍弯腰前倾,右手在唇边竖起食指做"嘘"状)

案例3 **歌曲《勤快人和懒惰人》**

勤快人和懒惰人

1=C 2/4

诙谐地

美 国 童 谣
汪爱丽　译配

| 1 2 | 3 4 | 5 | 5 | 6 7 | 1 6 | 5 | 5 |

有些 勤快 人 呀 正在 厨房 劳 动,

有个 懒惰 人 呀 正在 厨房 睡 觉,

| 4 4 | 6 4 | 3 3 | 5 3 | 2 2 | 4 2 | 1 | 5 |

有的 炒菜, 有的 煮饭, 有的 在蒸 馒 头,

他不 炒菜, 他不 煮饭, 他也 不蒸 馒 头,

| 4 4 | 6 4 | 3 3 | 5 3 | 2 2 | 4 2 | 1 | 1 |

有的 炒菜, 有的 煮饭, 有的 在蒸 馒 头。

他不 炒菜, 他不 煮饭, 他也 不蒸 馒 头。

◆ **内容:**

(1)弹唱歌曲

(2)歌表演

◆ **要求:**

1. 弹唱歌曲

① 完整流畅地弹奏:和声编配、织体选用、触键技巧合理。

② 有表情地歌唱:音准节奏准确,咬字吐字清晰,声音流畅自然。

③ 弹唱协调:钢琴伴奏能很好地烘托歌唱。

2. 歌表演

① 肢体动作协调,动作连接顺畅,舞蹈动作优美。

② 能合理运用各种舞蹈语汇进行创编。

③ 表情适宜,表演与歌曲情绪相一致。

◆ **案例分析:**

1. 歌曲分析

这是一首诙谐幽默、充满童趣的儿童歌曲。C 大调,2/4 拍,结构比较工整,歌曲的词曲对应关系比较单纯,基本是一字一音。歌曲属于两段体,旋律相同,歌词不同。歌词内容通过对勤快人和懒惰人的对比使幼儿感受劳动的快乐。歌词内容非常适合用动作来表现,厨房里劳动的场景,幼儿也有比较丰富的生活经验,便于幼儿借助经验进行音乐的理解与情感的表达。勤快人与懒惰人的形象要通过歌曲不同的速度与力度的变化来体现,结合音域的范围,这首歌曲定位于大班幼儿。

2. 儿歌弹唱

歌曲通过相同旋律的两个乐段来表现不同的形象内容。在弹唱时要注意通过歌唱的语气和速度等变化手段,将歌曲的不同形象直观表现出来。如后一段在刻画懒惰人形象时,可以将速度放慢,与前面表现勤快人的轻松旋律做较大的对比。在演唱的时候,第一段勤快人要用轻快、欢乐、雀跃的声音来表现,懒惰人通过拖沓、懒散的声音来塑造。前奏可以用最后一个乐句来替代。

3. 歌表演

勤快人和懒惰人(前奏时双手叉腰,随节奏点头。)

有些勤快人啊,(下肢动作:轮流向左踏点步,右踏点步;上肢动作:左手叉腰右手向上向外翻聚,手掌朝上,下一拍,恢复叉腰,左右交替进行。手脚同侧做动作。)

正在厨房劳动,(小跑步逆时针转圈,双手攥拳,在胸前互相缠绕转圈。)

有的炒菜,(左前方迈左脚,身体向左前方,双臂自然弯曲,同时向前向后运动,模仿炒菜状。)

有的煮饭,(右前方迈右脚,身体向右前方,双臂自然弯曲,同时向前向后运动,模仿炒菜状。)

有的在蒸馒头,(双脚并拢,膝盖随节奏弯曲,双臂自然弯曲,左手攥拳,右手伸开手掌,掌心向下,右手在左手上划圈。)

有的炒菜,(左前方迈左脚,身体向左前方,双臂自然弯曲,同时向前向后运动,模仿炒菜状。)

有的煮饭,(右前方迈右脚,身体向右前方,双臂自然弯曲,同时向前向后运动,模仿炒菜状。)

有的在蒸馒头。(双脚并拢,膝盖随节奏弯曲,双臂自然弯曲,左手攥拳,右手伸开手掌,掌心向下,右手在左手上划圈。)

(间奏时双手叉腰,随节奏点头。)

有些懒惰人啊,(下肢动作:轮流向左踏点步,右踏点步;上肢动作:左手叉腰右手向上向外翻聚,手掌朝上,下一拍,恢复叉腰,左右交替进行。手脚同侧做动作。)

正在厨房睡觉,(下肢不动,双手掌心相对放在耳侧做睡觉状。)

他不炒菜,(左手叉腰,身体朝右倾斜,右侧小臂朝上自然弯曲,手掌向前打开,左右摆动右手。)

他不煮饭,(右手叉腰,身体朝左倾斜,左侧小臂朝上自然弯曲,手掌向前打开,左右摆动左手。)

他也不蒸馒头,(双脚并拢,膝盖随节奏弯曲,双臂自然弯曲,左手攥拳,右手伸开手掌,掌心向下,右手在左手上划圈。)

他不炒菜,他不煮饭。(原地后踢步逆时针转圈,手臂朝上弯曲,双手朝上左右摆动。)

他也不蒸馒头。(右脚朝右前方伸出,脚尖向上,双手由内而外摊开。)

三、幼儿歌曲弹唱与歌表演实训

实训 1 谁的尾巴最好看

◆ 内容：

（1）弹唱歌曲

（2）歌表演

◆ 要求：

1. 弹唱歌曲

① 完整流畅地弹奏：和声编配、织体选用、触键技巧合理。

② 有表情地歌唱：音准节奏准确，咬字吐字清晰，声音流畅自然。

③ 弹唱协调：钢琴伴奏能很好地烘托歌唱。

2. 歌表演

① 肢体动作协调，动作连接顺畅，舞蹈动作优美。

② 能合理运用各种舞蹈语汇进行创编。

③ 表情适宜，表演与歌曲情绪相一致。

实训 2　金孔雀轻轻跳

金孔雀轻轻跳

1=F 2/4

翁向新　词
任　明　曲

中速、稍快

3 1　3 5｜5 －｜3 6̇　1 2｜2 －｜3 1　3 5｜1 6̇　6̇｜

金　孔　雀，　轻　轻　地　跳，　雪　白　的　羽　毛

小　弟　弟，　小　妹　妹，　跟　着　孔　雀

2 1　6̇ 1｜1 －｜5 3　5 6｜6 －｜3 1　5 －｜6̇ 3　3｜

金　光　照，　展　翅　开　屏　河　边　走，　傣　家　的

一　起　跳，　阳　光　洒　满　小　溪　边，　小　朋

1 2　2｜1 6̇　1 2｜2 －｜6̇ 3　3｜1 2　2｜3 1　6̇ 1｜1 －｜

竹　楼　彩　虹　　绕，　傣　家　的　竹　楼　彩　虹　　绕。

友　们　拍　手　笑，　小　朋　友　们　拍　手　笑。

◆ 内容：

（1）弹唱歌曲

（2）歌表演

◆ 要求：

1. 弹唱歌曲

① 完整流畅地弹奏：和声编配、织体选用、触键技巧合理。

② 有表情地歌唱：音准节奏准确，咬字吐字清晰，声音流畅自然。

③ 弹唱协调：钢琴伴奏能很好地烘托歌唱。

2. 歌表演

① 肢体动作协调，动作连接顺畅，舞蹈动作优美。

② 能合理运用各种舞蹈语汇进行创编。

③ 表情适宜，表演与歌曲情绪相一致。

实训 3 　幼儿园里好事多

幼儿园里好事多

1=F 2/4

中速稍快　跳跃　天真地

贺　嘉　词
王　铃　曲

(6·6 66 | 35 55 | 13 33 | 2 22 | 1 0) ‖

5 1 1 | 3 5 3 | (3535 35 | 35 3) | 5 2 2 | 5 2 2 |

小桌子　谁擦 的?　　　　　　　　小椅子　谁摆 的?

(2323 23 | 5 2 2) | 1 1 1 | 6 1 4 | 5 6 | 5 — |

　　　　　　　　　一排排　手绢 谁 洗　　 的?

6·6 66 | 3 5 | 2 0 2 0 | 1 — | (6·6 66 | 3 5 5 5 |

一件一件 好 事 谁 做　 的?

1 3 3 3 | 2 2 2 | 1 0) ‖: 5 1 1 1 | 5 1 1 |

　　　　　　　　　　　　你不　说呀 我不　说,

3 5 5 5 | 3 5 5 | 6 6 4 2 0 | 5 0 5 0 | 1 — :‖

你不　说呀 我不　说, 大家看 了　　 笑 呵　 呵

[2.]

6 6 4 2 0 | 5 0 5 0 | 1 2 2 | 1 0 1 0 ‖

幼儿园 里　　 好 事　 多, 好事 多　　 嗨!

◆ **内容:**

(1) 弹唱歌曲

(2) 歌表演

◆ **要求:**

1. 弹唱歌曲

① 完整流畅地弹奏:和声编配、织体选用、触键技巧合理。

② 有表情地歌唱:音准节奏准确,咬字吐字清晰,声音流畅自然。

③ 弹唱协调:钢琴伴奏能很好地烘托歌唱。

2. 歌表演

① 肢体动作协调,动作连接顺畅,舞蹈动作优美。

② 能合理运用各种舞蹈语汇进行创编。

③ 表情适宜,表演与歌曲情绪相一致。

实训 4　夏天的雷雨

夏天的雷雨

1=C 2/4

中速

盛璐德　词
马革顺　曲

| 5 5 5 | 6 6 5 | 1̇ 1̇ 6 3 | 5 — | 1 1 1 |

1. 天空 中，一闪 闪，什么 光发 亮？　天空 中，
2. 一闪 闪，一闪 闪，天下 闪电 亮。　轰隆 隆，

| 5 5 3 | 5 5 4 3 | 2 0 | 5 5 5 | 6 6 5 |

轰隆 隆，什么 声音 响？　天空 中，哗啦 啦，
轰隆 隆，打雷 声音 响。　哗啦 啦，哗啦 啦，

| 1̇ 1̇ 6 3 | 5 — | 2 3 5 | 5 6 6 5 | 3 2 1 — |

什么 落下 来？　小朋 友 请你 快快 想 一 想。
大雨 落下 来，　告诉 你 这是 夏天 大 雷 雨。

◆ **内容：**

（1）弹唱歌曲

（2）歌表演

◆ **要求：**

1. 弹唱歌曲

① 完整流畅地弹奏：和声编配、织体选用、触键技巧合理。

② 有表情地歌唱：音准节奏准确，咬字吐字清晰，声音流畅自然。

③ 弹唱协调：钢琴伴奏能很好地烘托歌唱。

2. 歌表演

① 肢体动作协调，动作连接顺畅，舞蹈动作优美。

② 能合理运用各种舞蹈语汇进行创编。

③ 表情适宜，表演与歌曲情绪相一致。

实训 5　秋天多么美

秋天多么美

1=F 2/4

中速 优美的

曾泉星　词
卫燕玲　曲

（6̇·6̇ 4 6 | 5 4 3 | 2̇ 6 7 5 | 1 — ）

A段

| 3·4 5 | 3·4 5 |

1. 秋　风秋 风
2. 秋　风秋 风

| 3 1 | 5 — | 3·4 5 | 3·4 5 | 3 3 2 1 | 2 — | 7·1 2 |

轻轻 吹，　棉桃 姐 姐 咧呀 咧开 嘴，你 看 她
轻轻 吹，　高粱 姐 姐 喜呀 喜红 了 脸，你 看 她

| 7·1 2 | 6 7 1 2 | 3·4 | 5·4 3 | 4·3 2 | 7 5 6 7 | 1 — |

露 出 小呀 小白 牙，张 张 脸 蛋笑 微 微。
跳 起 丰呀 丰收 舞，压 得 秆 头往 下 垂。

B段

| 5 · 3̣ 3̣ | 5̣ 3̣ 5̣ 3̣ | 4 · 2̣ 2̣ | 4̣ 2̣ 4̣ 2̣ | 7̣ 5̣ 1̣ 3 | 5 — |

来　　来来　来来来来　来　　来来　来来来来　秋天多么　美。

| 6̣ 5 4̣ 6̣ | 5 — | 6̣ 6̣ 6̣ 4̣ 6̣ | 5̣ 4̣ 3 | 2̣ 6̣ 7̣ 5̣ | 1 — ‖

秋天多么　美，　　来来来来来　来来来　多呀多么　美。

◆ 内容：

(1) 弹唱歌曲

(2) 歌表演

◆ 要求：

1. 弹唱歌曲

① 完整流畅地弹奏：和声编配、织体选用、触键技巧合理。

② 有表情地歌唱：音准节奏准确，咬字吐字清晰，声音流畅自然。

③ 弹唱协调：钢琴伴奏能很好地烘托歌唱。

2. 歌表演

① 肢体动作协调，动作连接顺畅，舞蹈动作优美。

② 能合理运用各种舞蹈语汇进行创编。

③ 表情适宜，表演与歌曲情绪相一致。

第六节　命题简笔画

一、命题简笔画的基本理论

(一) 什么是简笔画

简笔画是利用简单的线条，提取客观形象最突出、最典型的特征，运用造型、色彩等方法来表现的一种绘画方式。简笔画的典型特点主要有：概括、形象、实用、简练。简笔画在幼儿园有着广泛的用途，如环境创设、教学组织等。

简笔画既可以客观地反映绘画对象的特征(如图 2 - 2)，又可以用夸张或拟人的手法提取并描绘绘画对象的精神，达到传神的效果(如图 2 - 3)。简笔画要抓住物体的轮廓和主要特征，线条流畅自然，尽量一笔画成。简笔画还要求绘画速度要快，这也是在各种考试竞赛中选择简笔画的一个重要原因，一般几十分钟，几分钟甚至几十秒的时间里就要完成绘画，因此简笔画不要追求细节，要用主要特征造型。简笔画不需要高超的绘画技巧，只要勤加练习就可以熟能生巧。

▲ 图 2 - 2

▲ 图 2 - 3

简笔画的基本表现方法有以下三种：

一是线画法，是指使用简单的线条，勾勒出对象的特征。这种画法是其他画法的基础（图2-4）。

▲ 图2-4 线画法

二是平面图形法，是指用各种图形代表绘画对象的各个部分，再加以组合的方法（图2-5）。

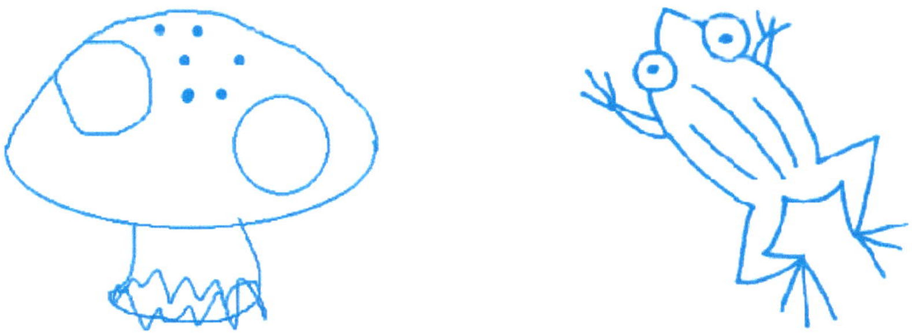

▲ 图2-5 平面图形法

三是线面结合法，是指在线画法的基础上，添加各种色块，更加突出物体的特征，同时有装饰的效果（图2-6）。

▲ 图2-6 线面结合法

（二）简笔画的造型技巧

1. 动物简笔画的造型步骤与技巧

（1）观察动物特征

观察动物特征时，可以结合生物知识，先对动物的身体结构进行分解，抓住各部分的比例及结构特点，再分部位抓重点特征。例如鸟禽类，主要可以分为头和躯干，头的主要特征可以集中在对于嘴的形状的观察与表现，如尖尖的嘴、细长的嘴等（图2-7）。哺乳动物类，主要可以分为头、躯干、四肢和尾巴。然后，再对每一部分进行重点观察，如兔子的头部重点表现的部位是三瓣嘴和长耳朵，大象的头部重点表现的部位是鼻子和牙齿等。重点部位可以进行强化和夸张的表现（图2-8）。鱼虫类主要分为头部、身体和尾三个部分。昆虫主要有头、胸、腹三个部分（图2-9）。

▲ 图2-7　鸟禽类动物简笔画

　　除了外形特征,还要结合着要表现着动物的特点进行表现,如猪要夸张地表现其又肥又圆的特点,狐狸可以表现它的狡猾,老虎可以表现它的凶猛等(图2-10)。

▲ 图2-8　哺乳动物类简笔画

▲ 图2-9　鱼虫类动物简笔画

▲ 图2-10　简笔画中的动物特点

　　动态的动物造型要注意头和躯干的关系。如侧面的绘画视角下,头和躯干是并列的关系;正面的绘画视角下,躯干在头的后面,成重叠遮挡的关系;背面的视角下,躯干在前,头一般只露出耳朵等个别部位,也是重叠的关系。

要画出惟妙惟肖的简笔画，观察是非常重要的。在观察的基础上进行比较、分析、总结，用心揣摩，找出规律，再反复练习，大胆创意。

（2）概括动物的体形结构

在概括动物的体形结构时，主要用三角形、圆形、方形等几何图形，如乌龟的背用圆形或者椭圆形，猴子的头部用圆形，牛的头部用倒梯形，大象的耳朵用半圆形，老鼠的嘴巴用三角形等。概括形体结构时要删繁就简，抓住主要部分，同时注意各部分的形体比例（图2-11）。

▲ 图2-11 动物的体形结构

（3）刻画动态变化

在基本型的基础上，根据动物各自不同的动态规律，画出头、颈、躯干、四肢之间的关系。如头的方向及颈的扭转角度与方向就会表现出不同的头部动态。

（4）勾画具体形象

在时间允许的情况下，对具体的形象进行进一步修饰，如躯干上的花纹等（图2-12）。

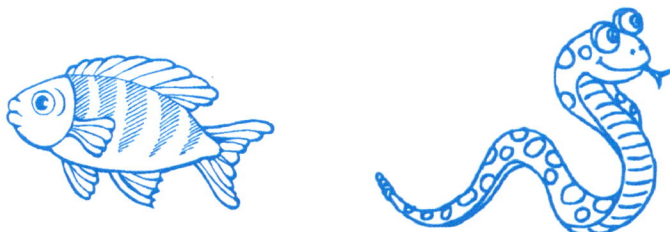

▲ 图2-12 具体形象勾画

（5）创意构图

如果画面有多个动物组成，注意互相之间的比例、遮挡关系、疏密关系等，另外，可以添加一定的背景元素，如树、房子、蓝天等（图2-13）。

2. 植物简笔画的造型步骤与技巧

植物简笔画的表现内容主要由花草、树木、蔬菜、藻类、菌类等，其中以花草、树木、蔬菜、瓜果为主要表现内容。植物简笔画基本都是属于静物简笔画，造型比较简单。植物简笔画的表现方法要求一要有形，二要画体，三要画结构。

植物简笔画种最常用的形状有：圆形、椭圆形和扇形。在植物简笔画种一般都把形体结构概括成基本的几何图形或是画出类似于这些形状的图形。在基本形体结构的基础上可以使用夸张或拟人的

▲ 图 2 - 13　创意构图

手法使画面更加生动。夸张就是在表现物体的形体时,对物体的形象特征进行夸大表现,如大的更大,圆的更圆。拟人法是简笔画种常用的一种手法。它是将静止的物体赋予人的喜怒哀乐,符合幼儿的认知特点。

(1) 树木简笔画(图 2 - 14)

▲ 图 2 - 14　树木简笔画

(2) 花卉简笔画(图 2 - 15)

▲ 图 2 - 15　花卉简笔画

(3) 水果简笔画(图 2 - 16)

▲ 图 2 - 16　水果简笔画

（4）蔬菜简笔画（图2-17）

▲ 图2-17　蔬菜简笔画

3. 人物简笔画的造型步骤与技巧

▲ 图2-18　人物简笔画

人物简笔画是简笔画领域中的一大难关。表现不当，会"失之毫厘，差之千里"，要抓住人物的关键特征进行塑造。从人体结构看，一般分为头、身体、四肢三大部分。通常，以一个头的长度为标准，站立时整个人的高度大约是7个头的长度，坐在椅子上时是5个头的长度，身体约为两个半头的长度。两手左右平伸时，两手之间的距离等于全身的长度，手臂下垂身体两侧时，手指到大腿中段的位置。儿童年龄越小，头部站的比例越大。为了表现局部特征，可以用夸张的方法进行塑造（图2-18）。

（1）静态人物的画法

静态人物刻画时根据人物的不同方向和姿势，表现的重点不同。正面人物主要刻画五官、四肢、衣领、衣袋等部位，侧面人物主要通过发型、足尖、鼻尖来塑造人物，背面人物主要通过发型、服饰和脚来表现。

头部：在简笔画中，头部一般用圆形或方形等几何图形来表现。头部的尺寸一般简称"三庭五眼"。"三庭五眼"是指把脸的长度分为三个等分，前额发际线至眉骨为一等分，鼻底到下颌为一等分，中间部分再占一等分。左右以眼睛的长度为标准，脸宽占五个眼睛的宽度（图2-19）。

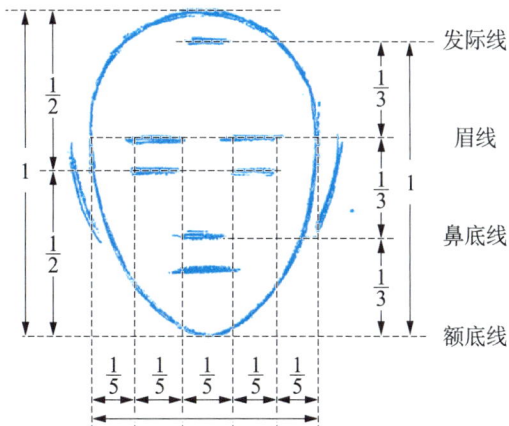

▲ 图2-19　三庭五眼

▲ 图2-20 人的五种表情

五官：主要包括眼、耳、口、鼻、眉毛。人物的五官是对称的，要先确定好经过眉间、鼻头的垂直中心线。眼睛是面部刻画的重点，眼睛的大小、开合是体现表情的关键。眉毛和嘴巴也在刻画人物表情中起着重要的作用（图2-20）。

发型：通过发型能够表现出人物的年龄、职业、性别等特征，例如女生一般用波浪流线来表现发型，男生用方形来表现发型。头发一般用轮廓造型即可（图2-21，图2-22）。

体型：抓关键特征，如男性肩宽，女性胯宽。

▲ 图2-21 男性发型

▲ 图2-22 女性发型

（2）动态人物的画法

动态人物的简笔画不要拘泥于细节，要抓人物的大动态，也就是最具有张力的动作瞬间，以此画出动态线（图2-23）。

动态线：画动态人物时，要抓住大形大势，把握运动的方向，抓住由头、躯干到主力腿所构成的主线，也就是动态线。然后强化动态特征，抓住关键部位，也可以将动态线条进行合理的夸张，表现人物更加动感，增强画面的生动性和表现力。几种常见的动态：

走：手臂摆动与腿的摆动方向相反，手腿摆动的幅度可以表现运动的速度。

跑：走的夸张形态，在走的基础上将手臂，腿进行关节处弯曲。手臂摆动的幅度和双脚之间的距离可以刻画跑步的速度。

▲ 图2-23 人物动态图

（三）简笔画的着色技巧

1. 油画棒着色技巧

油画棒是一种由油、蜡、颜料等混合制成的固体颜料。油画棒具有色彩鲜艳、方便涂色、简便易学等特点。适合幼儿使用的油画棒技巧主要有：平涂法、圈涂法、点涂法、揉擦法、渐变法和刮涂法。

（1）平涂法

这是最常用的一种油画棒涂色方法，主要是根据物体的外形及走向，采用横涂、竖涂、粗细涂、螺旋涂等手法，将各种颜色的油画棒均匀地涂在画纸上。平涂的注意事项是填涂均匀、饱满，适合大面积涂色。但尽量不要太大面积的一种颜色平涂，会使得画面单调，注意颜色搭配的丰富。

（2）圈涂法

这是指使用画圆圈的方法涂色，这种方法涂出的颜色较为柔和，适合涂天空、水面等物体。

（3）点涂法

用笔尖轻轻地点触纸面的方式来涂画。这种方法通常与其他涂画法结合或者对比使用，可以使画面更加丰富并且富于变化。但是这种画法比较浪费时间，一般在比赛过程中用得较少，可以局部使用。

（4）揉擦法

在用油画棒涂色之后，根据画面表现内容的需要，用橡皮、纱布或者手去擦抹、调和颜色，产生虚实变化、朦胧的效果。注意擦抹的工具要干净，避免污染画面。

（5）渐变法

将相似色进行柔和过渡的一种方法。在同类色中，两种颜色相接处来回糅合，使颜色自然过渡，可以使画面产生一定的空间感和立体感，画面更加真实。

（6）刮涂法

在已经用油画棒涂好的画面上，根据造型和画面的需要，用小刀、牙签、竹片等硬器刮掉部分颜色，透出底色，增强画面的立体感和造型。

使用油画棒对纸张有一定要求，要尽量选择有一定厚度并且表面有凹凸的纸。在使用过程中不要用力过度，如果要达到厚实的画面效果，可以反复涂抹。

在比赛中，绝大部分题目要求用油画棒进行涂色。

2. 水彩笔着色技巧

水彩笔的特点是色彩鲜艳、丰富，缺点是过渡不自然，两种及以上颜色在一起不好调和。水彩笔涂色的基本方法有涂一块面、画线和点点三种。一般来说，涂色的方法有以下几种：

第一种,用各种颜色的水彩笔根据所画对象的需要勾出不同颜色的轮廓。

第二种,直接用水彩笔勾线,深色或者浅色的,根据需要可涂色也可不涂色。

第三种,直接用涂色的方法涂出事物整块的造型,等颜色干后再勾线。

3. 彩铅着色技巧

彩铅着色可以画出轻盈、通透的质感,色彩丰富而且细腻。我们所用的彩铅一般是蜡质彩铅,水溶性彩铅容易形成色斑,很难形成平润的色彩层次。彩铅的上色,可以结合素描的线条画法来进行塑造,基本画法有平涂和排线。平涂线适合表现细腻的局部,用得不好会使画面很"脏",排线要注意线条的方向一致,有一定的规律,线条的间距均匀,力度也要适宜。上好色后,可以根据需要做局部的高光处理。如果是在白纸上作画,也可以提前预留好高光的空间。

(四) 命题简笔画创作

命题画是指根据给出的绘画主题,围绕主题,展开想象完成的绘画形式。在比赛中,命题画要求在短时间内迅速完成,因此,一般采用简笔画构图造型再用油画棒或水彩笔着色的方式。

1. 审题

审题是画好命题画的重要环节,也是第一关。首先是主题内容。虽然主题内容一般只有几个字,但是分析好这几个字,是画好命题画的先决条件。如命题画"和谐森林家园",要分析关键词。第一是森林,可以在头脑中先勾画出树、各种动物的画面。第二是和谐,和谐反映在画面中是动物一家亲、其乐融融的画面,而不是森林弱肉强食的画面。第三是家园,一方面要理解这个词传达的拟人化,从而画面动物也用拟人化手法来造型,另一方面是动物大家庭的森林场景。分析好主题内容后,再看要求。如命题画"和谐森林家园"的基本要求:"使用油画棒作画,线条简洁流畅,主题突出,构图美观,造型生动,色彩鲜艳,搭配协调,形象表现主题内容,画面丰富、富有儿童趣味,有创新和个性表现。在30分钟内完成。"第一,绘画工具限定了是油画棒。第二,是画面本身的要求,"线条简洁流畅,主题突出,构图美观,造型生动,色彩鲜艳,搭配协调",这是考验绘画的基本功。第三,形象表现主题内容,画面丰富,要富有儿童趣味,有创新和个性表现。为了使画面更好地表现主题内容,可以在画面中设计横幅的形式,用字直接体现,如内容设计为森林动物聚会,设计"森林一家亲"的横幅。儿童趣味则体现在画面的拟人化造型,和画面中动物之间的互动,如动物喝酒碰杯的场景等。

2. 选材

在理解题目的基础上,对画面内容进行选择。选择画面内容的依据是:幼儿要有直接或简介的生活经历,画面形象是幼儿熟悉的,符合幼儿的认知特点和绘画年龄发展特点。如命题画"和谐森林家园",要先选定一个幼儿熟悉的场景,如聚餐、运动会等,再选择幼儿熟悉的形象,如兔子、老虎、大象、松鼠等。

3. 构图

第一步定位构图,通过对画面中各种物体大体轮廓的前后、远近、大小、比例、突出主题等进行定位,完成定位构图。第二步具体形象,在物体轮廓的基础上进一步画好动植物人物的各部分结构、表情等。第三步勾线上色,先用单色将物体细致生动地勾画出来,再选用不同的绘画工具上色。

(五) 命题画要求

表2-6 全国职业院校技能大赛命题画评价标准[①]

内容		评 分 标 准
命题画 (油画棒)	基本功	1. 构图合理,线条简洁、流畅 2. 造型形象、生动,色彩鲜艳、搭配协调,主题鲜明,画面丰富

① 2019年全国职业院校技能大赛赛项规程

内 容		评 分 标 准
命题画 （油画棒）	表现力	画面富有美感，具有新颖性和个性表现
	儿童化	1. 画面生动，富有童趣，适合幼儿欣赏 2. 巧妙运用油画棒绘画技能，充满儿童稚朴纯真之美

二、命题简笔画案例分析

案例 1 **主题内容——丰收**

◆ 要求：

主题突出，线条简洁流畅，构图美观，造型生动，色彩鲜艳，搭配协调，形象表现主题内容，画面丰富、富有儿童趣味，有创新和个性表现。在 30 分钟内完成。[①]

◆ 案例分析：

1. 审题

给定的主题内容是"丰收"，内容非常宽泛。丰收的场景有很多，可以是农民伯伯收获庄稼的丰收，可以是果实累累的丰收，也可以是粮食满仓的丰收……通过对幼儿的生活经验进行分析，可以选取水果来反映丰收。

2. 选材

选取水果丰收的场景，画面内容可以设计：果实累累的苹果树，有人在采摘苹果，有人在运输苹果……近景可以是采摘苹果，整个画面由近及远的苹果树林，远景可以是房子、蓝大白云等。

3. 构图

从表情突出人物丰收的快乐，画面果实体现出丰收。基本构图后可以用水彩笔或者油画棒进行颜色填涂。

▲ 图 2-24 "丰收"示例画

---

① 2019 年全国职业院校技能大赛赛项规程

案例2　主题内容——春节

◆ **要求:**

使用油画棒作画,线条简洁流畅,主题突出,构图美观,造型生动,色彩鲜艳,搭配协调,形象表现主题内容,画面丰富、富有儿童趣味,有创新和个性表现。在30分钟内完成。[①]

◆ **案例分析:**

1. 审题

给定的主题内容是"春节",内容非常宽泛。能反映春节的画面有很多,要选取有典型性和代表性的,幼儿有生活经验的素材,比如放鞭炮,舞龙舞狮,贴对联,贴福字,贴窗花等。

2. 选材

选取过年的典型场景,为了更好地表现出主题,可以选择挂灯笼,并且在灯笼上张贴"新年快乐"的字样以凸显主题。可以将场景设定在农家小院,有的孩子挂灯笼,有的孩子放鞭炮等情境。

3. 构图

从表情突出人物过年的快乐,画面以喜庆的颜色为主色调。基本构图后可以用水彩笔或者油画棒进行颜色填涂。

▲ 图2-25　"春节"示例画

案例3　主题内容——低碳生活我做主

◆ **要求:**

使用油画棒作画,线条简洁流畅,主题突出,构图美观,造型生动,色彩鲜艳,搭配协调,形象表现主题内容,画面丰富、富有儿童趣味,有创新和个性表现。在30分钟内完成[②]。

◆ **案例分析:**

1. 审题

"低碳生活我做主"的主题内容有很大的发挥空间,紧紧围绕低碳生活,选取幼儿有生活经验的内容即可。

2. 选材

低碳生活与幼儿生活最为密切的内容之一就是交通工具,可以选择骑自行车这一内容。画面的

---

① ② 2019年全国职业院校技能大赛赛项规程

内容可以规划为道路,绿树,蝴蝶等反映生态环境好,有步行和骑自行车的人,为了体现"低碳生活",可以在画面中出现"禁止机动车"的标识。

3. 构图

画面的核心内容是骑自行车,构图时放在核心的画面位置。

4. 涂色

题目明确要求使用油画棒。注意道路两旁的绿树虽然都是绿树,要注意绿色要有变化,体现出画面的层次感。

▲ 图2-26 "低碳生活我做主"示例画

三、命题简笔画实训

实训 1 **主题内容——动物运动会**

◆ 要求:

巧妙运用铅笔画技能,构图合理,线条简洁、流畅,造型形象、生动,主题鲜明,画面丰富且富有童趣和美感,充满儿童稚朴纯真之美,具有新颖性和个性表现。在30分钟内完成。①

实训 2 **主题内容——太空畅想**

◆ 要求:

使用油画棒作画,线条简洁流畅,主题突出,构图美观,造型生动,色彩鲜艳,搭配协调,形象表现主题内容,画面丰富、富有儿童趣味,有创新和个性表现。在30分钟内完成。

实训 3 **主题内容——美丽的秋天**

◆ 要求:

使用油画棒作画,线条简洁流畅,主题突出,构图美观,造型生动,色彩鲜艳,搭配协调,形象表现主题内容,画面丰富、富有儿童趣味,有创新和个性表现。在30分钟内完成。

实训 4 **主题内容——我爱我家**

◆ 要求:

使用油画棒作画,线条简洁流畅,主题突出,构图美观,造型生动,色彩鲜艳,搭配协调,形象表现

---

① 2019年全国职业院校技能大赛赛项规程

主题内容,画面丰富、富有儿童趣味,有创新和个性表现。在30分钟内完成。

第七节　幼儿保教活动课件制作

一、幼儿保教活动课件制作的基本理论

(一)幼儿保教活动课件制作的概念

随着信息技术的飞速发展,各种多媒体手段已经成为幼儿周围生活的一部分。利用多媒体手段组织教育教学活动也成为幼儿教师必备的基本功之一。所谓的幼儿保教活动课件主要是指在《幼儿园教育指导纲要(试行)》《3—6岁儿童学习与发展指南》等的要求下,经过对活动目标、活动对象、活动内容等充分分析的基础上,利用多种媒体的表现方式制作而成的课程软件,从而用具体、形象、生动的方式来更好地激发幼儿的学习兴趣,解决幼儿不容易理解的问题。因此,幼儿保教活动课件也可简称多媒体课件,幼儿保教活动课件中主要涉及的媒体要素有:文字、图形、声音、动画、视频等。

多媒体课件的使用一方面符合幼儿具体形象的思维特点,另一方面多媒体系统交互性的特点,也体现了幼儿主体性的教育理念,更好地实现了幼儿在"做中学""玩中学"。

目前,多媒体课件制作通常用的是由微软公司开发的演示文稿软件——PPT(Powerpoint)。软件环境:Windows 7 及以上、Office2010 及以上(含 Word、Excel、PowerPoint)、Flash8 及以上、Windows 图片查看器、Photoshop CS5 及以上。输入法包括:搜狗拼音输入法、微软拼音2010、万能五笔输入法、智能 ABC。

(二)幼儿保教活动课件制作的技术操作

1. PowerPoint 的基本操作

(1)创建演示文稿

鼠标在计算机桌面右击,在弹出的快捷菜单中鼠标悬停在"新建"上,在"新建"的菜单中选择"PPT 演示文稿",就新建了一个演示文稿(图 2 - 27,图 2 - 28)。

(2)插入新的幻灯片

鼠标左键单击菜单栏中"开始"选项,再左键单击工具栏中"新建幻灯片"选项,即可插入新幻灯

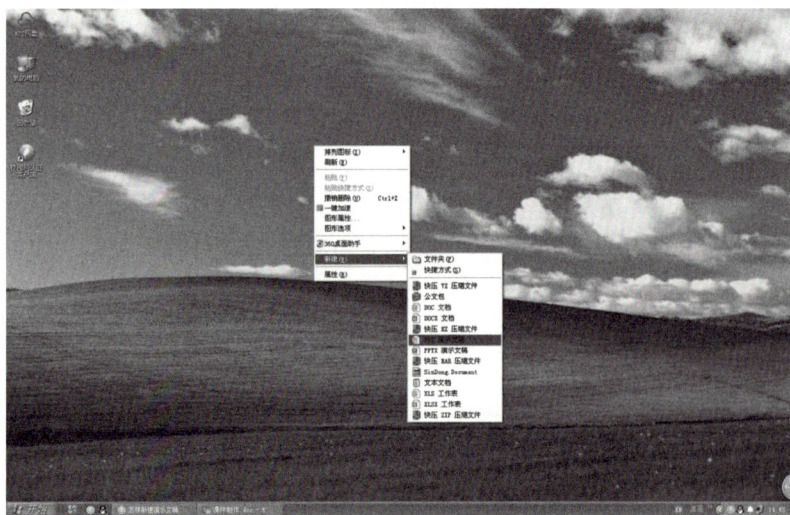

▲ 图 2 - 27　新建演示文稿 1

▲ 图 2-28　新建演示文稿 2

灯片(图 2—29)。

▲ 图 2-29　插入新幻灯片

鼠标悬停在视图区的空白幻灯片上,出现一个加号,鼠标左键单击也可插入新的幻灯片(图 2-30)。

▲ 图 2-30

（3）复制幻灯片

鼠标悬停在视图区空白幻灯片上，鼠标右键单击幻灯片，左键单击弹出的快捷菜单中的"复制"，即可复制幻灯片（图2-31，图2-32）。

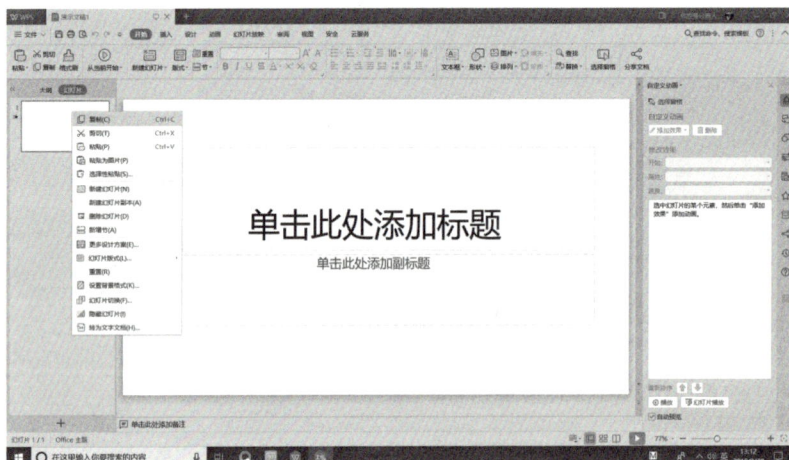

▲ 图2-31　复制幻灯片1

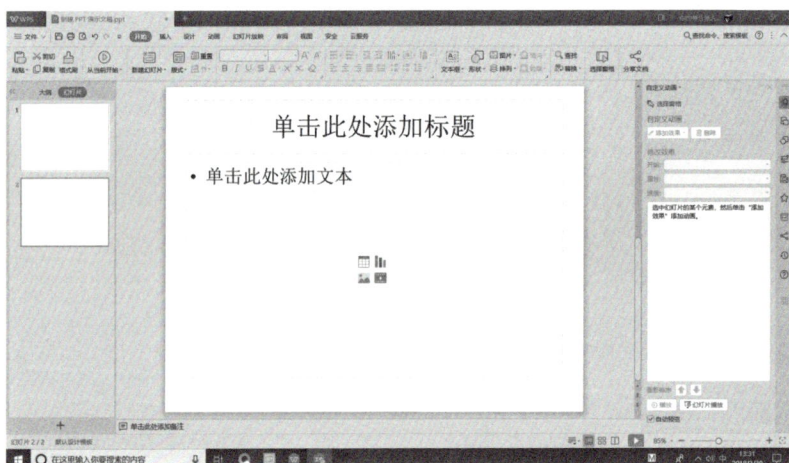

▲ 图2-32　复制幻灯片2

（4）删除幻灯片

鼠标悬停在视图区空白幻灯片上，鼠标右键单击幻灯片，左键单击弹出的快捷菜单中的"删除幻灯片"，即可删除幻灯片（图2-33）。

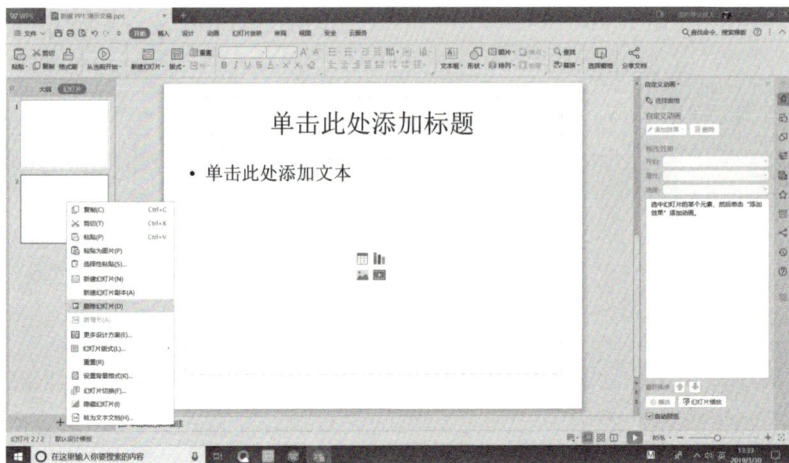

▲ 图2-33　删除幻灯片

（5）保存演示文稿

鼠标左键单击菜单栏中的"保存"选项，即可保存演示文稿；也可使用快捷键"ctrl＋s"进行保存（图2－34）。

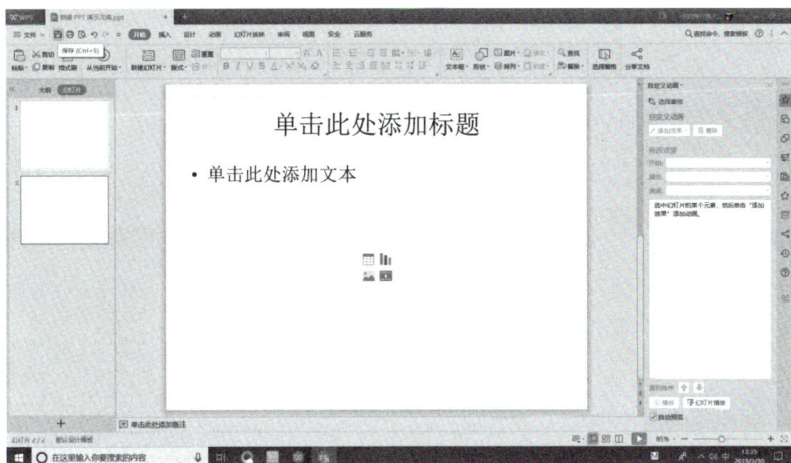

▲ 图2－34 保存幻灯片

2. PowerPoint 的两种视图模式

（1）演示文稿视图

普通视图

鼠标左键单击菜单栏中的"视图"选项，工具栏中第一个选项即为"普通视图"（图2－35）。

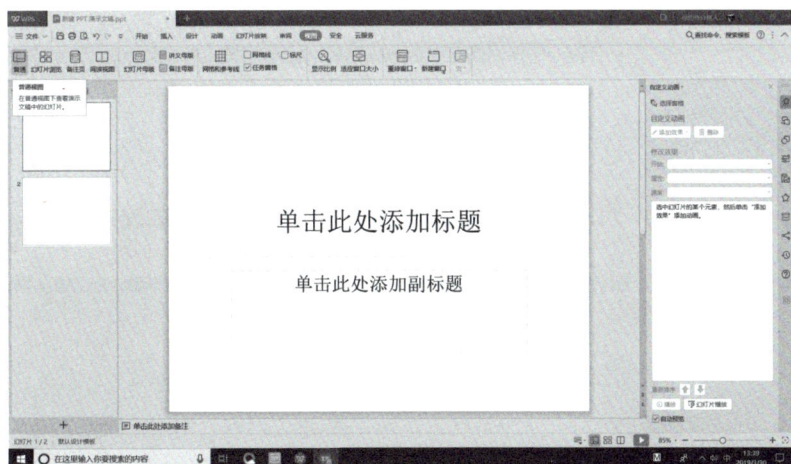

▲ 图2－35 普通视图

幻灯片浏览

鼠标左键单击菜单栏中的"视图"选项，工具栏中第二个选项即为"幻灯片浏览"（图2－36）。

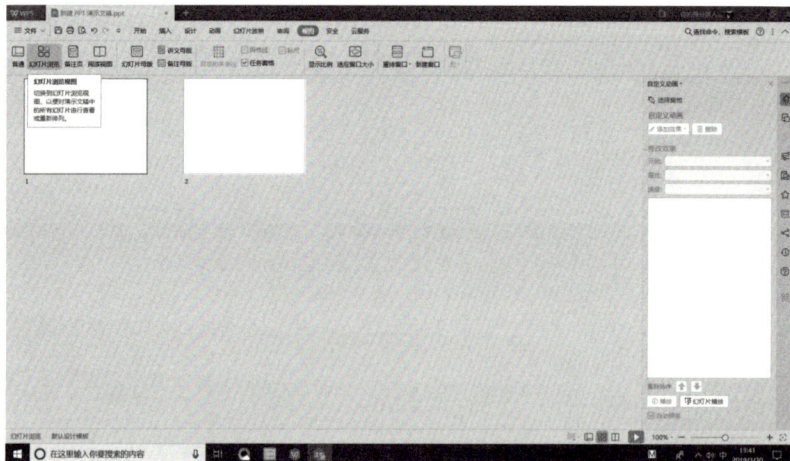

▲ 图2-36 幻灯片浏览

备注页

鼠标左键单击菜单栏中的"视图"选项,工具栏中第三个选项即为"备注页"(图2-37)。

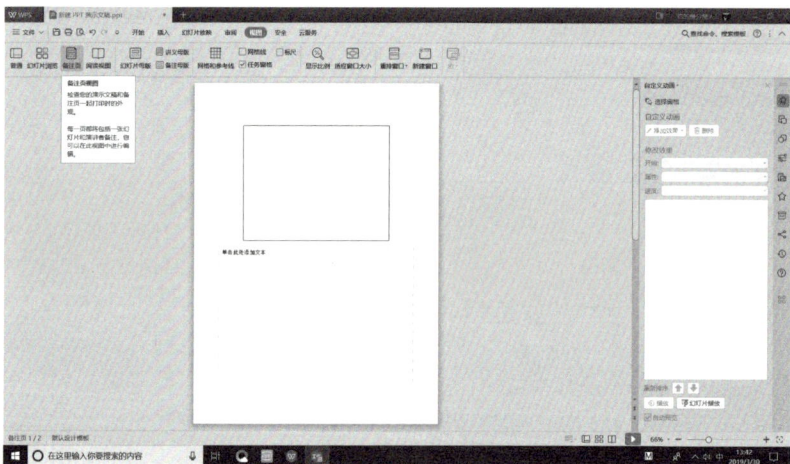

▲ 图2-37 备注页

阅读视图

鼠标左键单击菜单栏中的"视图"选项,工具栏中第四个选项即为"阅读视图"(图2-38,图2-39)。

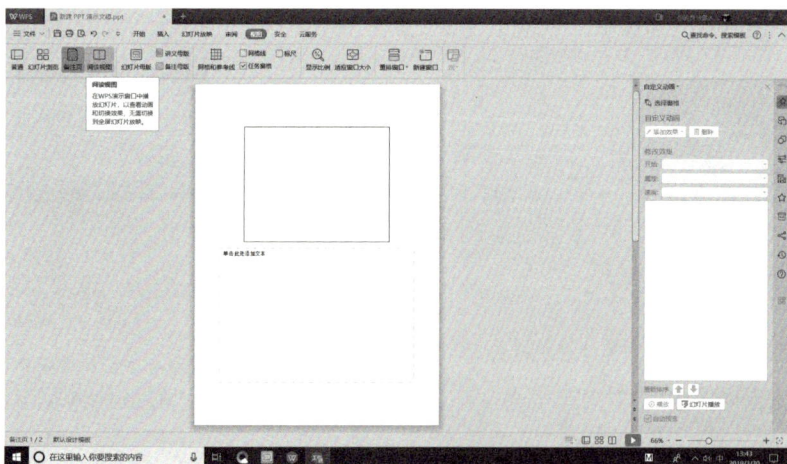

▲ 图2-38 阅读视图1

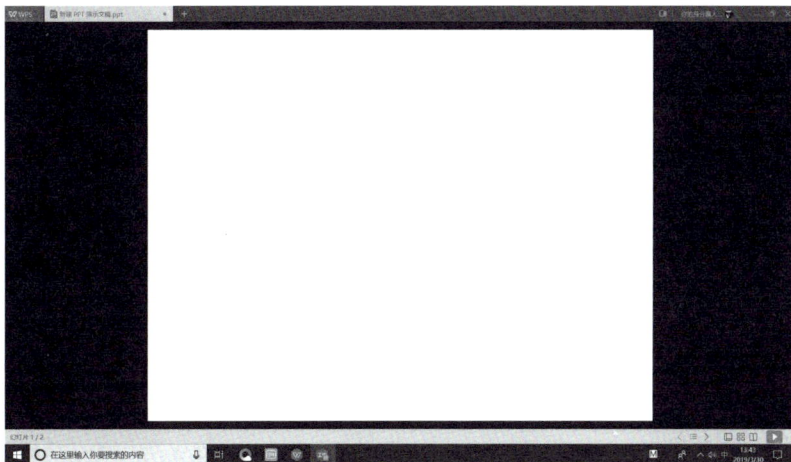

▲图 2-39　阅读视图 2

（2）母版视图

鼠标左键单击菜单栏中的"视图"选项,再分别左键单击工具栏中的"讲义母版"(图 2-40,图 2-41)"备注母版"(图 2-42,图 2-43)即可打开两种视图。

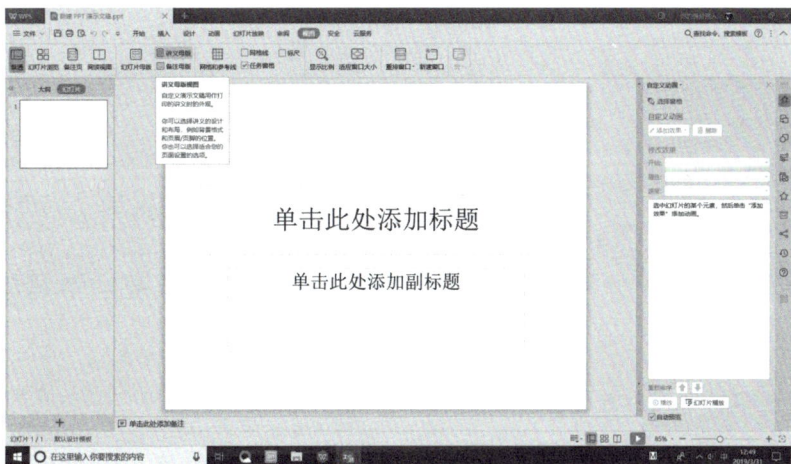

▲图 2-40　打开讲义母版

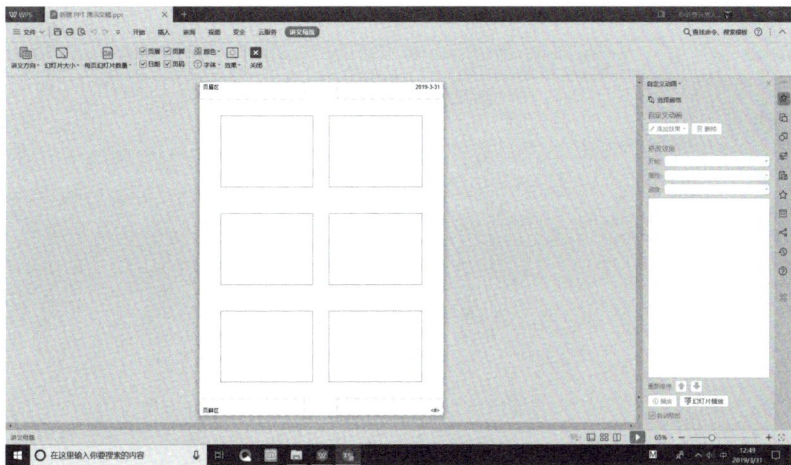

▲图 2-41　讲义母版视图

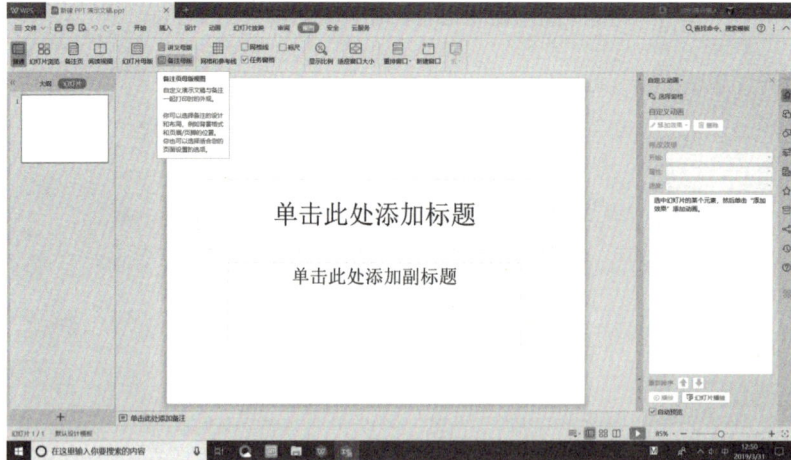

▲图2-42 打开备注母版

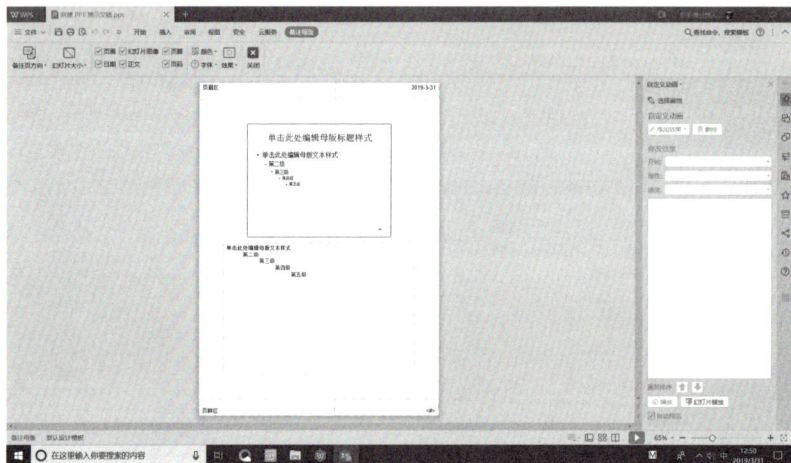

▲图2-43 备注母版视图

3. 幻灯片版式布局与配色方案

（1）配色方案

鼠标左键单击菜单栏里的"设计"选项，左键单击在工具栏在工具栏中出现的"配色方案"即可（图2-44）。

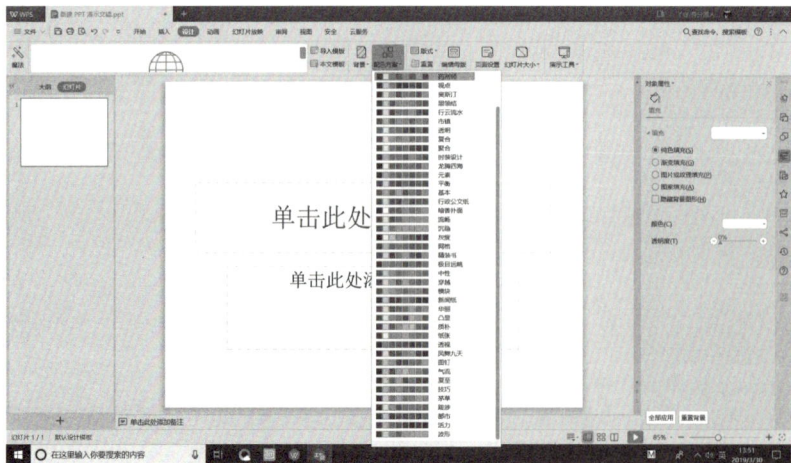

▲图2-44 配色方案

（2）背景格式的设置

鼠标悬停在视图区的空白幻灯片上，鼠标右键单击空白幻灯片，在弹出的快捷选项中鼠标左键单击"设置背景格式"，在编辑区右方即出现背景格式的设置（图2-45，图2-46）。

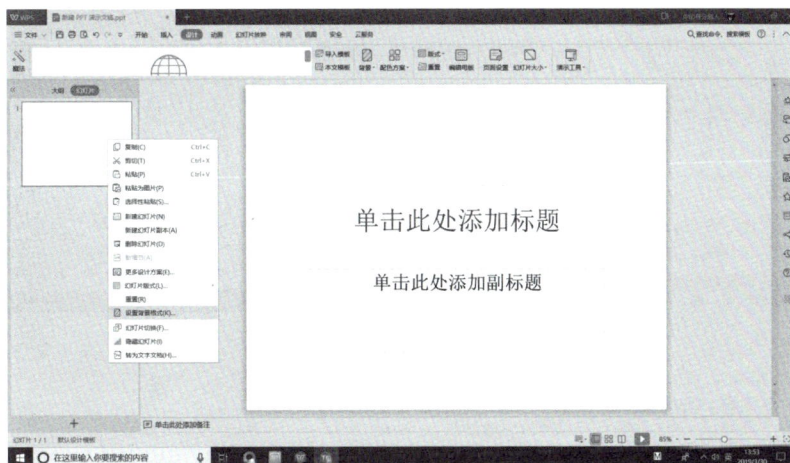

▲ 图2-45　设置背景格式1

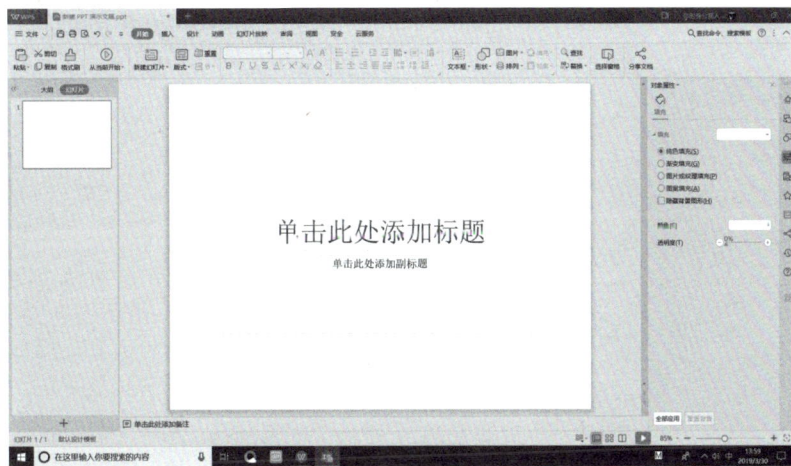

▲ 图2-46　设置背景格式2

（3）幻灯片母版的设置

鼠标左键单击菜单栏中的"设计"选项，再左键单击工具栏中"编辑母版"选项，工具栏中即出现幻灯片母版的各种设置（图2-47，图2-48）。

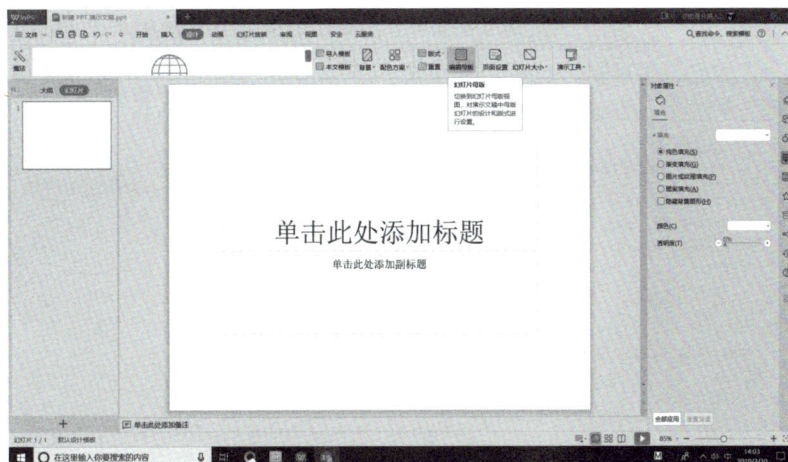

▲ 图2-47　幻灯片母版

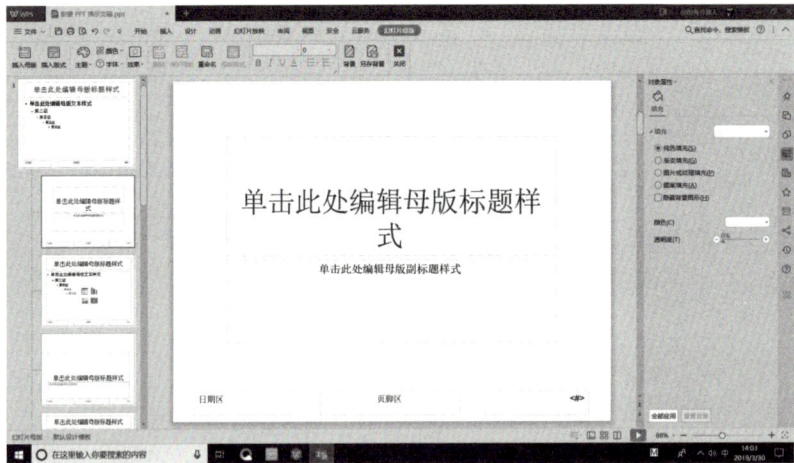

▲ 图2-48　设置幻灯片母版

4. 幻灯片中文本的编辑与美化

鼠标左键单击文本,左键按住拖动选择需要编辑的文本,在工具栏中可进行"字体""大小""加粗""倾斜""颜色""艺术字"的添加与修改(图2-49)。

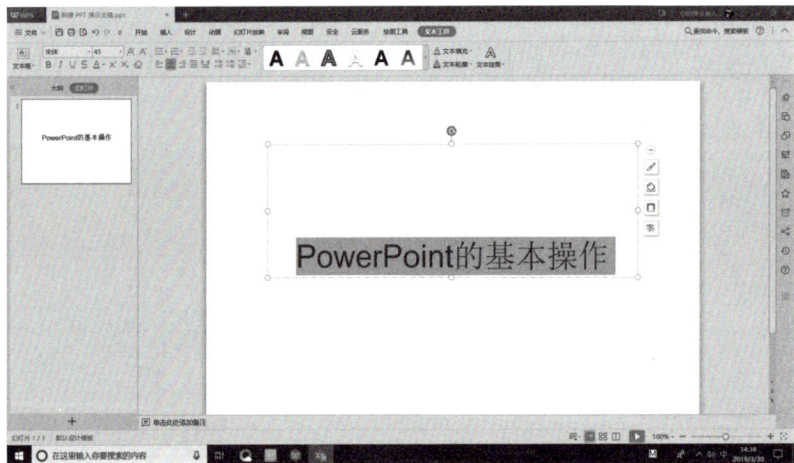

▲ 图2-49　编辑与美化文本

5. 幻灯片中形状与图片的编辑与美化

鼠标左键单击菜单栏中的"插入"选项,分别左键单击工具栏中的"形状""图片"即可添加形状和图片(图2-50,图2-51),添加完成后左键单击"形状"或者"图片",在工具栏中即可对其进行各种编

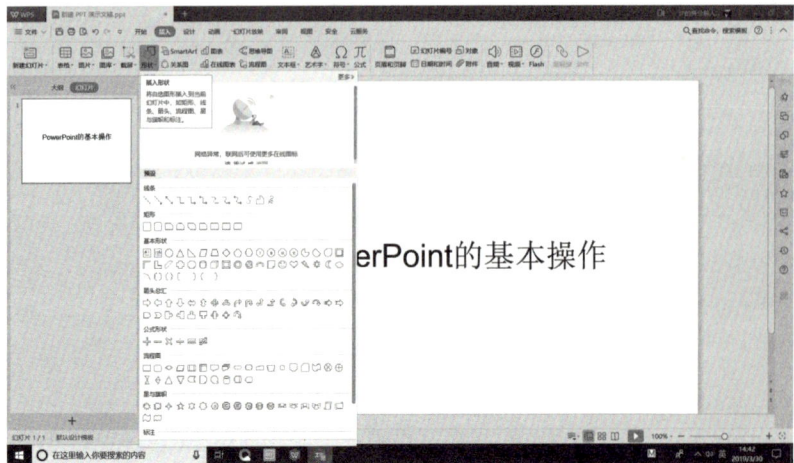

▲ 图2-50　插入形状

辑与美化(图2-52,图2-53)。

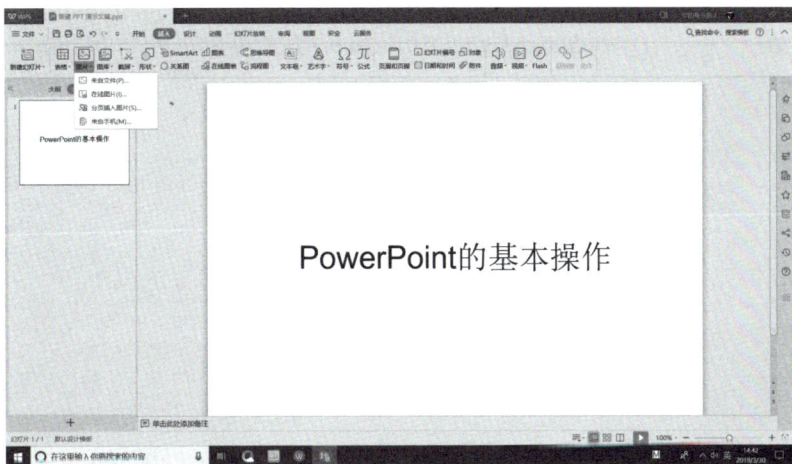

▲ 图2-51 插入图片

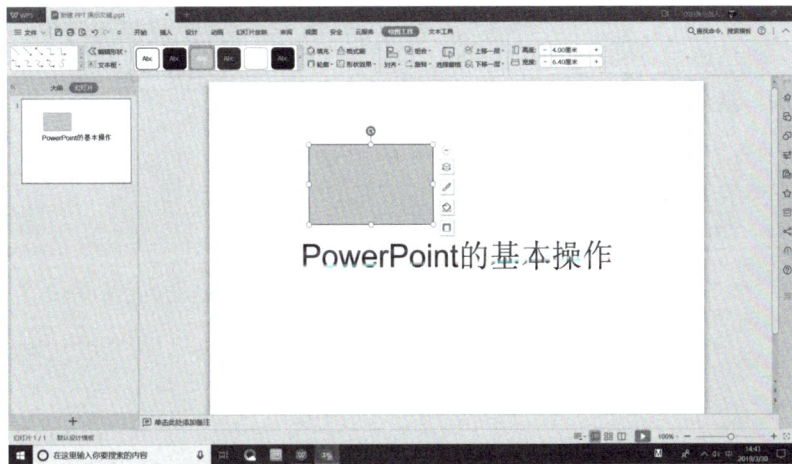

▲ 图2-52 编辑形状

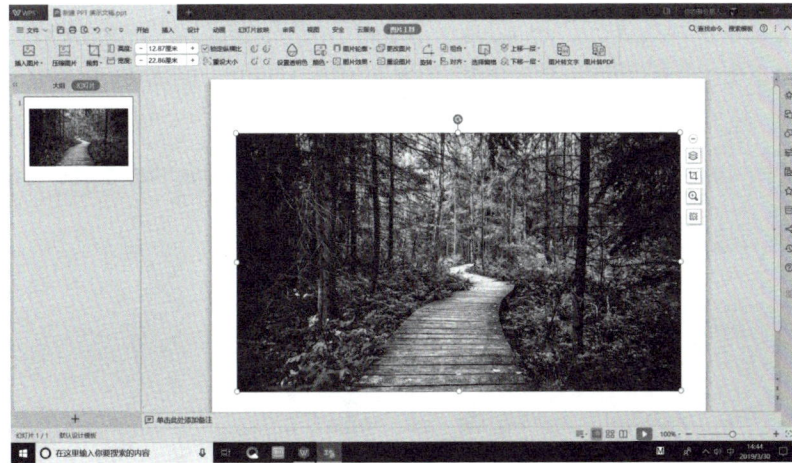

▲ 图2-53 编辑图片

6. 幻灯片中表格与图表的编辑与美化

鼠标左键单击菜单栏中的"插入"选项,在工具栏中左键单击"表格"可自由选择表格的行数和列数(图2-54),选择完毕后左键单击即可添加表格,左键单击编辑区的表格即可在工具栏中对其进行编辑与美化(图2-55)。

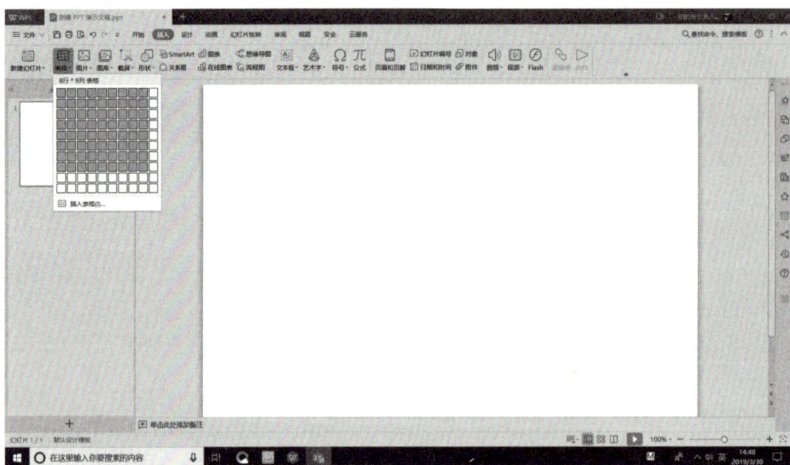

▲ 图2-54　插入表格

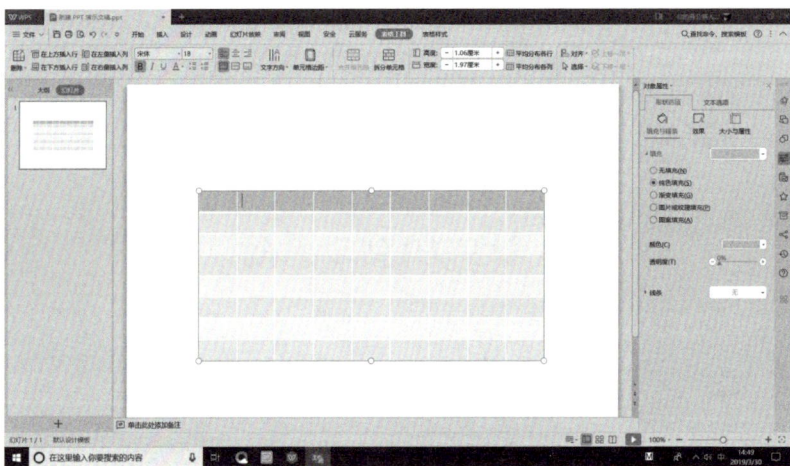

▲ 图2-55　编辑与美化表格

鼠标左键单击菜单栏中的"插入"选项,在工具栏中左键单击"图表"选项,即弹出图表的种类,选择需要的图表左键单击"确定"即可(图2-56),添加完成后左键单击编辑区的图表,在工具栏即可对其进行编辑与美化(图2-57)。

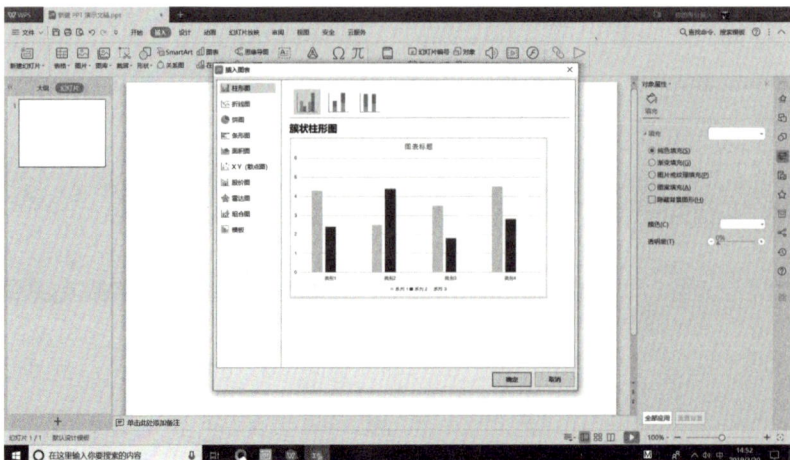

▲ 图2-56　插入图表

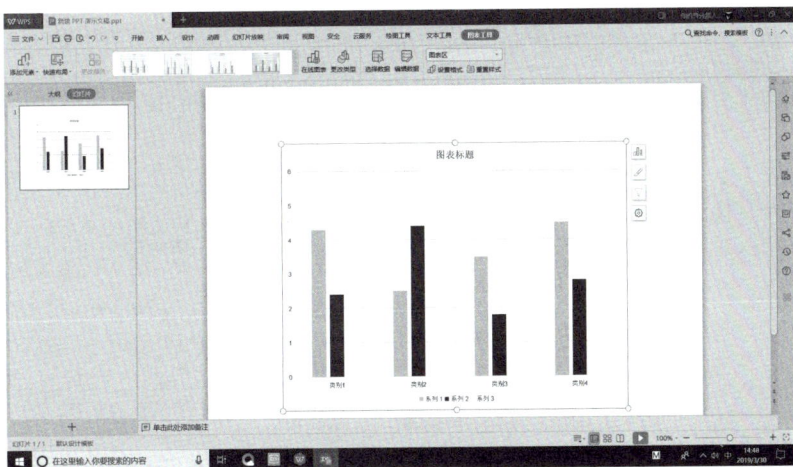

▲ 图 2-57 编辑与美化图表

7. 幻灯片中音频、视频的使用与超链接

鼠标左键单击菜单栏中的"插入"选项,再在工具栏中分别左键单击"音频""视频"即可插入音频、视频(图 2-58,图 2-60),左键单击插入的音频和视频,再左键单击"播放"按钮即可播放,同时在工具栏中可对其进行各种编辑(图 2-59,图 2-61)。

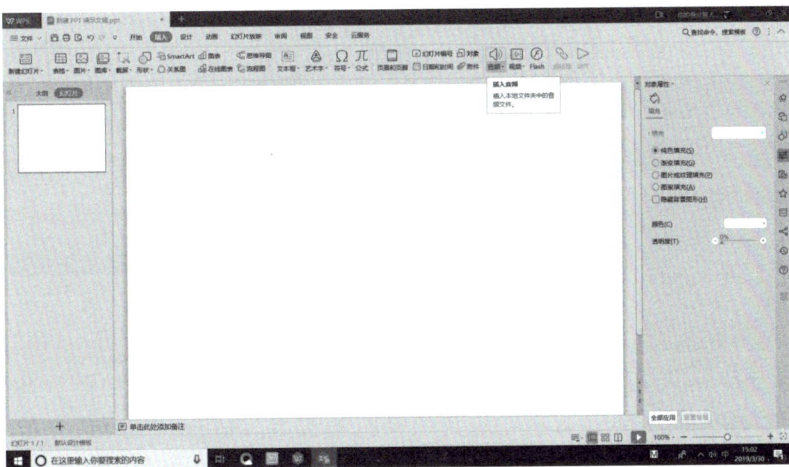

▲ 图 2-58 插入音频

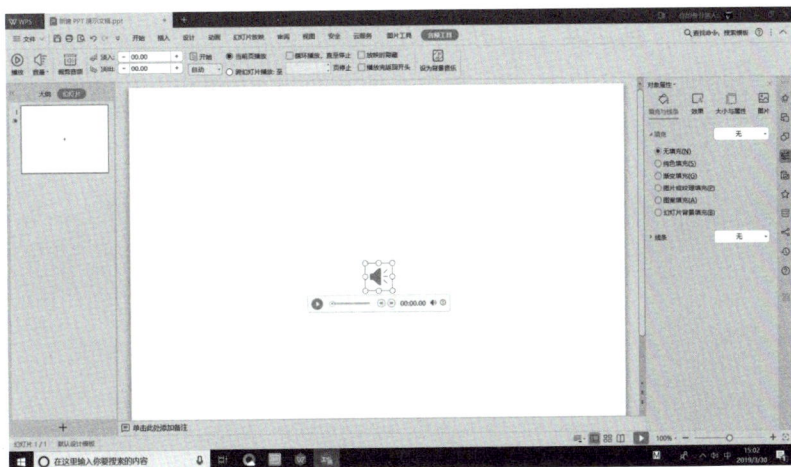

▲ 图 2-59 编辑音频

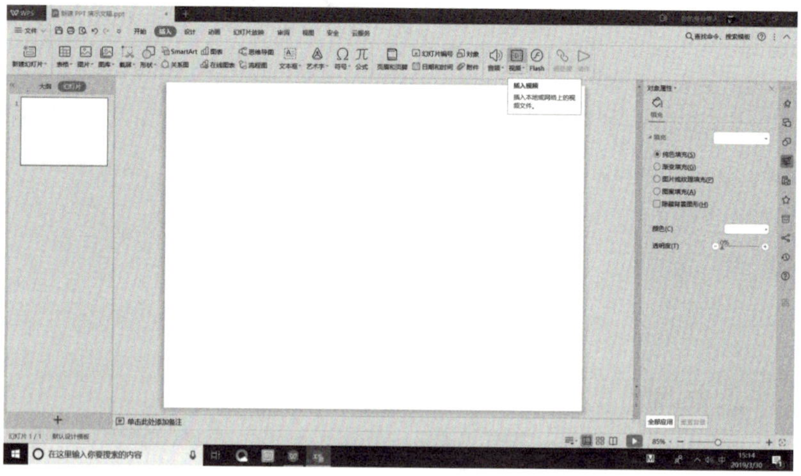

▲ 图 2 - 60　插入视频

▲ 图 2 - 61　编辑视频

　　形状、文本、图片都可以添加超链接。右键单击形状、文本或图片在弹出的快捷菜单中左键单击"超链接"(图 2 - 62),在弹出来的选择框中选择要链接的文本、视频或者音频,左键单击"确定"即可(图 2 - 63)。

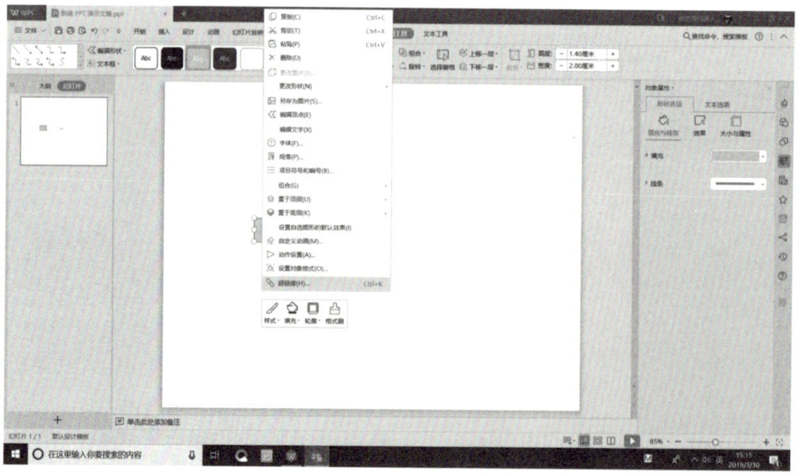

▲ 图 2 - 62　插入超链接

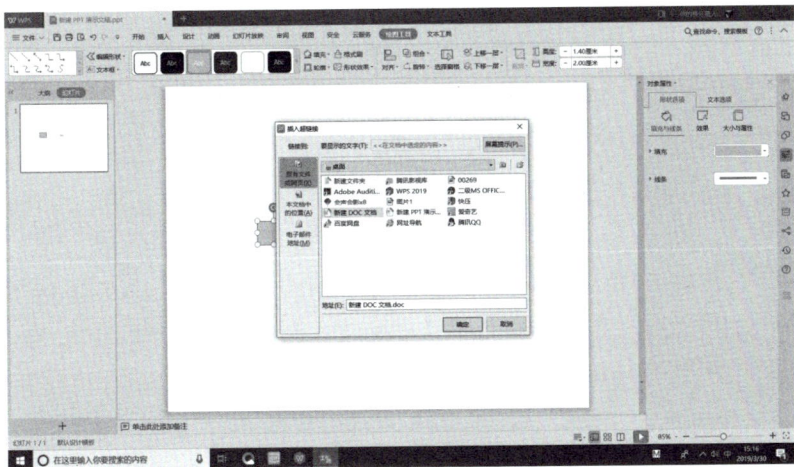

▲ 图2-63 编辑超链接

8. 幻灯片动画效果编辑

(1) 幻灯片切换

切换效果

鼠标左键单击菜单栏中的"动画"选项,再左键单击工具栏中的"切换效果"选项,在编辑区的右侧即可选择需要切换的效果(图2-64)。

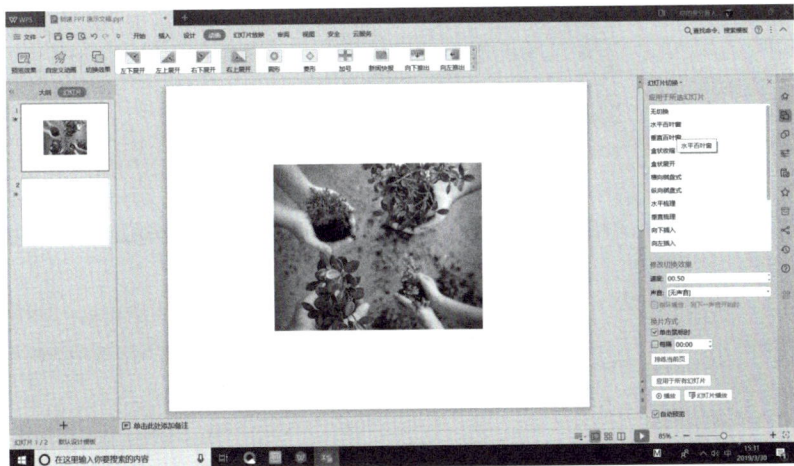

▲ 图2-64 切换效果

切换声音

鼠标左键单击菜单栏中的"动画"选项,再左键单击工具栏中的"切换效果"选项,在编辑区的右侧即可选择需要切换的声音(图2-65)。

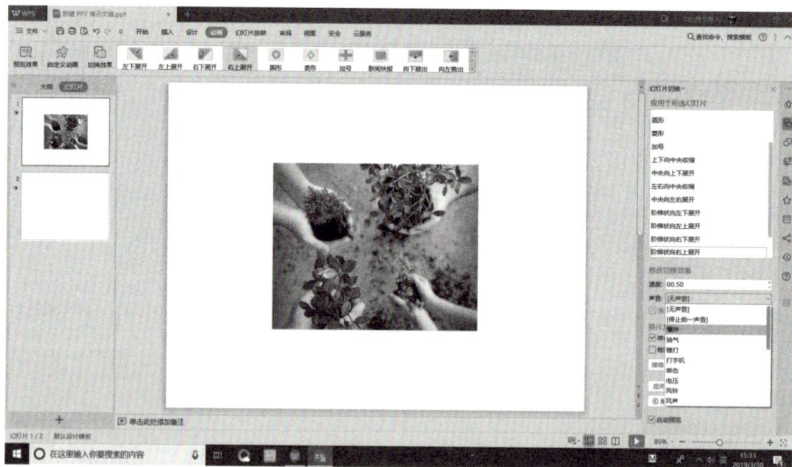

▲ 图2-65 切换声音

（2）动画效果的添加

鼠标右键单击图片，在弹出的快捷菜单中，左键单击"自定义动画"选项（图2-66），左键单击编辑区的右侧"添加效果"选项，即可添加需要的动画效果（图2-67）。

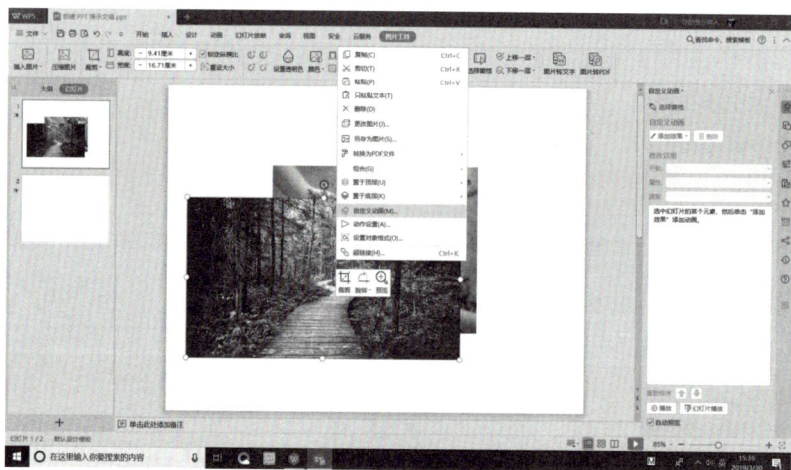

▲ 图2-66 自定义动画

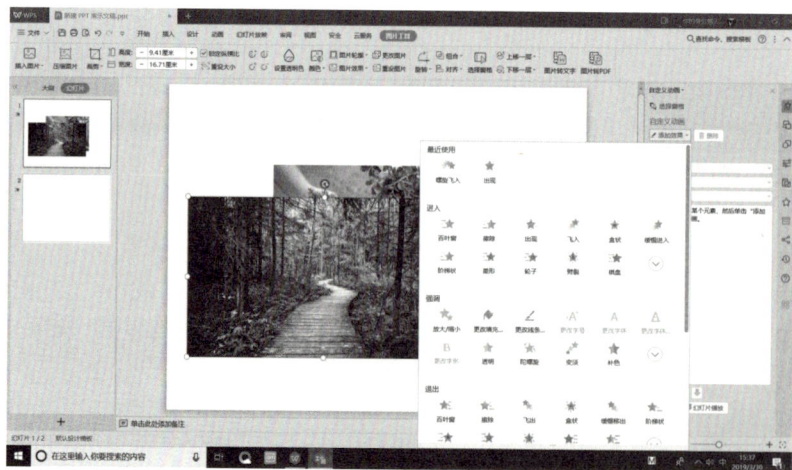

▲ 图2-67 添加效果

9. 幻灯片放映设置

（1）幻灯片放映方式

鼠标左键单击菜单栏中的"幻灯片放映"选项，再左键单击工具栏中的"设置放映方式"选项，在弹出的选择框中选择需要的方式（图2-68）。

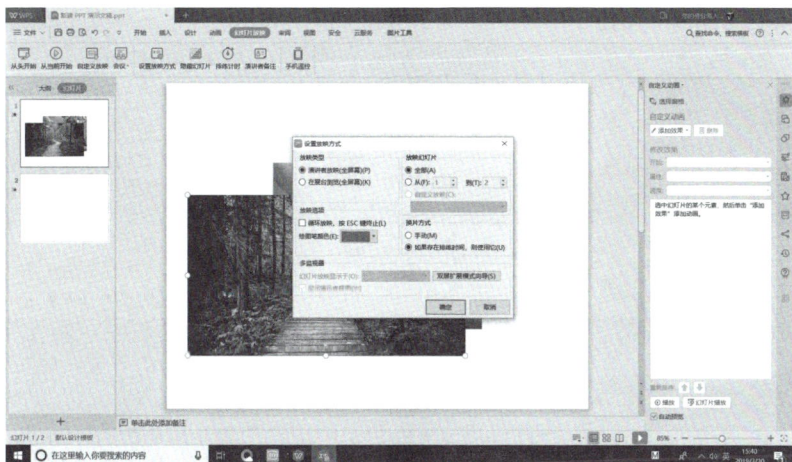

▲图2-68　幻灯片放映方式

（2）幻灯片的排练计时

鼠标左键单击菜单栏中的"幻灯片放映"选项，再左键单击工具栏中的"排练计时"选项，即可开始进行排练计时（图2-69）。

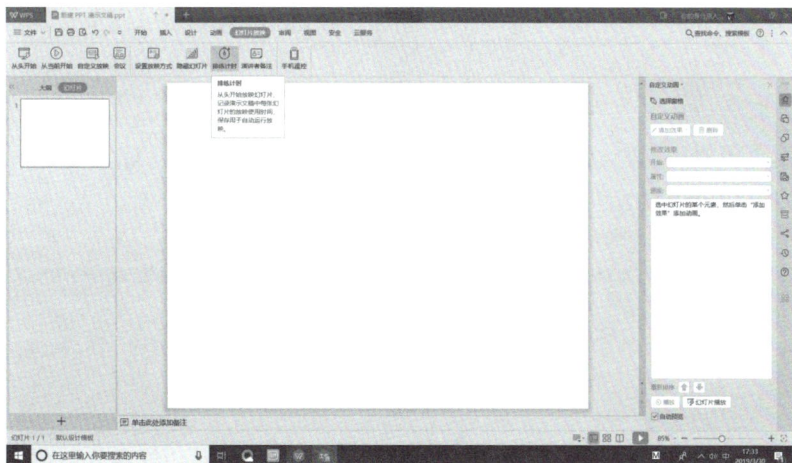

▲图2-69　幻灯片排练计时

10. 演示文稿后期设置

（1）打包演示文稿

鼠标右键单击演示文稿，在弹出的快捷菜单栏里选择"添加到文件'新建PPT演示文稿.zip'"（图2-70），即可打包演示文稿（图2-71）。

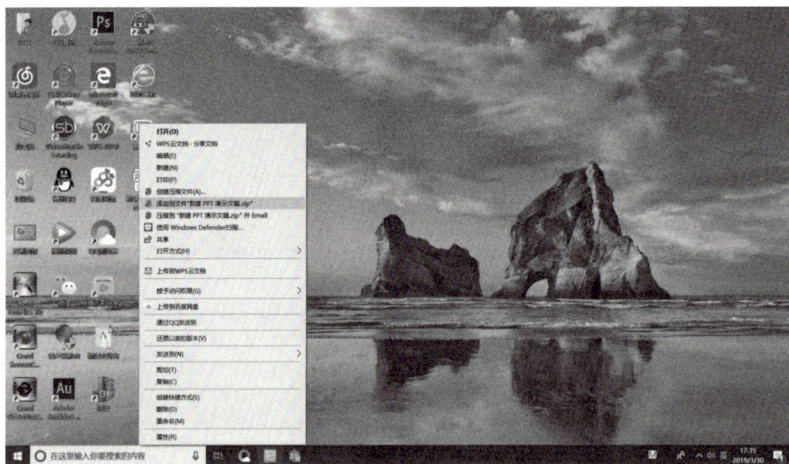

▲图2-70 打包演示文稿1

▲图2-71 打包演示文稿2

（2）保护演示文稿

鼠标左键单击菜单栏中的"安全"选项，再左键单击工具栏中的"文件加密"选项（图2-72），在弹出的编辑栏里可以进行密码设置进行保护演示文稿（图2-73）。

▲图2-72 文件加密

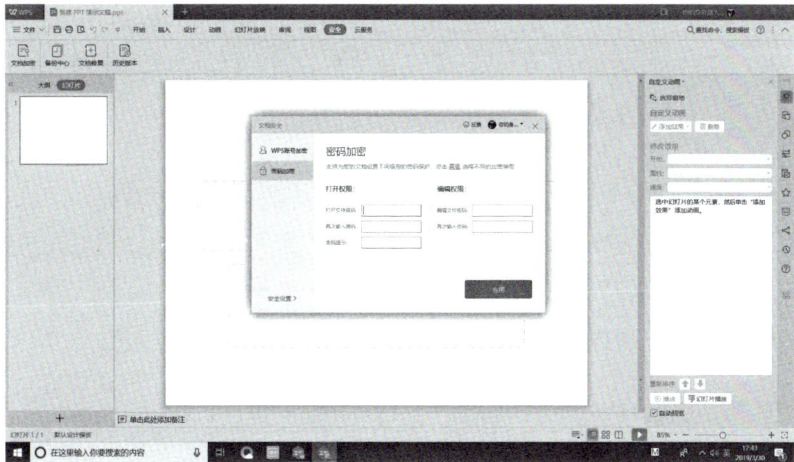

▲ 图 2-73 密码设置

（三）幼儿保教活动课件制作的流程

1. 课题的选择

在比赛背景下，题目会围绕一个主题活动给出一系列的素材。这些素材主要包括：背景类素材、科学类图片、动画视频文件、声音素材以及文字素材。对给出的素材进行分析，先选定课件制作的领域范围。一方面因为在比赛背景下，多种素材的运用能更好地展示参赛选手的课件制作水平，另一方面，多样化的素材更能为幼儿提供直观形象的学习载体，因此，我们先从动画视频文件和声音素材进行选择。如在"可爱的兔子"这个主题下，给出的动画视频文件有两个，一个是"龟兔赛跑"的视频故事，一个是儿歌"小白兔乖乖"的视频。声音素材有两个，一个是"龟兔赛跑"的音频文件，一个是"萝卜兔的故事"的音频文件。综合分析，故事"龟兔赛跑"的素材是比较丰富的，建议设计语言活动《龟兔赛跑》的课件。

2. 编写脚本

课件是为教学服务的，编写脚本就是根据活动设计进行课件内容的规划。因此，首先要简要设计出教案，尤其是活动目标和活动过程。编写脚本要注意以下几个方面：

首先，脚本要紧紧围绕活动设计，内容设计合理，突出活动重点难点。

其次，脚本要符合幼儿的认知规律，如小班幼儿尽量少的出现汉字，每页的内容要聚焦，过多的内容会分散幼儿的注意力。

再次，脚本要科学实用，行文简洁，色调一致，字体字号适宜。

3. 收集素材

根据脚本，将所需要的素材进行整理。给出的素材为原始素材，有些需要经过处理，比如要设计科学活动"认识兔子"的课件，仅仅把给出的一页"兔子"的图片放在课件中是远远不够的。脚本的其中一个内容可以设定为引导幼儿按照一定顺序认识兔子的外形。按照这一内容，则需要利用动画手段，对兔子的图片进行切割，分为"头—躯干—四肢—尾巴"几部分。同时在重点认识头部的时候，要对重点部位，如兔子的眼睛和嘴巴，进行动画效果的突出渲染。

4. 制作合成

一页页制作课件，在制作的过程中要注意以下几个问题：

首先，技术是服务于教学的，不要将课件设计的过于花里胡哨，喧宾夺主并且干扰幼儿的注意力集中。合理利用超链接、切换、动画效果等技术。

其次,课件要标注清楚"片段教学"的内容主题、适用年龄段及活动领域,如小班语言活动"小白兔乖乖"。通常,"小班语言活动"几个字放在首页的左上角,"小白兔乖乖"作为重点放在页面的中间位置。

再次,课件要操作简单、运行稳定。

最后,所有素材要放在一个文件夹中打包,否则有超链接的内容无法播放。

5. 测试修改

课件制作完成后,要自己运行测试,看是否能正常地运行。

(四)幼儿保教活动课件制作的要求

表2-7 全国职业院校技能大赛"幼儿园保教活动课件制作"的评分标准①

内容		评 分 标 准	分值
课件制作10分	科学性	取材适宜,内容科学、正确、规范,体现幼儿年龄和领域适宜性	2
	教育性	片段教学内容设计完整,符合幼儿园保教活动的主题要求,结构清晰,能激发幼儿兴趣	3
	技术性	1. 课件的制作和使用,满足各项技术性要求 2. 操作简便、快捷,演示流畅,结构合理,能较好服务于保教活动	3
	艺术性	1. 色彩协调,风格统一 2. 画面设计新颖,富有童趣	2
评分分档		科学性高,教育性好,技术性强,富有艺术性,符合幼儿学习特点	9—10
		科学性较高,教育性较好,技术质量较强,有一定艺术性,基本符合幼儿学习特点	7—8
		科学性、教育性、技术性、艺术性均一般,不太符合幼儿学习特点	5—6
		该项课件内容不完整或提交未成功	0—4

二、幼儿保教活动课件制作案例分析

案例 主题活动——中秋节

◆ 内容:

"片段教学"课件制作。

◆ 基本要求:②

(1)内容要求

根据给定的素材包中的素材,完成"片段教学"课件设计,内容相对完整;PPT首页注明"片段教学"的内容主题,适用年龄段及活动领域。

(2)技术要求

利用给定的素材包中的素材,适当处理文字、图片、声音、视频等素材,合理运用超链接、切换、动画效果等技术,操作简便,运行稳定。

(3)课件效果

形象、直观,能服务于"片段教学"所需,以及符合所注明的年龄段及活动领域。

(4)制作时间

60分钟。

---

① ② 2019年全国职业院校技能大赛赛项规程

◆ 素材：

（1）背景类图片

▲ 图 2-74　背景类图片示例

（2）科学类图片

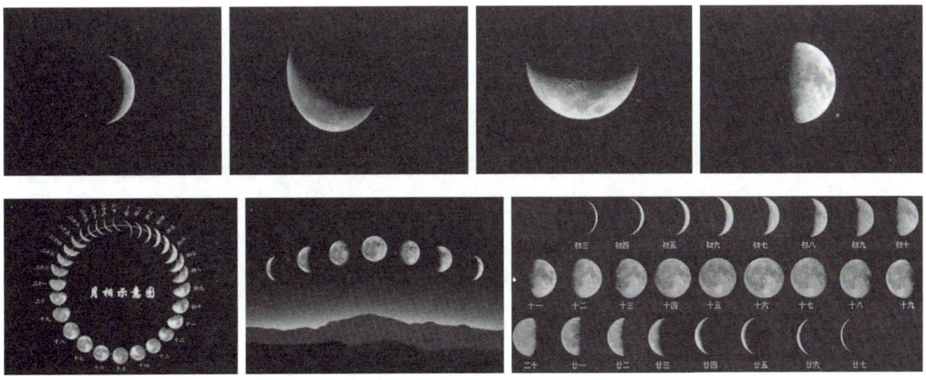

▲ 图 2-75-1　科学类图片示例 1

▲ 图 2-75-2 科学类图片示例 2

（3）动画视频文件

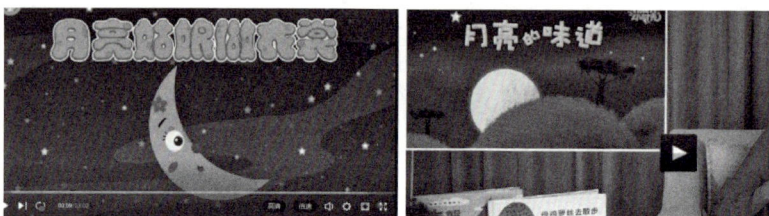

▲ 图 2-76 动画文件示例

（4）声音素材

🔘 八月十五月儿圆.MP3

🔘 轻音乐.MP3

🔘 月亮姑娘做衣裳.MP3

🔘 月亮的味道.MP3

（5）文字素材

故事：月亮姑娘做衣裳

夜晚，月亮姑娘出来了，细细的、弯弯的，好像小姑娘的眉毛。凉风吹得有点冷了，她撕了一块云彩裹在身上。

月亮姑娘想：我还是找一位裁缝做件衣裳吧！裁缝师傅给她量了尺寸，让她过五天来取。

过了五天，月亮姑娘长胖了一点，好像弯弯的镰刀，她来取衣裳了，衣裳做得真漂亮，可惜太小，穿在身上连扣子也扣不上。裁缝师傅决定给她重做一件，重新量尺寸，让她再过五天来取。

五天又过去了，月亮姑娘她又长胖了一点，弯弯的像只小船。她来取衣裳，衣裳做得更漂亮了，可惜月亮姑娘连套也套不上。裁缝师傅涨红了脸，说："我只好重做了！"又过了五天，月亮姑娘来去衣裳，裁缝师傅看到月亮姑娘变得圆圆的，像一只圆盘那样。裁缝师傅大吃一惊："啊，你又长胖了？"裁缝师傅叹了一口气，对月亮姑娘说："唉，你的身材量不准，我没法给你做衣裳了。"

原来，月亮姑娘每天都在变化，所以她到现在还没穿上合身的衣裳。你看，白天太阳公公出来了，她不好意思出来，只是在晚上才悄悄地露面。

◆ **案例分析：**

通过对提供素材的分析可以发现，故事《月亮姑娘做衣裳》的相关信息是最多的，我们可以将多媒体课件制作聚焦到这个语言活动。这个故事内容并不复杂，但是故事内容涉及月相变化这一天文学知识,孩子要理解故事背后的科学内容需要一定的经验基础和理解能力。因此,将活动对象定为于大班幼儿。

根据素材,大体规划教学涉及的目标与过程,整个活动以"月亮姑娘穿不了衣服"为主线,重点围绕理解故事内容,愿意大胆表达来进行教学设计。活动过程分为两个大的部分,先是观察理解每一幅画面,猜猜讲讲,然后是对故事的整体欣赏,最后加上月亮的变化规律的科学知识作为深入理解。有了这样的内容框架,再对细节进行推敲。

首先,在完整讲述环节,可以做视频文件的超链接。

第一页PPT需要将名称完整呈现,具体包括:活动对象、活动领域、活动的具体名称。

▲ 图2-77　第一页

▲ 图2-78　第二页

▲ 图2-79　第三页

▲ 图2-80　第四页

▲ 图2-81　第五页

▲ 图 2-82　第六页

▲ 图 2-83　第七页

▲ 图 2-84　第八页

▲ 图 2-85　第九页

▲ 图 2-86　第十页

▲ 图 2-87　第十一页

　　从 PPT 的第二页到第十二页的部分,是一幅幅地观察画面,理解故事的部分。需要注意的是,这部分页面之间的换片方式不要太复杂,最简洁的转换方式就可以,以免喧宾夺主,干扰幼儿的注意力集中。

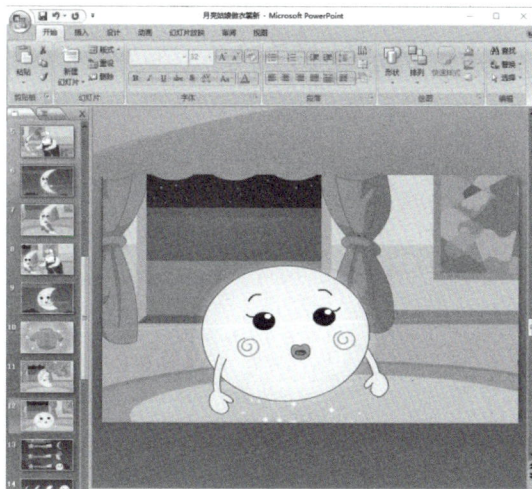

▲ 图2-88　第十二页

在第一遍故事讲述完毕后,用提问的方式对故事内容进行梳理,帮助幼儿理解故事内容,因此,围绕"做了几件衣裳"这一问题,设计了本页PPT(图2-89)。

通过三次做衣裳,每次都穿不上的问题,将月亮的变化规律呈现出来(图2-90)。

▲ 图2-89　第十三页

▲ 图2-90　第十四页

用插入超链接的方式,将视频资源"月亮姑娘做衣裳"链接到本页,用以完整讲述故事(图2-91)。

▲ 图2-91　第十五页

三、幼儿保教活动课件制作实训

实训 1　主题活动——有趣的夏天

◆ **内容：**

"片段教学"课件制作。

◆ **基本要求：**

（1）内容要求

根据给定的素材包中的素材，完成"片段教学"课件设计，内容相对完整；PPT 首页注明"片段教学"的内容主题、适用年龄段及活动领域。

（2）技术要求

利用给定的素材包中的素材，适当处理文字、图片、声音、视频等素材，合理运用超链接、切换、动画效果等技术，操作简便，运行稳定。

（3）课件效果

形象、直观，能服务于"片段教学"所需，以及符合所注明的年龄段及活动领域。

（4）制作时间

60 分钟。

◆ **素材：**

（1）背景类图片

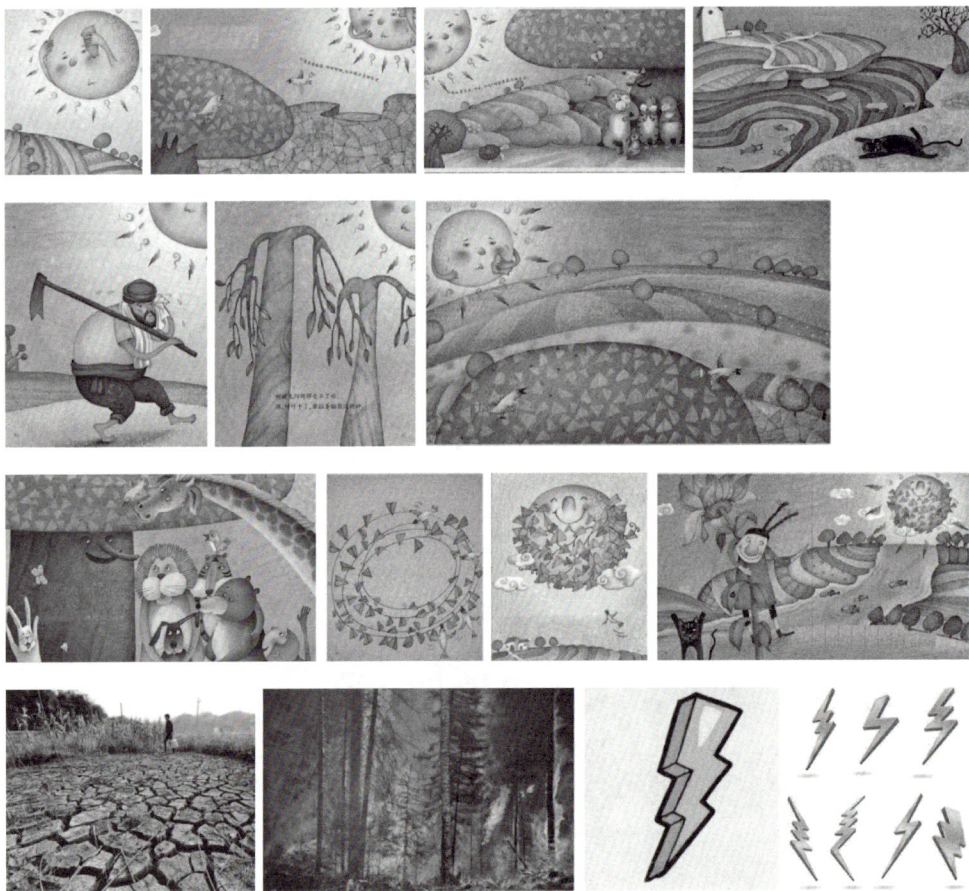

▲ 图 2-92-1　背景类图片示例 1

▲ 图2-92-2 背景类图片示例2

（2）科学类图片

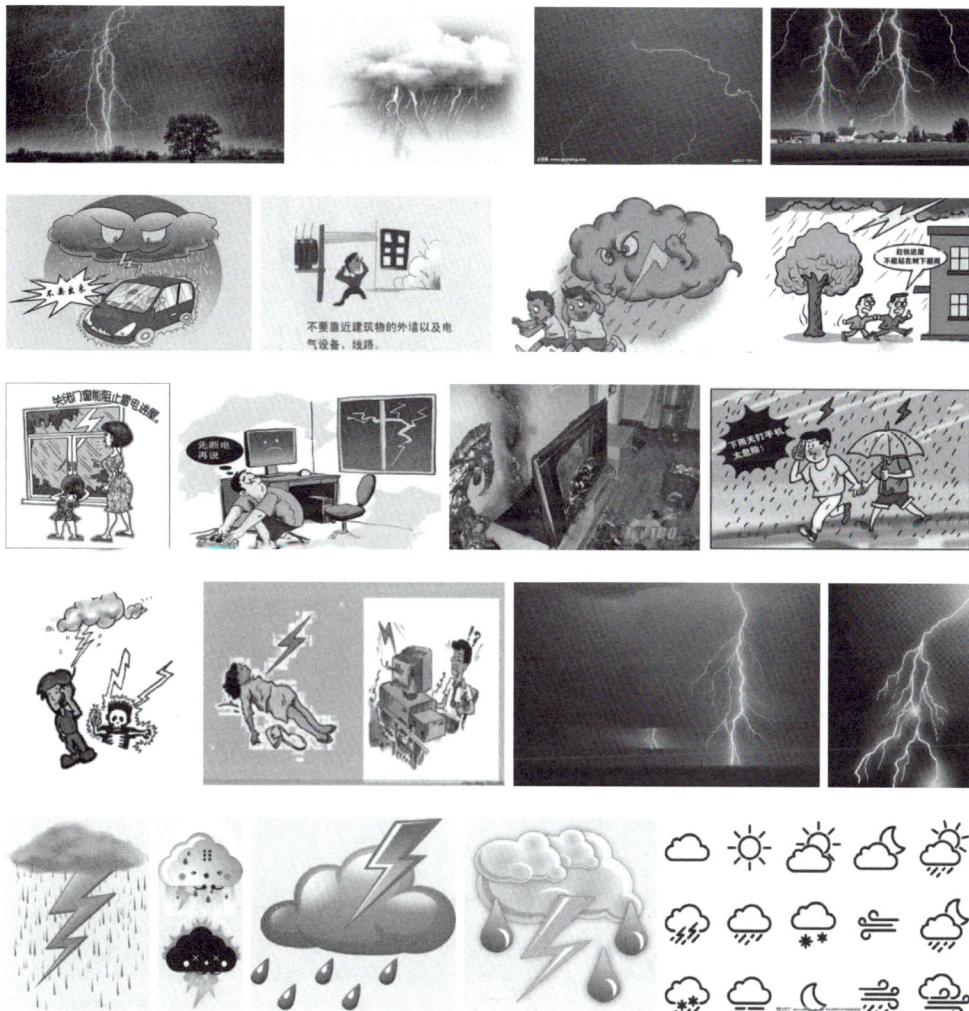

▲ 图2-93 科学类图片示例

（3）动画视频文件

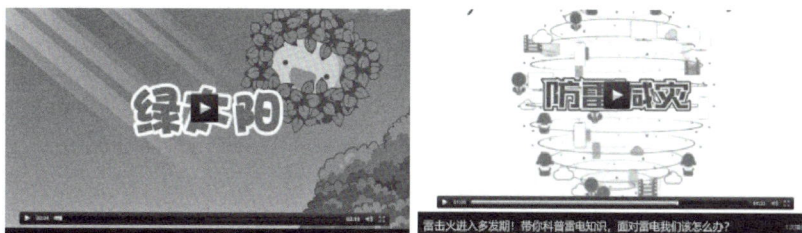

▲ 图2-94 动画文件示例

（4）声音素材

🔘 绿太阳. MP3

🔘 遇到雷电怎么办. MP3

🔘 轻音乐. MP3

实训 2 **主题活动——车轮转转**

◆ **内容：**

"片段教学"课件制作。

◆ **基本要求：**

（1）内容要求

根据给定的素材包中的素材，完成"片段教学"课件设计，内容相对完整；PPT 首页注明"片段教学"的内容主题、适用年龄段及活动领域。

（2）技术要求

利用给定的素材包中的素材，适当处理文字、图片、声音、视频等素材，合理运用超链接、切换、动画效果等技术，操作简便，运行稳定。

（3）课件效果

形象、直观，能服务于"片段教学"所需，以及符合所注明的年龄段及活动领域。

（4）制作时间

60 分钟。

◆ **素材：**

（1）背景类图片

▲ 图 2－95－1 背景类图片示例 1

▲ 图 2-95-2 背景类图片示例 2

（2）科学类图片

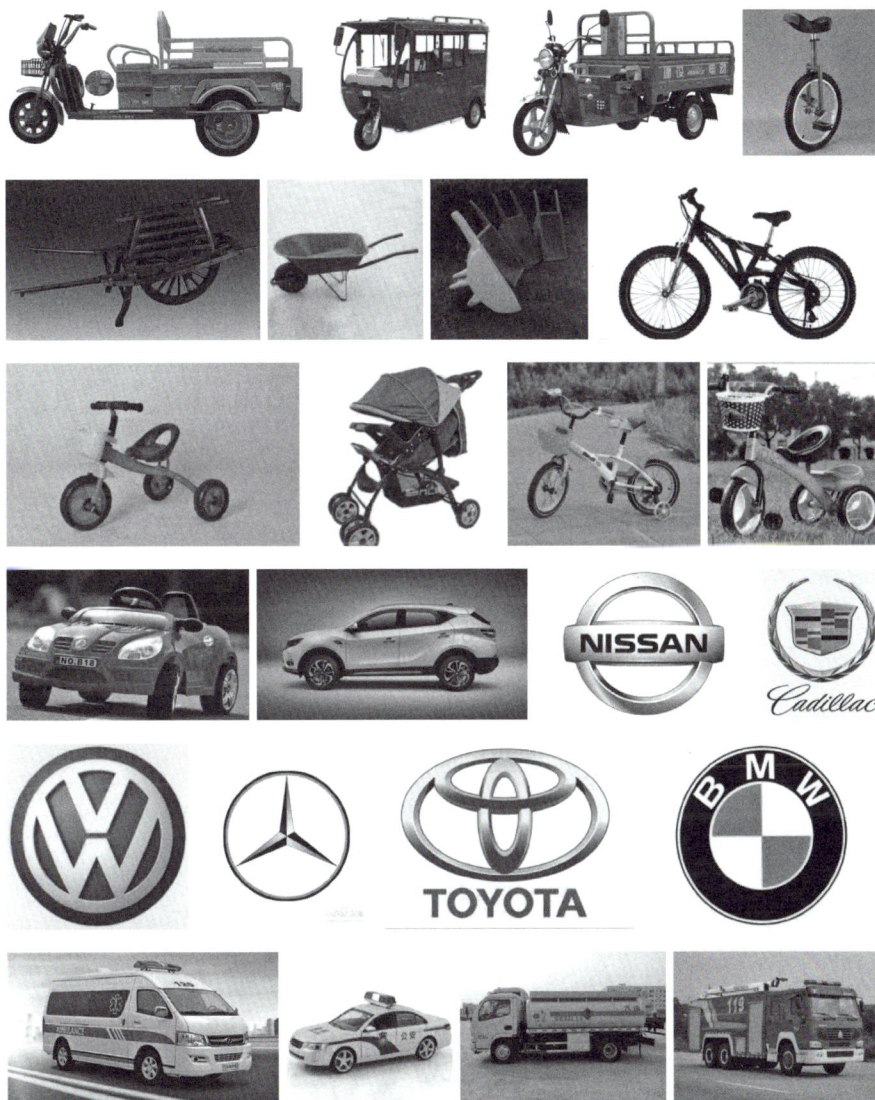
▲ 图 2-96 科学类图片示例

（3）动画视频文件

▲ 图 2-97 动画文件示例

（4）声音素材

🔘 轻音乐.MP3

🔘 快乐的轮胎.MP3

🔘 警车 声音.MP3

🔘 救护车 声音.MP3

🔘 各种各样的车.MP3

实训3 **主题活动——垃圾分类**

◆ **内容：**

"片段教学"课件制作。

◆ **基本要求：**

（1）内容要求

根据给定的素材包中的素材，完成"片段教学"课件设计，内容相对完整；PPT 首页注明"片段教学"的内容主题、适用年龄段及活动领域。

（2）技术要求

利用给定的素材包中的素材，适当处理文字、图片、声音、视频等素材，合理运用超链接、切换、动画效果等技术，操作简便，运行稳定。

（3）课件效果

形象、直观，能服务于"片段教学"所需，以及符合所注明的年龄段及活动领域。

（4）制作时间

60 分钟。

◆ **素材：**

（1）图片素材

▲ 图 2-98-1 图片素材 1

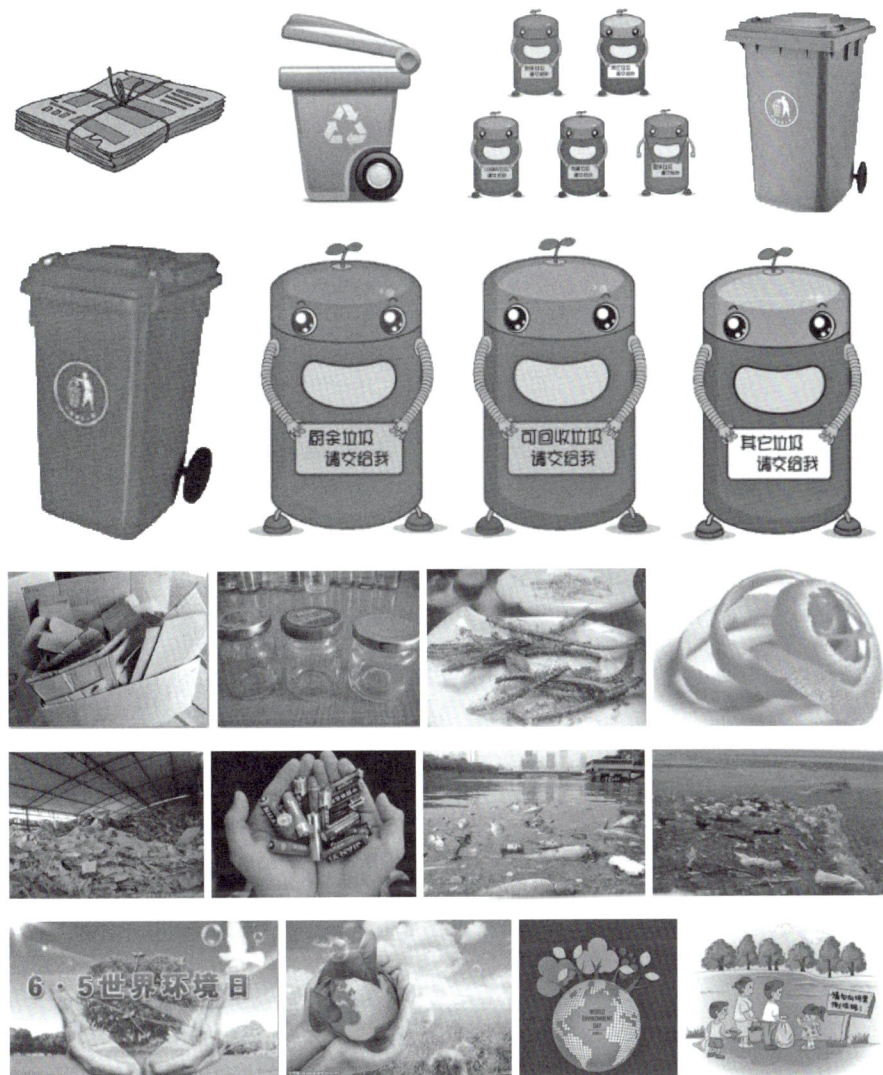

▲ 图 2 - 98 - 2　图片素材 2

（2）声音素材

01 - 幼儿歌曲：倒垃圾

02 - 幼儿歌曲：垃圾箱

03 - 幼儿歌曲：大家来环保

04 - 语言儿歌：垃圾归位歌

no　音效

yes　音效

yes　音效 2

yin3-error

yin3-right

快乐音乐（1 分钟）

⊙ 快乐音乐(45 秒)

(3) 视频素材

垃圾分类，我们一起来!　　垃圾分类宣传片　　为什么要垃圾分类

(4) 文本素材

幼儿歌曲《倒垃圾》歌词

干湿要分开,绿色装剩菜,蓝色可回收,红色最有害;
能卖拿去卖,财富变回来,有毒单独摆,节能又减排。
倒垃圾,倒垃圾,垃圾分类有意义,要想城市更美丽,我们大家齐努力;
倒垃圾,倒垃圾,环保就从我做起,碧水蓝天绿色大地,幸福就在你手里。

儿歌《垃圾分类歌》

垃圾箱,作用大。

废垃圾,里面倒。

废旧品,种类多。

分种类,分放好。

可回收,不可收,

这两点,很重要。

瓜果皮,易腐蚀,

招蚊叮,招虫咬。

废电池,辐射强,

切不可,随手抛。

用完后,分类装,

这一点,切记牢。

废垃圾,袋装化,

既卫生,又环保。

废垃圾,哪里去,

垃圾箱,在微笑。

分类别,袋装好,

人人夸,好好好。

小知识:垃圾分类

● **什么是垃圾分类**

垃圾分类就是在源头将垃圾分类投放,并通过分类收集、分类处理,实现垃圾减量化、资源化、无害化处理。

- **垃圾分类的好处**

减少垃圾量,减少污染,垃圾资源化。

- **垃圾分类小知识**

可回收物:可以再生循环的垃圾。

有　害　物:存有对人体健康有害的重金属等。

厨余垃圾:居民日常生活及餐饮等产生的垃圾。

其他垃圾:危害较小,无再次利用价值。

全国职业院校技能大赛实战解析 ①

一、2019 年全国职业院校技能大赛实战解析

(一) 幼儿园教师综合技能测评

Ⓐ 幼儿故事讲述

故事《耳朵上的绿星星》

今天晚上,森林里要开个音乐会。小松鼠要到台上去表演唱歌。

小松鼠想:上台表演,一定要打扮得很美才行呀,我怎样打扮才好呢?

小松鼠来到了花园里,她看到了绿绿的小草。小松鼠想:我用小草编顶帽子,戴在头上一定很美。

小松鼠刚要去摘小草,小草说:"别摘我,别摘我,我会痛呀!"

小松鼠没有摘小草,走开了。

小松鼠又看到一朵红红的玫瑰花,她想:我用玫瑰花的花瓣,把嘴唇涂得红红的,一定也很美。

小松鼠刚要去采玫瑰花,玫瑰花说:"别采我,别采我,我会痛呀。"

小松鼠没有采玫瑰花,又走开了。

这时候,躲在一片树叶底下的两只萤火虫看到了这一切,他们说:"绿绿的小草,是我们玩儿的地方。红红的玫瑰花,是我们睡觉的地方。小松鼠不摘草,也不采花,她真好。"

小松鼠回到家,心里很难过。她想:我什么也没打扮,去参加音乐会,一定不会显得漂亮了。

晚上,月亮出来了。小松鼠路过花园,去参加音乐会。

小松鼠走过小草的身旁,又走过玫瑰花的身旁。这时候,两只萤火虫轻轻地飞了起来,悄悄地跟着小松鼠。

森林音乐会开始了。第一个节目就是小松鼠唱歌。

小松鼠轻盈地跳上舞台。台下所有的观众惊呆了:啊,小松鼠从来没有这么漂亮过! 她的两只尖尖的小耳朵上,有两颗绿色的小星星。

小松鼠的歌唱得美妙极了,把满天的星星都唱出来了,眨着眼睛静静地听。可是,天上的星星再美,也美不过小松鼠耳朵上的两颗绿色的小星星。

---

① 历年山东省师范类高校学生从业技能大赛实战解析,请在复旦学前云平台(www.fudanxueqian.com)搜索本书查看下载。

谁也没有看出来,小松鼠耳朵上的星星就是两只萤火虫扮的。连小松鼠自己也不知道呢!

B 命题画(油画棒)

主题内容:太空畅想

基本要求:使用油画棒作画,线条简洁流畅,主题突出,构图美观,造型生动,色彩鲜艳,搭配协调,形象表现主题内容,画面丰富、富有儿童趣味,有创新和个性表现。在30分钟内完成。

C 幼儿歌曲弹唱与歌表演

幼儿园里好事多

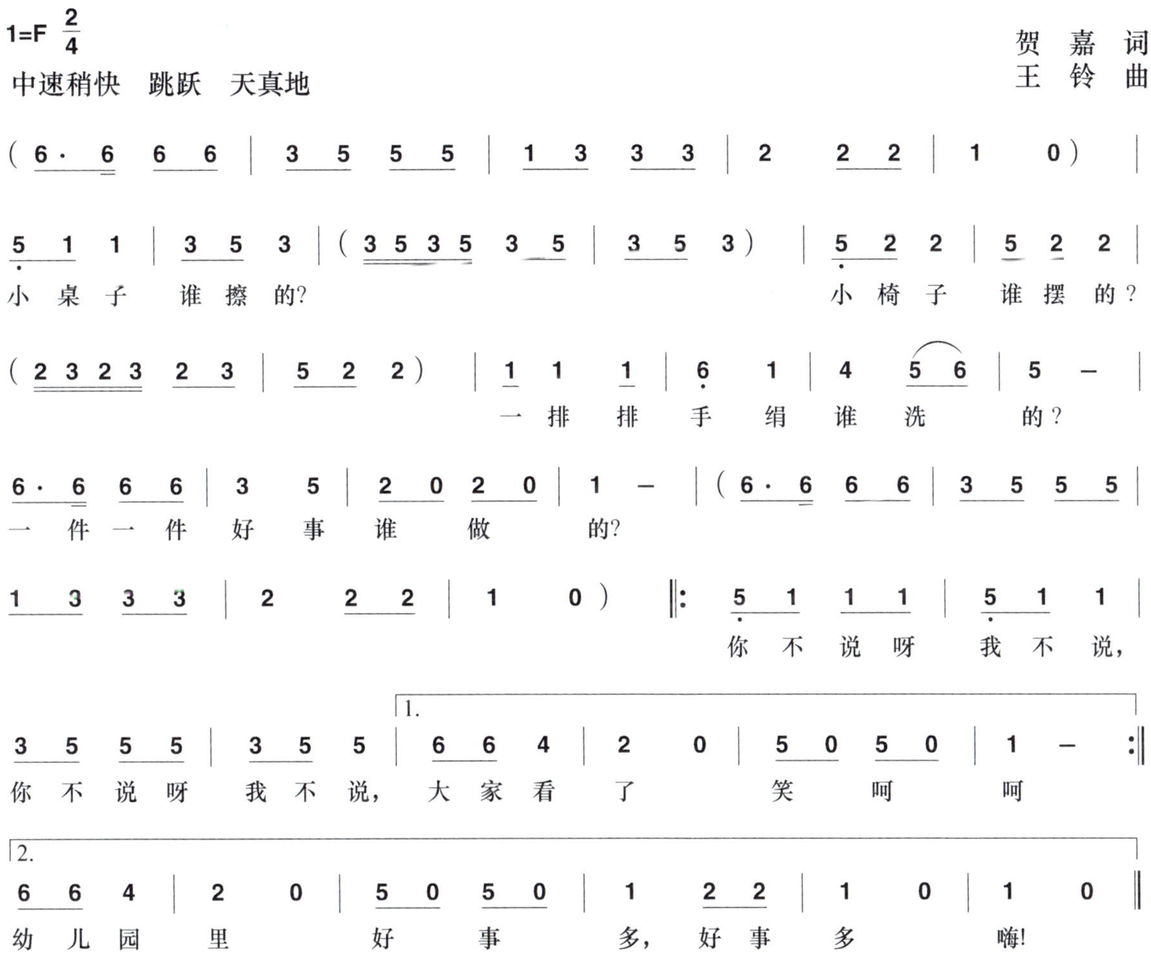

D 幼儿园保教活动课件制作

1. 主题活动——叶子

2. 内容

"片段教学"课件制作。

3. 基本要求

(1)内容要求

根据给定的素材包中的素材,完成"片段教学"课件设计,内容相对完整;PPT首页注明"片段教学"的内容主题、适用年龄段及活动领域。

(2)技术要求

利用给定的素材包中的素材,适当处理文字、图片、声音、视频等素材,合理运用超链接、切换、动画效果等技术,操作简便,运行稳定。

（3）课件效果

形象、直观,能服务于"片段教学"所需,以及符合所注明的年龄段及活动领域。

（4）课件制作时间在 60 分钟内完成

4. 素材

主题:叶子

树叶是城乡孩子最常见的自然物,从南到北,树的种类有许多,唾手可得的树叶其形状、色彩、纹理各异,其中还蕴藏着树木自然生长、四季更迭交替的秘密。与此同时,叶子飘落的动感与幼儿跃动的心灵天然契合,丰富多样的叶子又给幼儿提供了探索、发现、表达的广阔空间。因此,教师借助"叶子"这一媒介,能有效地激发幼儿亲近自然、探究自然的欲望。

本课件素材包括:①图片素材:主要有不同外形的叶子图片以及课件相关场景参考图片等 100 余张;②音频素材:幼儿歌曲《小树叶》《树叶娃娃》、语言故事《小树叶》、语言儿歌《树叶歌》等及辅助声音素材;③视频素材:《为什么植物需要光合作用》《叶子的形态是怎么与功能相适应的》《叶子是绿色的》;④文本素材:《叶子的基本资料》、《叶子的常见种类和形态》以及幼儿歌曲、故事和儿歌等参考文本资料。

课件制作——"叶子"素材包

（1）图片素材类

（2）声音素材类

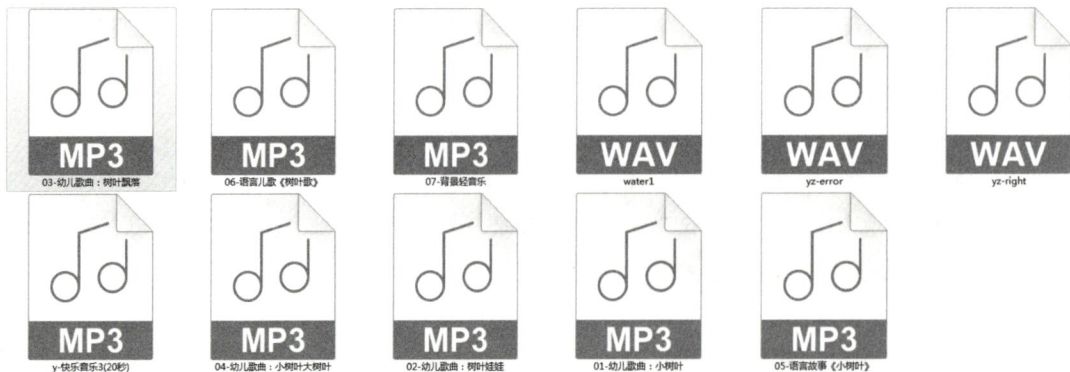

（3）视频素材

为什么植物需要光合作用　　叶子的形态是怎么与功能相适应的　　叶子是绿色的

（4）文本素材

叶子的基本资料：

叶子叶内含有叶绿体,是植物进行光合作用的主要器官。

叶子可以有各种不同的形状、大小、颜色和质感。

结构:

一片树叶一般包括三个部分:叶片、叶脉、叶柄。

作用:

食用(如茶叶等)、药用、美化环境、挡风遮雨等

落叶:

但大部分的叶都是有一定的寿命。一年生的植物,叶子会随着植物体的死亡而死亡。多年生的植物,叶子的寿命通常为一个生长季。有些多年生的植物,叶子寿命可长达几年。

叶色:

叶子的颜色是叶子中各种色素的综合体现。高等植物中主要含有叶绿素和类胡萝卜素,它们的比例和对光的选择性吸收形成了叶子的颜色。

叶子的常见种类和形态:

叶子的常见种类:

针叶、心形叶、掌状叶、羽状叶、筒卵形叶、圆卵形叶、羽状复叶、批针形叶等。不同种类的叶子也就有不同和形状,如果针叶的形状就是针一样的,心形叶的形状就像心形一样。

树叶的形态:

椭圆形:形如椭圆,中部最宽,尖端和基部都是圆形。如樟树、橡皮树、木犀、茶树、黑枣树、樱草的叶。

心形:形如心脏,基部宽圆而微凹,先端渐尖,如甘薯、牵牛、紫荆、麻的叶。如果是心形倒转,叫做倒心形,如酢浆草的小叶。

掌形:叶片三裂或五裂,形成深缺刻,全形如手掌,如棉花、蓖麻、葡萄、槭树、梧桐的叶。

扇形:形如展开的折扇,顶端宽而圆,向基部渐狭,如银杏的叶。

菱形:叶片成等边的叙方形,如菱、乌桕的叶。

披针形:也叫枪锋形,叶基较宽,先端尖细,长度约为宽度的3—4倍,如桃、柳、竹的叶。如果是披针形倒转,叫做倒披针形,如小檗的叶。

卵形:形如鸡卵,下部圆阔,上部稍狭,如桑、向日葵、的叶。如果是卵形倒转,叫做倒卵形,如玉兰、花生的小叶。

圆形:形如圆盘,长宽接近相等,如:旱金莲的叶。

针形:叶片细长如针,如油松、马尾松、白皮松的叶。

三角形:基部宽平,三个边接近相等,如荞麦的叶。

01-幼儿歌曲《小树叶》

陈镒康 词
茅光里 曲

1=F 2/4
中速

```
3 3  3 2 | 1   5 | 3 3  3 3 | 2  - |
秋 风  起 来  啦,      秋 风  起 来   啦,
小 树  叶 沙  沙,     沙沙 沙沙 沙,

2  3 5 | 3   3 2 | 1· 6 | 1  - |
小 树  叶 离  开 了  妈    妈,
好 像  在 勇  敢 地  说    话

7· 7 | 7 7 6 5 | 6· 1 | 2  - |
飘  呀 飘呀 飘向   哪    里?
春  天 春天 我会   回    来,

2  3 5 | 3 2 | 1 - | 1 - |
心 里  可 害 怕?
打 扮  树 妈 妈!
```

语言儿歌《树叶娃娃》

树叶娃娃 缠着妈妈

缠着妈妈

不肯下地 自己玩耍

自己玩耍

秋风姑娘跑来逗她

丢丢丢 丢丢丢

一追一跑 一追一跑

乐呀乐哈哈

乐呀乐哈哈

语言故事《小树叶》

作者:葛冰

　　秋天来了,树叶黄了,一片小树叶飘飘悠悠从树枝上落下来,一想起再也不能呆在树上了,小树叶有点忧伤。下雨了,淅淅沥沥的小雨点落在地上,落在一只小老鼠的身上,小老鼠的头被雨淋湿了,他看见地上的小树叶就伸手捡了起来,小树叶像一把雨伞一样遮在他头上。小老鼠说:"谢谢你,小树叶"。雨停了,小老鼠把小树叶放到了河边,两只小蚂蚁要过河,它们看见了小树叶:"哦! 这不是一条小船吗?",小蚂蚁划着树叶小船过了,他们一起说:"谢谢你,小树叶"。一只花喜鹊飞来,轻轻叼起了小树叶,他要用小树叶给自己的小宝宝做鸟窝。啊,小树叶又回到树上了,它紧紧地贴着小鸟的羽毛,高兴地想,帮助别人真开心。

(二) 材料分析题

1. 案例材料

短发也会变漂亮

　　清晨,娜娜一反常态,无精打采地跟在妈妈身后慢吞吞地走进了班级。还没等我问好,率直的妈

妈就小声道:"娜娜闹脾气了,说石老师只喜欢长头发的女孩子!"我听完心里一阵愧疚,顿时想到每天中午给长头发女孩子梳头发的情景。在孩子们午睡的时间,我在门口小店里买了6个漂亮的小发卡。起床后,还没等长头发的姑娘们来找我梳小辫儿,我便宣布新的决定:"今天,石老师要先请短发的女孩子来找我。"我故作神秘地将短头发的女孩们带进了盥洗室,并悄悄地关上了门。当6个短头发的小女孩戴着漂亮的小卡子出现在大家面前时,我看到了小伙伴们羡慕的目光,更看到短发女孩们灿烂的微笑。下午离园时,娜娜快乐地投入妈妈的怀抱,指着自己头上的小卡子兴奋地说:"妈妈快看,漂亮吗? 石老师喜欢我!"

从那以后,每天午睡起床后,无论长发、短发的女孩,还是更短头发的男孩,我都会认真地给他们梳理一下头发。

问题:

请结合幼儿教师职业道德分析案例中教师行为的适宜性。

2. 命题意图

教师的爱是开启幼儿心灵的钥匙,是幼儿身心健康发展的重要因素。这种爱是面向全体,一视同仁的,要无偏见、无歧视。

3. 答题参考

幼儿教师职业道德标准包括爱国守法、爱岗敬业、关爱学生、教书育人、为人师表、终身学习等方面。在本案例中,石老师的教育行为是适宜的,表现出石老师良好的职业道德素养:

第一,关爱幼儿、尊重每个孩子。石老师能够清醒地意识到:在关注某一个或某几个长头发孩子的同时,还要特别关注到其他短头发孩子的不同感受,通过"梳小辫儿"和"带发卡"的行为细节,让每一个孩子都能感受到教师的爱,这是幼儿身心能够得到健康发展的重要因素。

第二,尊重家长,家园共育。石老师尊重家长、主动听取家长的意见和建议,及时改进自己的教育行为,有利于良好教育合力的形成。

第三,爱岗敬业,勤恳负责。石老师关爱和尊重每一个幼儿,热爱幼儿园工作,能读懂幼儿,并认真反思自己的教育行为,积极回应幼儿的反应。

(三)幼儿园保教活动分析与幼儿教师职业素养测评

Ⓐ 幼儿园保教活动分析

1. 例题:"比赛的意义"

(1)情境概要

这是在中班幼儿户外体育活动中,教师组织幼儿爬梯子时的一段活动视频。①

(2)命题意图及考查点

教师的规则要求与比赛意义引导,幼儿动作发展与社会性发展。

2. 考试说明

请选手看完视频后,根据视频材料的内容回答以下问题:

(1)对师幼互动中幼儿的心理发展,如认知、情感、意志等心理过程进行分析

(2)对幼儿的个性、社会性发展以及学习心理等特点进行分析

(3)根据《纲要》《指南》的精神,对教师的保教言行进行评价分析。

(4)对教育活动中存在的问题提出建议。

---

① 活动视频可在复旦学前云平台(www.fudanxueqian.com)搜索本书资源浏览。

3. 答题参考

（1）活动分析

① 该活动中幼儿对该项游戏规则已经掌握，同时爬梯子的动作也比较熟练，只是个别幼儿有些胆小，大多数幼儿能够在规定时间内坚持完成游戏。

② 教师能够在幼儿开始游戏前提醒幼儿有关游戏的规则，并以"勇气队"和"坚强队"命名开展比赛。教师的活动目标是通过活动来帮助幼儿在勇气与坚持性等个性品质上有所提升与发展。但是教师在结果评价时并没有梳理和强调幼儿在活动过程中表现出勇敢和坚强的个性品质，同时也没有引导幼儿如何正确地对待输赢。

③ 户外体育活动的安全防护不足，表现为幼儿着裙装爬梯子是不安全因素；幼儿活动中现场只有一位教师，不足以保障幼儿的安全。

（2）教育建议

① 教师在活动过程、活动评价与引导时，要围绕培养幼儿勇敢和坚持等品质的目标进行引导，而不仅仅是输与赢的结果，教师要让幼儿形成如何对待输赢的心态。

② 教师在活动过程及评价环节应关注幼儿的个体差异，进行有针对性的指导和评价，及时鼓励有困难的幼儿。

③ 游戏前应根据游戏内容考虑幼儿着装的安全性。户外活动应增加教师的配比，保证幼儿的安全。

◆ 评分标准：

表 3-1 幼儿园保教活动分析评分标准

材料分析题	职业素养	1. 具有科学儿童观，幼儿心理发展水平或特点分析正确 2. 具有科学职业认知，能对教师的保教言行、职业道德、职业礼仪作出正确的判断与分析，理由科学、充分，符合《纲要》《指南》等精神	3
	思维品质	1. 观点正确鲜明，思路清晰，分析透彻，逻辑性好 2. 用词准确，语句通顺，格式规范、整洁美观	2
评分分档	职业认知好，职业道德好，思维品质优秀		4—5
	职业认知较好，职业道德较好，思维品质较优秀		3—4
	职业认知一般，职业道德一般，思维品质一般		2—3
	该项未完成		0—1

Ⓑ 幼儿教师职业素养①

1. 关于沟通正确表述的是（   ）。

   A. 对方表达时，自己可以不用关注对方

   B. 沟通就是连续地自己说，不用观察对方反应

   C. 沟通就是自己阐明观点，无须考虑其他

   D. 注意从对方角度谈问题，使双方更容易接受

2. 协作需要团队成员为团队目标实现而付出努力，对此理解，正确说法是（   ）。

   A. 协作掩盖了个人成绩

   B. 沟通就是连续地自己说，不用观察对方反应

---

① 该部分参考答案可在复旦学前云平台（www.fudanxueqian.com）搜索本书资源下载。

C. 沟通就是自己阐明观点,无须考虑其他

D. 注意从对方角度谈问题,使双方更容易接受

3. 踏实就是要在工作中付出汗水,对此理解,正确说法是(   )。

A. 踏实就是消极怠慢   B. 踏实就是碌碌无为

C. 踏实的人没有修养   D. 一分耕耘,一分收获

4. 做人的根本在于(   )。

A. 豁达   B. 理解   C. 大度   D. 诚信

5. 乐乐的奶奶很溺爱孩子,总是怕孩子在幼儿园受委屈,于是给李老师送了张购物卡,李老师收下了,在平日里对乐乐特别照顾。李老师的做法(   )。

A. 不正确,违背了教书育人的师德   B. 正确,体现了爱岗敬业的师德

C. 不正确,违背了廉洁从教的师德   D. 不正确,违背了为人师表的师德

6. 陶行知先生的"捧着一颗心来,不带半根草去"的教育信条体现了教师(   )的素养。

A. 过硬的教学基本功   B. 文化学科知识

C. 崇高的职业道德   D. 教育理论知识

7. 孙老师每天早上都会早早来到幼儿园迎接孩子的到来,远远看到孩子时她还会热情并面带笑容迎接孩子,长久下来,孙老师班的孩子只要是早上看到她都会主动、热情地跟她打招呼。这表明孙老师能够做到(   )。

A. 以身作则,为人师表   B. 关心集体,乐于奉献

C. 热爱学生,尊重学生   D. 勤恳敬业,尽职尽责

8. 现代学习观念发生巨大变化,下列说法不正确的是(   )。

A. 在学习中要学会合作   B. 学习知识重要,其他都不重要

C. 学习不是阶段性的,要树立终身学习理念   D. 学习能力提高比掌握知识更重要

9. 对今天高职院校的学生来说,从学生到职业人必须要完成几大转变:从宏大的"人生理想"向现实的"职业理想"、从青苹果式的"(   )"到成熟的"职业人"、从单纯的处理问题方式向复杂的人际关系、从系统的理论学习向多方位的实际应用、从散漫的校园生活向紧张的工作模式、从浮躁的心态向逐步理性化思考等等的一系列转化。

A. 训练有素的人   B. 家庭人   C. 社会人   D. 学校人

10. 在 2001 年,美国安然公司向美国证券交易委员会承认,自 1997 年以来共虚报利润 5.86 亿美元。当月 29 日,安然公司股价一天之内猛跌超过 75%,创下纽约股票交易所和纳斯达克市场有史以来的单日下跌幅度之最;次日,安然公司股票暴跌至每股 0.26 美元,其股价缩水近 360 倍!这个案例说明,企业缺乏(   ),将变得难以生存。

A. 政治原则   B. 专业知识   C. 诚信   D. 服务

11. 夸美纽斯出版的幼儿教育方面的著作是(   )。

A.《太阳城》   B.《母育学校》

C.《理想国》   D.《夸美纽斯教育论著全集》

12. 幼儿教师了解幼儿的最好的信息源来自(   )。

A. 教养员   B. 家长   C. 社区人士   D. 同龄人

13. (   )是角色游戏最核心的要素,它统帅着其他结构要素。

A. 动作   B. 主题   C. 规则   D. 角色

14. 幼儿园创造交往的机会,让幼儿体会交往的乐趣,下列选项错误的是(   )。

A. 多为幼儿提供自由交往和游戏的机会,鼓励他们自主选择、自由结伴

B. 鼓励幼儿多和自己兴趣相投的小朋友游戏,感受一起玩的快乐

C. 利用各种良好的时机,鼓励幼儿与他人接触和交谈

D. 主动亲近和关心幼儿,经常和他一起游戏或活动

15. 系列玩具恩物的开发者是(   )。

A. 夸美纽斯   B. 福禄贝尔   C. 皮亚杰   D. 卢梭

16. 关于学前教育小学化的说法错误的是(   )。

A. 制约幼儿智力的发展   B. 迎合了家长"望子成龙"的心态

C. 有利于幼儿入学后良好学习习惯的养成   D. 压制幼儿良好个性的形成

17. 目前,我国幼儿园办园形式更加灵活,提供节假日临时收托孩子服务,早晚接送孩子服务,根据家长需要安排教师上下班时间等,主要是为了(   )。

A. 服务社会   B. 增加幼儿园知名度

C. 补偿教育   D. 幼儿园创收

18. 为托儿所婴儿选择玩具和游戏材料的注意事项,正确的描述是(   )。

A. 给婴儿选择的玩具越小越好

B. 应根据婴儿年龄特点选择玩具

C. 废旧材料如空纸盒、碎花布等不适合作为托儿所婴儿游戏材料

D. 婴儿玩具应高档化

19. 教师对课程实施过程进行评价,及时发现幼儿对课程内容的兴趣高低,评价幼儿学习方法的适宜性,并及时调整,以保证课程实施效果。这体现了评价的(   )功能。

A. 导向   B. 鉴定   C. 调控   D. 诊断

20. 不属于陈鹤琴具体的课程编制方法是(   )。

A. 直进法   B. 混合法   C. 圆周法   D. 三角法

21. 儿童在每个年龄阶段形成并表现出来的一般的、典型的、本质的心理特征被称为(   )。

A. 儿童身心发展的年龄特征   B. 儿童发展的年龄特征

C. 儿童生理发展的年龄特征   D. 儿童心理发展的年龄特征

22. 皮亚杰将个体认知发展分成了四个阶段,其中学前儿童认知发展主要是处于哪一阶段?(   )。

A. 形式运算阶段   B. 前运算阶段

C. 具体运算阶段   D. 感知运动阶段

23. 若儿童言语发育、社会交往出现障碍,而且伴有行为异常,兴趣奇特,往往是(   )的症状。

A. 多动症   B. 自闭症   C. 缄默症   D. 口吃

24. 2 岁前婴儿直觉行动式的思维使得其动作具有一些特点,以下错误的表述是(   )。

A. 动作停止思维停止   B. 精细动作发展迟缓

C. 动作无计划性   D. 动作有试误性

25. 一名 4 岁幼儿听到教师说"一滴水,不起眼",结果他理解成了"一滴水,肚脐眼"。这一现象主要说明幼儿(   )。

A. 理解语言具有随意性   B. 语言理解凭借自己的具体经验

C. 想象力非常丰富   D. 听觉辨别力较弱

26. 在婴儿期,儿童常常通过哭、喊、扔东西来吸引成人的关注。这反映了他们所采用的学习方式是(   )。

A. 习惯性   B. 使用工具   C. 操作学习   D. 模仿

27. 幼儿拿一根竹竿当马骑,竹竿在这个游戏中属于(   )。

A. 规则符号
B. 象征性符号
C. 工具性符号
D. 表演性符号

28. 幼儿看到故事书中的"坏人",常会把他抠掉,这说明了幼儿情绪的(　　)。

A. 冲动性
B. 稳定性
C. 深刻化
D. 丰富化

29. (　　)的发展是幼儿创造性思维发展的核心。

A. 意义记忆
B. 想象
C. 直觉行动思维
D. 具体形象思维

30. 曼曼说:"我一定是个好孩子,因为妈妈和老师总是这么说。"这说明幼儿对自己的评价是(　　)。

A. 依从性的
B. 波动性的
C. 整体性的
D. 客观性的

31. 布置自然角的时候,家长提供花卉、植物,教师带领幼儿一起布置环境,并利用废旧物制作各种花架,此做法中没有体现出的幼儿园环境创设原则(　　)。

A. 开放性原则
B. 经济性原则
C. 安全性原则
D. 幼儿参与性原则

32. 评估幼儿发展的最佳方式(　　)。

A. 家长访谈
B. 问卷调查
C. 期末检测
D. 平时观察

33. 在美术活动中,培养(　　)能力是儿童认识、理解、描绘对象的主要途径,也是发展儿童美术才能的关键。

A. 创新
B. 模仿
C. 思考
D. 观察

34. 吃橘子时,岚岚说:"老师,你给我剥皮。"王老师大声说:"咱们来帮小橘子脱衣服吧,看谁做得又快又好。"小朋友们争着说:"好,我来!"大家争相动手起来。岚岚在模仿中学会了剥橘子皮。王老师的行为体现在善于(　　)。

A. 培养幼儿的初步生活自理适应力
B. 维护每一个幼儿的人格与权利
C. 创设与教育相适应的物质环境
D. 综合组织各领域教学内容

35. 每次在与幼儿交流过程中,吴老师都会全神贯注地看着幼儿,有时候他也点头、微笑、询问和鼓励,这反映了吴老师与幼儿相处所遵循的原则是(　　)。

A. 尊重性原则
B. 公平性原则
C. 适时性原则
D. 个体性原则

36. 老师组织集体游戏时,发现小丽独自一人专注地看着落在地上的小水珠,老师走过去对小丽说:"还是先跟大家一起玩吧,游戏后再观察,然后把看到的告诉老师和小朋友,好吗?"该教师的做法(　　)。

A. 培养了幼儿的动手能力
B. 忽视了游戏活动的目标
C. 忽视了幼儿仔细观察的需求
D. 保护了幼儿自主探究的兴趣

37. 以下几种游戏中,社会性程度最高的游戏是(　　)。

A. 合作游戏
B. 联合游戏
C. 平行游戏
D. 单独游戏

38. 根据育人为本的理念,教师的下列做法中不正确的是(　　)。

A. 信任幼儿,肯定幼儿所有观点
B. 相信幼儿,发展幼儿潜能
C. 关注幼儿需求和兴趣
D. 尊重每个幼儿个性

39. 儿童依恋发展中"目标调整的伙伴关系阶段"是属于(　　)。

A. 第四阶段
B. 第三阶段
C. 第二阶段
D. 第一阶段

40. "寓教于乐"实际上就是幼儿教育(　　)的体现。

A. 游戏化方法
B. 生活化方法
C. 移情法
D. 直接法

41. 呼吸系统和消化系统的共同通道是(　　)。

A. 气管
B. 肺
C. 喉
D. 咽

42. 8块腕骨全部钙化的年龄是(　　)。

    A. 12岁左右　　　　　B. 10岁左右　　　　　C. 8岁左右　　　　　D. 6岁左右

43. 老师不喜欢吃胡萝卜就冲饭菜里的胡萝卜皱眉,幼儿发现后也不会想吃胡萝卜了。对于这种现象,老师最好的做法是(　　)。

    A. 教育幼儿吃饭不挑食时,老师自己做到不挑食。

    B. 不喜欢吃胡萝卜还可以吃其他蔬菜

    C. 指责幼儿,不应该浪费粮食

    D. 说服教育,告诉幼儿胡萝卜十分有营养

44. 儿童热能消耗所特有的部分为(　　)。

    A. 活动　　　　　　　　　　　　　B. 食物的特殊动力作用

    C. 生长发育　　　　　　　　　　　D. 基础代谢

45. 幼儿在户外运动中扭伤,出现充血,肿胀和疼痛,教师应对幼儿采取的措施是(　　)。

    A. 清洁扭伤处,继续活动　　　　　B. 按摩扭伤处,继续活动

    C. 停止活动,热敷扭伤　　　　　　D. 停止活动,冷敷扭伤处

46. 抢救脉搏正常,但没有呼吸的伤者应该用的方法是(　　)。

    A. 指压止血法　　　　　　　　　　B. 胸外心脏按压

    C. 人工呼吸　　　　　　　　　　　D. 心脏复苏

47. 幼儿鼻中隔是易出血区,该处出血后,正确的处理方法是(　　)。

    A. 让幼儿仰卧休息　　　　　　　　B. 止血后,半小时不做剧烈运动

    C. 让幼儿头略低,冷敷前额,鼻部　　D. 鼻根部涂抹紫药水,然后安静休息

48. 婴幼儿应多吃蛋、奶等食物,保证维生素D的摄入,以防止因维生素D缺乏而引起(　　)。

    A. 坏血病　　　　B. 佝偻病　　　　C. 异嗜癖　　　　D. 呆小症

49. 幼儿要学会主动保护眼睛,不在光线过强或过暗的地方看书。5—6岁幼儿一般连续看电视时间不宜超过(　　)。

    A. 30分钟　　　　B. 25分钟　　　　C. 20分钟　　　　D. 15分钟

50. 婴幼儿大脑对葡萄糖有特殊的依赖,因此学前儿童每餐的膳食中应摄入一定量的(　　),以满足脑组织代谢所需要的能量。

    A. 无机盐　　　　B. 脂肪　　　　C. 蛋白质　　　　D. 碳水化合物

(四)幼儿园教育活动设计

例题　**主题活动——中班"昆虫的世界"**

1. 内容

(1)主题网络图设计(书面作答)

(2)教学活动设计(一课时)(书面作答)

(3)说课(口头作答)

2. 基本要求

① 根据附件提供的素材,综合幼儿发展各领域以及幼儿园活动的类型,围绕主题设计主题网络图。主题网络图绘制要具有丰富性、科学性、具体化和操作性强等特点,充分考虑到生活化、兴趣性、适宜性、幼儿的主体性和家园合作等因素。网络图至少有三个层级(包含主题名称一级),第二、三层级至少有三个活动以上。

② 根据主题素材与年龄段,设计一课时(30分钟左右)集体教学活动的教案。教案格式完整规

范,语言清晰、简洁、明了,目标设计、内容选择、方法运用等符合幼儿年龄特征和领域特点。

③ 根据已设计的教案,就内容、目标、方法、过程设计等进行说课,说清楚"学什么、教什么"、"怎么学、怎么教",以及"为什么"等问题,语言规范,条理清楚,逻辑性强,表达流畅。说课时间在7分钟内完成。

◆ 素材

主题活动——中班"昆虫的世界"

● 主题背景介绍

喜欢动物是孩子的天性,尤其是中班的孩子很喜欢接近小动物,和动物们交朋友。中班幼儿对动物有了一定的认知基础,对动物有着浓厚的探索欲望。选择"昆虫的世界"这一主题,可以让幼儿认识常见的昆虫,知道昆虫的本领,了解昆虫的生长环境,体验到制作昆虫标本的乐趣,感受到大自然中昆虫的美,激发幼儿探索动物世界的乐趣。

● 小资料:昆虫简介

昆虫种类繁多、形态各异,是地球上数量最多的动物群体。

昆虫的种类很多,因此,它们的生活方式与生活场所必然是多种多样的,可以说,从天涯到海角,从高山到深渊,从赤道到两极,从海洋、河流到沙漠,从草地到森林,从野外到室内,从天空到土壤,它们的踪迹几乎遍布世界的每一个角落。

昆虫的身体分为头、胸、腹三部分,通常有两对翅和三对足(六条腿),翅和足都位于胸部,身体由一系列体节构成。

昆虫在生物圈中扮演着很重要的角色。虫媒花需要得到昆虫的帮助,才能传播花粉。而蜜蜂采集的蜂蜜,也是人们喜欢的食品之一。在东南亚和南美的一些地方,昆虫本身就是当地人的食品。但昆虫也可能对人类产生威胁,如蝗虫和白蚁。有一些昆虫,例如蚊子,还是疾病的传播者。

昆虫有益虫和害虫之分。危害人类生活的蟑螂,苍蝇,蚊子等;有益于生产和生活的蜜蜂,螳螂,蜻蜓等。

3. 故事

萤火虫找朋友

在一个夏天的夜晚,萤火虫提着绿色的小灯笼,飞来飞去,找朋友。

萤火虫飞呀飞,飞到灯光下,看见几只小飞蛾,就说:"小飞蛾,你愿意做我的好朋友吗?"小飞蛾说:"好吧! 待会儿再跟你玩儿,我们要找小妹妹,你帮我们找找,好吗?"萤火虫说:"不,不,我要找朋友。"说完便飞走了。

萤火虫飞呀飞,飞到池塘边,看见了小青蛙,就说:"小青蛙,你愿意做我的好朋友吗?"小青蛙说:"好吧! 待会儿再跟你玩儿,我要找我的小弟弟,你帮我找找,好吗?"萤火虫说:"不,不,我要找朋友。"说完便飞走了。

萤火虫飞呀飞,飞到大树下,看见了一只小蚂蚁,就对小蚂蚁说:"小蚂蚁你愿意做我的好朋友吗?"小蚂蚁说:"好吧! 待会儿再跟你玩儿,我迷路了,帮我照亮回家的路,好吗?"萤火虫说:"不,不,我要找朋友。"说完便飞走了。

萤火虫到处找朋友,可是,它一个朋友也找不到。于是,他停在树枝上,伤心地哭了。

大树公公听见了,就问萤火虫:"萤火虫,你为什么哭得这么伤心呀?"萤火虫一边哭一边说:"我要找朋友,可是,一个朋友也没找着。"说完,它便对大树公公讲起了事情的前前后后。

大树公公听后,对萤火虫说:"萤火虫,你不帮助人家,人家当然不会做你的朋友。"

萤火虫听后,脸红了。

小瓢虫点点

小瓢虫点点自从知道它们瓢虫家族被列入益虫榜后,激动极了,走路时头翘得高高的,飞行时翅膀振得响响的,嘴里还常常哼哼着:"我是益虫,谁不怕我?"

瓢虫爸爸要去外地出差一周,让点点代它到菜园巡逻。

第一天,点点神气地到菜园里走了一圈,发现几只蟥虫正趴在菜叶上吮吸菜汁,点点跑过去大喝一声:"该死的害虫,益虫来了,还不快滚!"蟥虫们赶紧灰溜溜地爬了下来。

第二天,点点更加神气地在菜园里走了两圈,边走边喊:"这里有害虫吗?益虫来了。"几条躺着啃菜叶的青虫马上躲到了菜叶背后。

第三天,点点在菜园里走了三圈,看到菜叶上一条害虫也没有,得意地回去了。

一星期后,瓢虫爸爸出差回来,在菜地转了一圈后,生气地把点点带到菜园。点点一看,傻眼了,什么时候菜叶上破了这么多大大小小的洞?"爸爸,害虫们知道我们是益虫,早跑了,为什么还会……"点点的声音越来越小。瓢虫爸爸掀开一片菜叶,夹起一条青虫,在菜心里翻出一窝蟥虫,几口把它们吞进肚子里说:"点点,记住,你只有真正去消灭害虫,才是真正的益虫。"羞得点点恨不得在脚底挖个洞藏起来。

4. 歌曲:蜜蜂做工

蜜 蜂 做 工

1=C 2/4 外国童谣

```
5 3  3  | 4 2  2 | 1 2  3 4 | 5 5  5 | 5 3   3 |
嗡嗡 嗡,  嗡嗡 嗡, 大家 一起  来帮 工,  来匆  匆,

4 2  2  | 1 3  5 5 | 3  -  | 2 2  2 2 | 2 3  4 |
去匆 匆,  做工 兴味  浓,     春暖 花开  不做 工,

3 3  3 3 | 3 4  5 | 5 3  3 | 4 2  2 | 1 3  5 5 | 1 - ‖
将来 哪里  好过 冬, 快做 工,  快做 工, 别学 懒惰  虫。
```

◆ **参考案例**

主题网络图

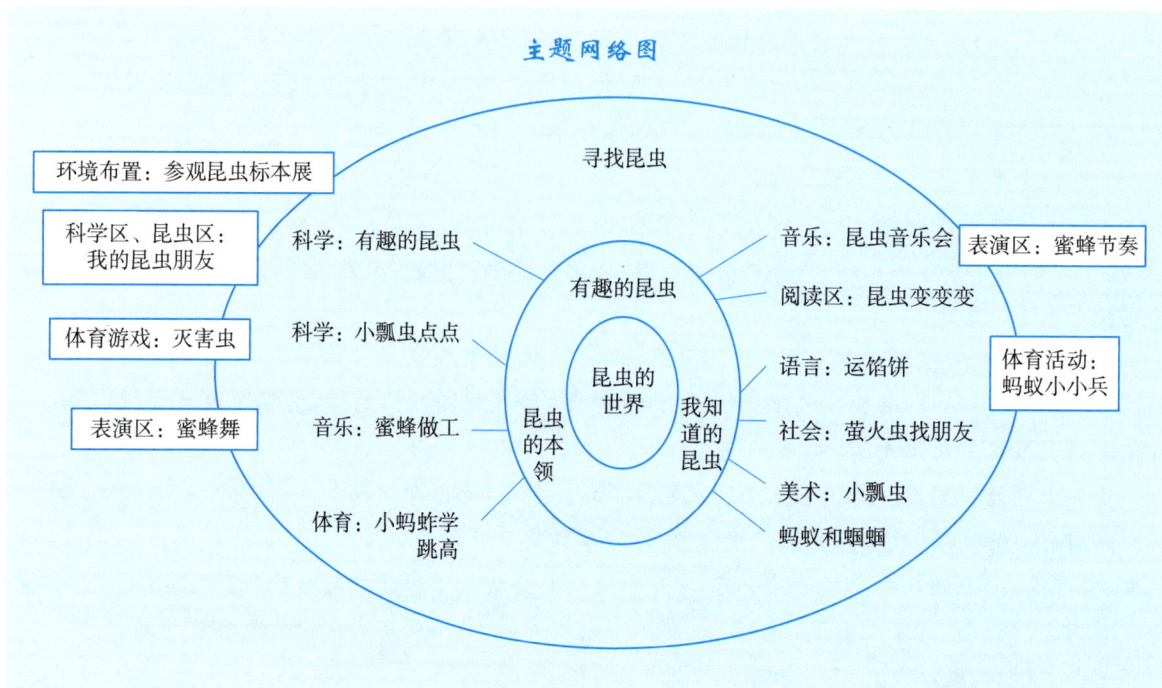

中班社会活动"萤火虫找朋友"案例设计

- 活动目标

1. 了解故事内容,知道礼貌待人,善于发现别人的长处才能找到朋友。

2. 学会简单的交往语言和适宜的交往方式。

3. 喜欢并愿意多交朋友。

- 活动重难点

活动重点:学会简单的交往语言和适宜的交往方式

活动难点:知道只有互相尊重才能找到朋友

- 活动准备

《萤火虫找朋友》的图片PPT。

- 活动过程:

一、谈话导入,引出课题。

提问:"妈妈、爸爸上班去了,家里就你一个人的时候你想干什么?"有一只小昆虫,今天也是一个人在家,他想干什么呢? 引出故事《萤火虫找朋友》。

二、分段讲述故事,初步理解故事内容

1. 出示PPT,讲述故事的第一段。

幼儿思考、讨论:

(1) 萤火虫为什么要找朋友?

(2) 萤火虫交朋友时,是怎么对朋友说的?

(3) 小青蛙和小鸭子有没有跟他交朋友? 为什么?

2. 出示PPT,讲述故事的第二段。

提出问题:

(1) 妈妈是怎样对萤火虫说的? 我们来学学萤火虫妈妈说的话?(帮助幼儿简单了解长处和短处的意思。)

(2) 听了妈妈的话,萤火虫会不会认识到自己的错呢?

3. 出示PPT,讲述故事的第三段。

提出问题:

(1) 萤火虫又一次遇见了小青蛙和小鸭子,他是怎样说的?

(2) 小青蛙和小鸭子有没有与萤火虫做朋友呢? 为什么?

(3) 这时,小青蛙和小鸭子的心情怎么样?

三、完整欣赏故事

引导幼儿表演故事中的部分情节,体验角色的情感。

提问,引导幼儿熟悉对话,体验角色情感:

(1) 萤火虫第一次找朋友,对小青蛙和小鸭子,他是怎样说的? 小青蛙和小鸭子的心情怎么样?(引导幼儿表现语气、语调)

(2) 萤火虫又一次遇见了小青蛙和小鸭子,他是怎样说的? 小青蛙和小鸭子的心情变怎么样?

小结:只有礼貌待人,善于发现别人的长处才能找到好朋友。

四、组织幼儿讨论,与同伴交往的方法以及应该使用的语言。

(1) 谈谈自己喜欢什么样的朋友呢?(小结:有礼貌的、好东西愿意和同伴分享的。)

（2）在生活中，你们怎么交朋友呢？交朋友时应该说什么？（小结：一个微笑、一个拥抱，一个大拇指、一句好听的话都是找到好朋友的方法。）

（3）请个别幼儿到集体中来说一说自己好朋友的优点。

"请出自己的好朋友，像萤火虫一样找到好朋友的长处，并赞美一下。"

五、集体游戏

"喊数抱团找朋友"，使幼儿感知有朋友一起游戏的快乐。

游戏规则：幼儿站成一个圆圈，沿顺时针方向走，当教师喊数字，如："4个"，幼儿立即与临近的同伴按数字数抱成一团，没有及时抱成团的人受"罚"，旁边休息。听数抱团时，注意安全。

中班社会活动"萤火虫找朋友"说课稿

一、说教材

童话故事是儿童文学的一种，富有浓郁幻想色彩。童话的语言通俗易懂，情节简单，符合幼儿的心理状态和认识水平，富有教育意义，易于幼儿接受。《萤火虫找朋友》是一篇内容充满浓郁情趣的童话故事，采用拟人的手法，把萤火虫找朋友的经过描写的既形象又逼真，让幼儿充分体验到想找到朋友，和朋友友好相处，感受拥有朋友的快乐，就得尊重别人，有礼貌。

二、说幼儿：

《纲要》中指出："中班幼儿能主动与人交往，会使用礼貌用语，能与同伴合作，会谦让，能感受同伴的喜和忧"。中班的孩子经过一年的集体生活和学习，认识了许多的成人和同伴，交往范围扩大了，交往活动增多了，同时也遇到一些之前没有碰到过的矛盾和困难。"萤火虫找朋友"这个活动，帮助培养幼儿的交往意识，引导幼儿学习适宜的交友方式，使幼儿在日常生活之中能够更好地进行交往。

三、教学目标

教学目标是教育活动的起点和归宿，对教育活动起着导向作用。根据中班幼儿的年龄特点及实际情况为依据，确定此次活动的目标是：

1. 了解故事内容，知道礼貌待人，善于发现别人的长处才能找到朋友。

2. 学会简单的交往语言，掌握适宜的交往方式。

3. 喜欢并愿意多交朋友。

四、活动重难点

依据中班幼儿在情感及认知方面的特点，活动的重点是学会简单的交往语言，掌握适宜的交往方式。难点是知道只有互相尊重才能找到朋友。

五、活动准备

为顺利完成活动目标，为此我做了如下的准备活动：PPT，动物头饰。

六、说教法

《纲要》中提出要创设一个宽松的环境，让每个幼儿都有机会参与探究活动，进行尝试，感受参与的乐趣并能鼓励幼儿大胆发表自己的想法和意见。教师应当是幼儿活动的支持者、合作者和引导者。在本次活动中，我始终贯穿直观性原则，结合多种教法进行活动，真正做到了引导者、合作者、参与者的身份职责。

七、说学法

以幼儿为主体，让幼儿参加探究活动，从而提高认知，锻炼能力，进而升华情感。本活动幼儿采用的学法有直观法、讨论谈话法、游戏体验法。

八、活动过程

根据中班幼儿年龄特点,我从"谈话导入—出示教具图片、激发兴趣、自由探索讨论—游戏体验"三个环节来引导幼儿学习、讨论、猜想、体验,从而掌握本活动的目标。

1. 谈话导入。通过提问"当你一个人在家的时候想干什么?今天有只小动物也是一个人在家,咱们去看看它想干什么。"引发幼儿探索的兴趣和欲望。

2. 出示PPT,激发兴趣、自由探索讨论。多媒体课件,激发幼儿学习的兴趣,幼儿在直观的感受中,了解故事内容。根据幼儿好奇心强的特点,让幼儿观看PPT的过程中,随着课件画面的逐一出示提出相应的问题,逐层深入,引导幼儿想一想、看一看、说一说,在讨论和谈话中说出自己的理解与看法,表述出自己的想法,并通过故事内容加以印证。

结束活动环节。通过"喊数抱团找朋友"的游戏,让幼儿体验有朋友一起游戏是一件非常快乐的事情。以上就是我设计的本次活动"萤火虫找朋友"的说课内容,还有很多不足之处,请各位老师批评指正,谢谢!!!

◆ **案例评析:**

喜欢动物是孩子的天性,尤其是中班的孩子很喜欢接近小动物,和动物们交朋友。中班幼儿对动物有了一定的认知基础,对动物有着浓厚的探索欲望。根据给出的素材,既有科学常识的认知介绍,又有故事和儿童歌曲,按照比赛中给出的常规材料进行分类,基本也是科普知识类、文学作品类、儿童歌曲类。因此,在进行教案和说课的准备过程中,可以根据自己的擅长领域进行活动设计。

本活动选择的素材对象是故事,以故事为载体的教学活动是幼儿园常见的活动设计内容。"萤火虫找朋友"这一活动设计是利用故事作为载体,将语言领域与社会领域进行整合的一个综合活动。活动目标定位符合三维目标的设定,同时体现出了社会领域的侧重,考虑到了领域之间的互相渗透。语言表达简洁明了,主体统一,针对性强。

活动过程的设计层次清晰,先分段讲述故事,再完整欣赏故事,最后通过谈话讨论和游戏环节,学会简单的交往语言和适宜的交往方式,再循序渐进中达成活动目标。在活动设计中,充分尊重幼儿的主体性,为幼儿提供畅所欲言的机会,并且在游戏中加强对情感目标的理解,符合幼儿的认知特点,又有利于学习目标的达成。

二、2018年全国职业院校技能大赛实战解析

(一)幼儿园教师综合技能测评

Ⓐ **幼儿园保教活动课件制作**

1. 主题活动——小雨滴的秘密

2. 内容

"片段教学"课件制作。

3. 基本要求

(1)内容要求

根据给定的素材包中的素材,完成"片段教学"课件设计,内容相对完整;PPT首页注明"片段教学"的内容主题,适用年龄段及活动领域。

(2)技术要求

利用给定的素材包中的素材,适当处理文字、图片、声音、视频等素材,合理运用超链接、切换、动画效果等技术,操作简便,运行稳定。

（3）课件效果

形象、直观,能服务于"片段教学"所需,以及符合所注明的年龄段及活动领域。

（4）课件制作时间在60分钟内完成。

◆ 素材:

主题:小雨滴的秘密

大自然奇趣盎然,其规律为人类提供了生存的条件,为人类创造了美好的生活。雨,是幼儿生活中常见的气象,瞬息万变的大自然使他们感到新奇:天上为什么会下雨? 雨从哪里来? 这是幼儿非常好奇和感兴趣的内容。这一主题多媒体素材丰富,且能够充分发挥多媒体的情景创设、集成性、交互性、生动有趣且直观易懂等教学优势,适合探究、认知、语言以及音乐等多种活动的开展,是制作多媒体课件的好题材。

本课件素材主要适用于科学探究、认知、语言以及音乐等领域的教学,选取图像70余张、音频8个、视频1个,内容及形式丰富多样。其中有《雨是怎么形成的》视频mpg,语言类儿歌《小小雨点》mp3,幼儿歌曲《小小雨点》mp3,相关小动物人物图片gif动态、静态,歌词文本,课件相关场景背景图,雨滴、云朵、小鱼及辅助花草,音乐等。①

B 幼儿故事讲述

故事《猴子捞月亮》

一群猴子在林子里玩耍,它们有的在树上蹦蹦跳跳,有的在地上打打闹闹,好不快活。一只小猴独自跑到林子旁边的一口井旁玩耍,它趴在井沿,往井里边一伸脖子,忽然大叫起来:"不得了啦,不得了啦! 月亮掉到井里去了!"原来,小猴看到井里有个月亮。

一只大猴听到叫声,跑到井边朝井里一看,也吃了一惊,跟着大叫起来:"糟了,糟了,月亮掉到井里去啦!"它们的叫声惊动了猴群,老猴带着一大群猴子都朝井边跑来。当它们看到井里的月亮时,都一起惊叫起来:"哎呀完了,哎呀完了! 月亮真的掉到井里去了!"猴子们叽叽喳喳地叫着、闹着。最后,老猴说:"大家别嚷嚷了,我们快想办法把月亮捞起来吧!"众猴都义不容辞地响应老猴的建议,加入捞月的队伍中。

井旁边有一棵老槐树,老猴率先跳到树上,自己头朝下倒挂在树上,其他的猴子就依次一个一个你抱我的腿,我勾你的头,挂成一长条,头朝下一直深入井中。小猴子体轻,挂在最下边,它的手伸到井水中,都可以抓住月亮了。众猴想,这下我们总可以把月亮捞上来了。它们很是高兴。

小猴子将手伸到井水中,对着明晃晃的月亮一把抓起,可是除了抓住几滴水珠外,怎么也抓不住月亮。小猴这样不停地抓呀、捞呀,折腾了老半天,依然捞不着月亮。

倒挂了半天的猴子们觉得很累,都有点支持不住了。有的开始埋怨说:"快些捞呀,怎么还没捞起来呢?"有的叫着:"妈呀,我挂不住啦! 挂不住啦!"

老猴子也渐渐腰酸腿疼,它猛一抬头,忽然发现月亮依然在天上,于是它大声说:"不用捞了,不用捞了,月亮还在天上呢!"众猴都抬头朝天上看,月亮果真好端端在天上呢。

哈哈! 小朋友们,你们知道猴子为什么看到月亮掉在水里了吗?

---

① 素材可在复旦学前云平台www.fudanxueqian.com搜索本书查看下载。

C 幼儿歌曲弹唱与歌表演

小猪贺喜

1=C 2/4

符婉婉词
解孟达曲

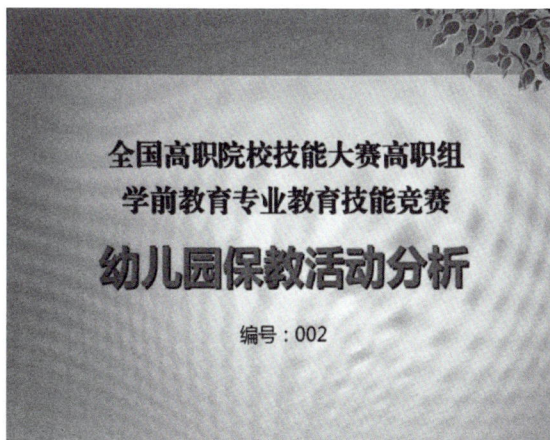

有一只小小猪 听说蚂蚁搬新屋，搬新屋，它赶着

去贺喜，它赶着 去送礼 去送礼。 小小猪 小小

猪， 东瞧瞧， 西看看， 新屋 在哪里? 新屋 在哪

里? 原来 在 小小猪的 脚窝窝里,脚窝窝 里。

D 主题简笔画

主题内容:夸夸我的老师

基本要求:使用铅笔作画,线条简洁流畅,主题突出,构图美观,造型生动,形象表现主题内容,画面丰富、富有儿童趣味,有创新和个性表现。在30分钟内完成。

(二)幼儿园保教活动分析与幼儿教师职业素养测评

A 幼儿园保教活动分析

1. 例题:大公鸡

2. 基本要求

(1)观看大班绘画教育活动《大公鸡》①,结合该教育活动,分析幼儿的心理发展特点

(2)观看视频和撰写时间在40分钟内完成

▲ 图3-1 案例图片

---

① 视频可在复旦学前云平台 www.fudanxueqian.com 搜索本书浏览。

3. 答题参考

（1）活动分析

① 教师没有提供大公鸡相关的实物图片等供孩子观察，以了解大公鸡的外形特征，绘画应该是建立在观察和欣赏的基础上进行美术创作的过程。

② 教师教一笔幼儿画一笔，只重视了绘画技能技巧的模仿学习，忽视了美术的核心价值，即美术是发现美，创造美的过程。

③ 大部分幼儿有良好的倾听与专注的学习习惯。

（2）教育建议

① 搜集生活中各种大公鸡的形象、图片、玩具、视频，让幼儿充分欣赏、发现大公鸡的形象特征与色彩。

② 与幼儿一起讨论用什么工具，怎样画大公鸡。

③ 在观察和讨论的基础上，让幼儿自主画自己心目中的大公鸡。

Ⓑ 幼儿教师职业素养测评

1. 课外学习要掌握正确的方法，这些方法不包括（　　）。

   A. 泛读法　　　　　B. 精读法　　　　　C. 深思法　　　　　D. 课内提问法

2. 荀子在《劝学》中说："骐骥一跃，不能十步；驽马十驾，功在不舍。"说的就是（　　）的重要性。

   A. 坚持　　　　　B. 敬业　　　　　C. 智慧　　　　　D. 勤劳

3. 下列做法中有违背诚信要求的是（　　）。

   A. 某商店负责人降价销售由于一时疏忽购进的劣质商品

   B. 经理要求员工小宋一周完成的工作，他三天就顺利完成了

   C. 员工小刘找到一种代替的生产原料，降低生产成本

   D. 员工小张经常从计算机网络上下载免费的杀毒软件

4. 教师根据幼儿的图画来评价幼儿发展的方法是（　　）。

   A. 实验法　　　　　B. 档案袋评价法　　　　C. 作品分析法　　　　D. 观察法

5. 自主学习不需要哪个方面？（　　）

   A. 要对自己现有的学习基础、智力水平、能力高低、兴趣爱好等有个评价。

   B. 一定要在家长，老师或其他同学的监督和催促下完成学习方面的事情。

   C. 按照既定计划主动地培养自己、锻炼自己，提高学习能力和学习效率。

   D. 在实践中不断修正学习目标，合理分配时间，注意经常总结、完善。

6. 如何学会控制好自己的情绪？不正确的是（　　）。

   A. 要承认自己情绪上的弱点

   B. 要控制自己的欲望

   C. 要学会正确认识，对待社会上存在的各种矛盾

   D. 要压制自己所有的消极情绪，永远不要发泄出来

7. 培养创新能力的途径中不正确的做法是：（　　）。

   A. 加强知识储备　　　　　　　　　B. 克服心理障碍

   C. 善于提出问题　　　　　　　　　D. 每天都空想

8. 下面评价自己的方式中，不能评价自己的方式是（　　）。

   A. 在与别人的横向比较中认识自己　　　B. 完全不和外界交往，自己封闭自己

C. 从别人的评价中认识自己　　　　　　D. 通过纵向的生活经历了解自己

9. 属于敬业的表现是(　　)。

   A. 不轻言放弃　　　　　　　　　　　　B. 不干小事

   C. 得不到相应奖励有消极心理　　　　　D. 把个人目标放在第一位

10. (　　)是高职学生发展成为职业人所必需的基础,是任何一个职业人都应该具备的。

   A. 职业基本素养　　B. 素质　　　　　　C. 态度　　　　　　D. 品质

11. 以下关于什么是主动的错误说法是(　　)。

   A. 主动就是按部就班　　　　　　　　　B. 主动是不依赖外力推动去工作

   C. 主动就是一个人的主动性　　　　　　D. 主动是由"要我做",到"我要做"

12. 幼儿园应当将(　　)作为对幼儿进行全面发展教育的重要形式。

   A. 活动　　　　　　B. 游戏　　　　　　C. 教学　　　　　　D. 学习

13. 幼儿园教师通常会使用废旧物品制作玩教具、进行环境创设,这体现了环境创设的哪一个原则?
(　　)。

   A. 参与性原则　　　　　　　　　　　　B. 适宜性原则

   C. 经济性原则　　　　　　　　　　　　D. 开放性原则

14. 20 世纪 30 年代,我国幼教界有"南陈北张"之称,即指南京有陈鹤琴,北京有(　　)。

   A. 张汉良　　　　　B. 张雪门　　　　　C. 张宗麟　　　　　D. 张之洞

15. 创办了世界上第一所幼儿园,被世人誉为"幼儿教育之父"的人是(　　)。

   A. 裴斯泰洛齐　　　B. 福禄贝尔　　　　C. 卢梭　　　　　　D. 洛克

16. 在幼儿园进行环境创设时,不仅要创设物质环境,还要创设(　　)。

   A. 社会环境　　　　B. 精神环境　　　　C. 城市环境　　　　D. 局部环境

17. 教师通过展示实物、教具或情境表演,引导幼儿对其中隐含的社会问题进行思考,明白社会规范。
展示给幼儿的情景可以是图片中的情景,也可以是幼儿或幼儿与教师共同表演的情景,这些教学
方法是(　　)。

   A. 观察法　　　　　B. 演示法　　　　　C. 示范法　　　　　D. 范例法

18. 张老师发现乐乐非常害怕狗,为了帮助乐乐矫治对狗的恐怖时可采用的方法是(　　)。

   A. 系统脱敏法　　　B. 阳性强化法　　　C. 负强化法　　　　D. 消退法

19. 儿童最早玩的游戏类型是(　　)。

   A. 练习游戏　　　　B. 规则游戏　　　　C. 象征性游戏　　　D. 建构游戏

20. 某幼儿教师认为幼儿进餐、茶点、睡觉等是保育,只有上课才是传授知识、发展智力的唯一途径,忽
视利用各环节的教育价值,这种做法违反了(　　)。

   A. 实践性原则　　　　　　　　　　　　B. 发挥一日生活的整体功能原则

   C. 重视年龄特点和个体差异原则　　　　D. 尊重儿童原则

21. 教师为幼儿活动区投放材料的时候,材料在数量上要多,能够满足幼儿(　　)。

   A. 自由选择和对不同材料的需求　　　　B. 自由选择和对相同材料的需求

   C. 不同的兴趣和对不同材料的需求　　　D. 不同的兴趣和对相同材料的需求

22. 皮亚杰的三山实验,说明了幼儿思维存在(　　)倾向。

   A. 集体独白　　　　B. 守恒性　　　　　C. 客体永久性　　　D. 自我中心

23. 新入园的幼儿,看着妈妈离去时伤心地哭,会引起其他孩子也跟着哭起来,这是幼儿情绪
的(　　)。

   A. 稳定性　　　　　B. 内隐　　　　　　C. 掩蔽　　　　　　D. 易感染性

24. 老师组织活动时,有的幼儿在参与活动时交头接耳,左顾右盼,这是属于(　　)。

　　A. 有意识注意　　　　B. 注意的分散　　　　C. 注意的转移　　　　D. 注意的分配

25. 最近发展区存在于儿童心理发展的(　　)。

　　A. 敏感期　　　　　　B. 最佳期　　　　　　C. 关键期　　　　　　D. 任何时候

26. (　　)是儿童亲社会行为产生的基础。

　　A. 自我意识　　　　　B. 态度　　　　　　　C. 认知　　　　　　　D. 移情

27. 当妈妈和儿童做"藏猫猫"游戏时,妈妈藏起来,看不见了,他还用眼睛到处寻找,这表明儿童(　　)。

　　A. 获得了守恒概念　　　　　　　　　　　　B. 获得了客体永久性

　　C. 思维不可逆　　　　　　　　　　　　　　D. 思维刻板性

28. 在同一桌上绘画的幼儿,其想象的主题往往雷同,这说明幼儿想象的特点是(　　)。

　　A. 想象的主题不稳定,想象方向随外界刺激变化而变化

　　B. 想象无预定目的,由外界刺激直接引起

　　C. 想象的内容零散,无系统性,形象间不能产生联系

　　D. 以想象过程为满足,没有目的性

29. 幼儿能知道自己的性别,并初步掌握性别角色知识一般在(　　)。

　　A. 4岁以后　　　　　B. 3—4岁　　　　　　C. 2—3岁　　　　　　D. 1—2岁

30. 有个孩子很喜欢长颈鹿,有一天他对小朋友说:"我家有一只真的长颈鹿。"这说明(　　)。

　　A. 幼儿想象不受外界刺激的影响　　　　　　B. 幼儿想象的情绪性

　　C. 幼儿想象的夸张性　　　　　　　　　　　D. 幼儿想象的独特性

31. 婴幼儿喜欢成人接触、抚爱,这种情绪反应的动因是为满足儿童的(　　)。

　　A. 自我调节性需要　　　　　　　　　　　　B. 社会性需要

　　C. 情绪表达性需要　　　　　　　　　　　　D. 生理的需要

32. 儿童学习语言的关键期是(　　)。

　　A. 0—1岁　　　　　B. 1—3岁　　　　　　C. 3—6岁　　　　　　D. 5—6岁

33. 幼儿认识空间方位的顺序是(　　)。

　　A. 前后、上下、左右　　　　　　　　　　　B. 上下、前后、左右

　　C. 上下、左右、前后　　　　　　　　　　　D. 前后、左右、上下

34. 《幼儿园教育指导纲要(试行)》中指出,幼儿的科学教育是科学启蒙教育,重在激发幼儿的(　　)。

　　A. 参加游戏和其他各种活动,体验和同伴共处的乐趣

　　B. 好奇心和探究欲望,发展认识能力

　　C. 幼儿的情感,培养初步的感受美、表现美的情趣和能力

　　D. 自尊、自信,培养幼儿关心、友好的态度和行为,促进幼儿个性健康发展

35. 幼儿教师要注意保护幼儿的声带,选择适合学前儿童音域特点的歌曲或朗读材料,每句不要太长,每次练习时,发声时间最多在(　　)分钟。

　　A. 2—3　　　　　　B. 4—5　　　　　　　C. 5—6　　　　　　　D. 6—7

36. 幼儿形成数概念的关键是(　　)。

　　A. 掌握数的顺序　　　　　　　　　　　　　B. 知道数的实际意义

　　C. 掌握数的组成　　　　　　　　　　　　　D. 能辨数

37. 在美术活动中,培养(　　)能力是儿童认识、理解、描绘对象的主要途径,也是发展儿童美术才能的关键。

A. 创新   B. 模仿   C. 思考   D. 观察

38. 在数学活动"可爱的图形"中,幼儿自己尝试将一个正方形变成两个三角形,此环节采用(　　)。

A. 表达法   B. 示范法   C. 操作法   D. 游戏法

39. 在幼儿园教学活动中通常会使用到范例,运用范例法正确的是(　　)。

A. 范例要色彩鲜艳,形象突出,具有典型性   B. 范例难度高于幼儿实际水平

C. 教学范例越大越好   D. 范例越多越好

40. 佳琪画了一篮子水果,这幅画不仅可以看到香蕉、苹果、梨等水果,还能看到网格状的篮子底。这体现幼儿绘画的哪一特点?(　　)。

A. 夸张性   B. 抽象性   C. 透明画   D. 展开式

41. 制定幼儿园教育活动计划的步骤顺序是(　　)。

① 明确任务   ② 安排时间   ③ 全面了解分析情况   ④ 编写计划   ⑤ 选定内容

A. ③②④⑤①   B. ③①⑤②④   C. ③①⑤④②   D. ③②④①⑤

42. 关于健康含义的解释,错误的是(　　)。

A. 身体没有疾病就是健康   B. 健康包括心理健康

C. 健康包括社会适应能力完好   D. 健康包括生理健康

43. 班里的青青缺钙,为了帮助青青补钙,王老师给了青青妈妈一些建议,其中哪一建议对青青补钙没有帮助?(　　)

A. 服 AD 钙剂   B. 补充维生素 D   C. 多晒太阳   D. 少吃肉

44. 幼儿教师在组织活动尤其是户外活动时,要考虑幼儿的生长发育特点。下面关于幼儿生长发育说法错误的是(　　)。

A. 容易疲劳   B. 疲劳后容易恢复

C. 容易损伤   D. 大肌肉发育晚,小肌肉发育早

45. (　　)最容易导致破伤风感染。

A. 擦伤   B. 皮肤裂伤   C. 刺伤   D. 扭伤

46. 乐乐有些口吃,作为乐乐的教师,在与乐乐交流时应避免以(　　)说话。

A. 缓和的语气   B. 平静的语气

C. 着急的语气   D. 无所谓的语气

47. 擦伤最常见的部位是(　　)。

A. 肘部、手掌、膝盖等关节突出的部位   B. 头、躯干等身体脚粗大的部位

C. 肢体干,如大小腿、上或前臂等   D. 额面部突出部位

48. 幼儿睡眠很重要,要保证幼儿每天睡眠时间 11—12 小时,其中午睡一般应达到(　　)小时左右。午睡时间可根据幼儿的年龄、季节的变化和个体差异适当调整。

A. 1.5   B. 2   C. 2.5   D. 3

49. 可以利用多种活动发展幼儿身体平衡,其中哪一活动对这种能力发展没有帮助?(　　)

A. 走平衡木   B. 沿着地面直线   C. 投掷   D. 沿着田埂走

50. "常规遮盖法"被公认为是一种简便易行的有效方法,主要用来治疗(　　)。

A. 远视   B. 近视   C. 弱视   D. 散光

(三) 材料分析题

1. 案例材料

幼儿园活动区的材料可以共享吗?

在一次区域活动时,一位小朋友拿着美工区做好的"鸡蛋"去"小餐厅"那里烹饪。餐厅师傅大显

身手,煮鸡蛋、炒鸡蛋,还做了小朋友爱吃的茶鸡蛋,吸引不少小朋友前来品尝,一时餐厅的生意红火起来。其中一位顾客说:"有蛋羹吗? 我奶奶做的蛋羹可好吃了!"餐厅师傅说:"我们现在还不会做,很快就学会,你可以吃其他的吗?"正在他们玩得高兴的时候,老师走过来问:"你们那个鸡蛋是从哪拿的呀? 我不是说过哪个区的东西就在哪个区玩吗? 赶紧把它放回去。"于是,幼儿只好乖乖地将鸡蛋放了回去,脸上显出无奈的表情。老师对此的看法是:"如果不规定游戏材料的区域,活动室一会儿就乱糟糟了,没法收拾,不利于养成孩子的规则意识,影响班级正常游戏的开展。"

问题

活动区的材料可以共享吗? 为什么? 你如何看待教师制定的规则? 为什么?

2. **答题参考**

活动区是幼儿自由游戏的场所,幼儿可根据游戏的需要从任何区域选择玩具材料,做到班级活动区的材料共享。教师应该做幼儿游戏的支持者,使幼儿在游戏中感受快乐和满足,真正成为游戏的主人。

活动区规则的制定是为促进幼儿的发展,应当随着幼儿的成长与需求而有所变化,不能一成不变,更不能阻碍发展。如果舍本求末,将幼儿发展与班级管理位置互换,未能做到幼儿发展优先,那就失去了活动区存在的最主要意义。促进幼儿发展才是教师指导游戏最核心的目标。

(四) 幼儿园教育活动设计

例题 **主题活动——中班"桥的用处大"**

1. 内容

(1) 主题网络图设计(书面作答)

(2) 教学活动设计(一课时)(书面作答)

(3) 说课(口头作答)

2. 基本要求

① 根据附件提供的素材,综合幼儿发展各领域以及幼儿园活动的类型,围绕主题设计主题网络图。主题网络图绘制要具有丰富性、科学性、具体化和操作性强等特点,充分考虑到生活化、兴趣性、适宜性、幼儿的主体性和家园合作等因素。

② 根据主题素材与年龄段,设计一课时(30 分钟左右)集体教学活动的教案。教案格式完整规范,语言清晰、简洁、明了,目标设计、内容选择、方法运用符合幼儿年龄特征和领域特点。

③ 根据已设计的教案,就内容、目标、方法、过程设计等进行说课,说清楚"学什么、教什么""怎么学、怎么教",以及"为什么"等问题,语言规范,条理清楚,逻辑性强,表达流畅。说课时间在 7 分钟内完成。

◆ **素材:**

主题活动——中班"桥的用处大"

● **主题背景介绍**

桥是城市建设的重要标志,也是历史发展的重要见证。桥在人们的生活中有着重要的作用,它能为人们的出行提供便利,同时也是环境美化的重要部分。

桥是幼儿生活中常见的建筑物,他们看过或走过家乡的桥,喜欢探究桥的特点,他们会在观赏、交谈、制作和建构中加深对"桥的用处"的认识,并从中感受家乡美,激发发明创造的愿望。

● **小资料《桥的常识》**

梁桥:梁式又称梁柱式,是在水中立桥柱或桥墩,上搭横梁,连而成桥,有单跨、多跨之分。

浮桥:用舟或其他浮体作中间桥脚的桥梁。

吊桥:古时设置在城壕上的桥,现在为悬索桥和斜拉桥的统称。

拱桥:用拱形作为桥身主要承重结构的桥。

立交桥:线路(如公路、铁路等)交叉时,为保证交通互不干扰而建造的桥梁。在既有线路之上跨越者又称跨线桥,在底下穿过者又称地道桥。

我国古代桥梁的艺术风格,首先表现在造型上,如曲线的柔和多变;其次,我国古桥十分重视与环境的协调,由于桥的存在,又增加了环境的美;第三,我国古代桥梁的艺术风格还体现在附属建筑和石作雕刻上,许多古桥上都有桥屋、亭、阁、栏杆以及牌坊等。

● **故事《大象过小桥》**

大象和小伙伴去参加草原运动会。他们来到一座小桥边,桥头上有一个木牌子,上写:载重一吨。

小伙伴都能过桥,大象身子有两吨重,怎么过桥呢?

小鹿说:"我来扛长鼻子。"

小猴说:"我来抬粗尾巴。"

四只小乌龟说:"我们驮着你的四只脚。"

长颈鹿说:"找一根粗绳子,用我的长脖子当起重机,把大象吊过去。"

大家想了许多办法,但大象还是不能过小桥。

小白兔说:"我有办法了!"他一口气跑到熊猫商店,买了许多氢气球。

小伙伴们一齐动手,把一个个氢气球系在大象身上……

大象迈着宇航员在太空行走那样的步伐,轻轻松松地走过了小桥。

● **小实验《纸桥》**

准备:铜版纸或白纸,硬币(分币)。

方法:第一,将一条铜版纸或白纸两端放在积木上(每端与积木重叠1厘米),形如一座桥,然后在纸的中央一枚一枚地放置硬币,直至"桥"塌下,数数硬币的个数。第二,将纸折成瓦楞状,放在积木上,再在中央一枚一枚地放置硬币。比较观察折成瓦楞状的"纸桥"与"平纸桥"哪个承受较大的重量。

● **歌曲《小熊过桥》**

小熊过桥

◆ 参考案例：

主题网络图

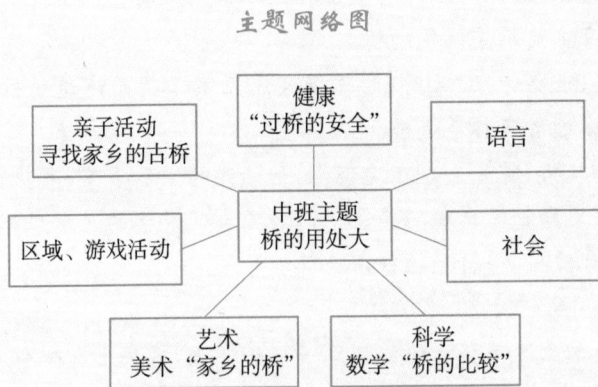

中班科学活动"桥的作用真大"案例设计

• 活动目标

1. 探索不同形状的桥面与承重力的关系。

2. 能简单记录实验结果。

3. 体验动手操作的乐趣。

• 活动重难点

活动重点：探索不同形状的桥面与承重力的关系。

活动难点：能够简单记录实验结果。

• 活动准备

不同硬度的彩色卡纸每人两张,自制的桥墩若干,硬币若干枚,幼儿绘画的小河、彩笔,记录表格每人一套。

• 活动过程

一、观察讨论,引出活动主题

二、科学小实验

1. 实验1:探索哪种桥承重大。

引导幼儿观察比较两张卡纸的不同,动手用这两张纸各搭一座平面桥,并进行记录,说出自己的发现,结论比较厚的桥面承受的重量多一些。

2. 实验2:探索平面桥与拱形桥哪一个更牢固。

教师先提出问题:"平面桥与拱形桥哪一个更牢固?"让幼儿带着问题进行实验,引导幼儿用不同的图样进行记录,总结得出结论:在相同的条件下,拱形桥比平面桥更牢固。

三、观看课件,了解各种各样的桥

观看各种各样的桥的图片和视频,激发幼儿从小爱科学的情感。

四、活动延伸

和幼儿一起到户外玩"过独木桥"游戏,结束活动。

中班科学活动"桥的作用真大"说课稿

"桥的作用真大"属于中班的科学活动,选自《多元智能幼儿园活动课程》。《纲要》中指出:"要尽量创造条件让幼儿实际参加探究活动,使他们感受科学探究的过程与方法,体验发现的乐趣。"探究式科学教育,是指在教师和学生共同组成的学习环境中,让儿童亲历科学探究的学习过程。实践证明,它在保护幼儿的好奇心,激发幼儿的探究热情和学习积极性,培养幼儿实事求是的科学态度,形成幼儿科学的思维方式和研究问题的方法,促进幼儿语言表达和合作能力的发展等方面,起到了很好的作用。

一、活动目标

一般来说,中班孩子对理论知识较难掌握,但如果经过自己动手操作得出的结论,给幼儿较为直观的感受,印象更为深刻,同时也能发展幼儿的实践操作能力。因此把本次活动的目标定为以下三点:

1. 探索不同形状的桥面与承重力的关系。

2. 能简单记录实验结果。

3. 体验动手操作的乐趣。

其中目标一为重点,目标二为难点,目标三为情感目标。

二、活动准备

根据《纲要》中指出的"提供丰富的可操作的材料,为每个幼儿都能运用多种感官、多种方式进行探索提供活动的条件。"我做了如下准备:不同硬度的彩色卡纸每人两张,自制的桥墩若干,硬币若干枚,幼儿绘画的小河、彩笔,记录表格每人一套。

三、教法与学法

本活动用到的教法有:①图示法:教师为幼儿提供了各种桥的图片,为幼儿进行自主操作提供了一些感官上的经验,帮助幼儿顺利完成小实验。②观察指导法:针对科学探索活动的随机性,在幼儿的自主操作过程中,教师采取观察指导法,随时发现问题,有针对地进行指导。

用到的学法有:

① 操作法:本次活动中,这是幼儿学习活动的主要方法。我为幼儿准备了多样的、可操作的材料,让幼儿在自主操作的过程中,发现桥的秘密。

② 记录法:让幼儿将探索结果记录下来,也为幼儿的讨论、交流活动提供依据。

③ 体验交流法:探索活动结束后,教师组织幼儿进行探讨、交流,即发展了幼儿的语言表达能力,也在师生互动,幼儿之间互动的过程中进一步加深对知识了解。

四、活动过程

(一)观察讨论,引出活动主题

通过和幼儿谈论观察桥,引发幼儿自己搭桥的兴趣,为幼儿搭桥提供一个感官的经验。

(二)科学小实验

幼儿动手操作,并记录实验结果,从中得到实验的结论。

1. 实验1:探索哪种桥承重大。

引导幼儿观察比较两张卡纸的不同,动手用这两张纸各搭一座平面桥,并进行记录,说出自己的发现,结论比较厚的桥面承受的重量多一些。

2. 实验2:探索平面桥与拱形桥哪一个更牢固。

教师先提出问题:"平面桥与拱形桥哪一个更牢固?"让幼儿带着问题进行实验,引导幼儿用不同的图样进行记录,总结得出结论:在相同的条件下,拱形桥比平面桥更牢固。

(三)观看课件,了解各种各样的桥

观看各种各样的桥的图片和视频,激发幼儿从小爱科学的情感。

(四)活动延伸

和幼儿一起到户外玩"过独木桥"游戏,结束活动。

◆ **案例评析：**

桥是幼儿生活中比较常见的、幼儿所熟悉的一种建筑物。幼儿在生活中能够看到各种各样不同形状、结构、大小、宽窄的桥。将庞大的建筑物转换成幼儿易操作的材料，活动中幼儿自由探索，调动多种感官，动手动脑，探究问题，及时记录，从而提升幼儿的探究、分析、整理、梳理总结的能力。

活动目标定位符合三维目标的设定。根据皮亚杰的认知发展理论，大班幼儿处于前运算阶段，思维方式还是以具体性为主，真实易于操作的材料将抽象的概念具体形象化，易于幼儿感知、理解和掌握。

活动重难点定位准确。记录有助于引发幼儿的持续探索和经验梳理。幼儿通过反尝试，得出结论，整理记录。在活动的过程中，教师有意识地引导幼儿学习记录方式，然后利用记录结果进行比较分析，从而梳理出自己的发现和结果。

活动流程设计清晰合理。活动的设计，每一个小环节都目标明确，通过观察——操作——记录——讨论、分析、比较——得出结论。这样的活动流程，动静相宜，既有幼儿的专注思考，又有幼儿的动手探究，大大提高了幼儿参与活动的兴趣，充分体现了幼儿在活动中的主体地位。

三、2017 年全国职业院校技能大赛实战解析

（一）幼儿园教师综合技能测评

🅐 幼儿歌曲弹唱与歌表演

小 猪 贺 喜

1=C 2/4

符婉婉词
解孟达曲

（简谱乐谱）

歌词：
有一只小小猪，听说蚂蚁搬新屋，搬新屋。它赶着
去贺喜，它赶着去送礼去送礼。小小猪小小
猪，东瞧瞧，西看看，新屋在哪里？新屋在哪
里？原来在小小猪的脚窝窝里，脚窝窝里。

蝴 蝶 花

佚名 词
董硕功 曲

1=G 2/4

```
5̣1  11 | 3 1· | 23  56 | 5  —  ‖
你看 那边  有只    小小 花蝴  蝶，

5̣1  11 | 32 2 | 32  13 | 2  —  ‖
我轻 轻地  走过 去 想要 捉住  它，

35  56 | 5· 6 | 50  10 | 3  —  ‖
为  什么 蝴  蝶 不 害  怕？

35  56 | 5· 6 | 50  10 | 2  —  ‖
为  什么 蝴  蝶 不 害  怕？

33  53 | 23  21 | 56  56 | 1  —  ‖
原来 是朵 美  丽的 蝴蝶 花。
```

Ｂ 幼儿故事讲述

作品 1 《小猴吃瓜果》

小猴跑到西瓜地里，他头一次见识西瓜，感到很有趣，摘下西瓜就要吃。

旁边一只小牛见他把滚圆的西瓜往嘴边送就对他说："你大概不会吃西瓜吧，来，我教你——"

小猴很不耐烦地截断小牛的话说："不用你教！"说着一口咬下一大块西瓜皮，嚼嚼吃掉了，生气地把咬破的西瓜往地上一扔，撇着嘴说："不好吃！不好吃！"小牛告诉他："谁让你吃皮了？吃西瓜应该吃里头的瓤啊！"小猴一蹦一蹦地跑掉了，边跑边说："吃瓜要吃瓤，这谁不知道？"小猴跑到了香瓜棚里，伸手摘下一个香瓜，一拳把香瓜砸成两半，掏出里头的瓜瓤就往嘴里塞，旁边的小驴告诉他："吃香瓜应该吃皮肉，瓜瓤里尽是滑溜溜的籽，不好吃！"小猴几口就把滑溜溜的籽吐出来，生气地把香瓜肉扔掉，一蹦一蹦地跑了，边跑边嘟囔："这回我记住了，应该吃皮肉！应该吃皮肉！"

小猴蹦到了一棵核桃树旁，树上正结着绿油油的核桃果，他蹦到树上，伸手就摘果子，一只喜鹊飞来告诉他："这核桃可不能乱吃啊——"小猴马上自以为是地说："不用你多嘴啦！我知道，得吃皮肉！"说着"咣"就咬了一口核桃的绿皮，这回小猴嘴里又麻又涩，难过得他一跟头翻下树来，赶忙跑到小河边漱口，小喜鹊飞过来告诉他："吃核桃，应当吃里面的桃儿！"

小猴漱完口，又一蹦一蹦地跑了，这回他跑到一棵梨树边，蹦到树上，摘下一棵大梨，在树上七磕八碰，把果肉全部碰烂掉，只剩下一个梨核儿，这才放到嘴里吃。哎呀！他不由得又把嚼烂的渣子吐了，酸得直咬牙，喜鹊飞来问他："这回好吃了吧！"他气得摘下一个鸭梨朝喜鹊扔去，翻身下树，一蹦一蹦地朝远处跑去，边跑边嘟囔："西瓜没味儿，香瓜净是籽儿，核桃麻嘴儿，鸭梨酸牙儿……我从今再不吃这些瓜果儿！"

小朋友们，你们说说小猴错在哪里呢？

作品 2 《小苹果树请医生》

果园里，有一棵老苹果树和一棵小苹果树。有一天，老苹果树忽然浑身发抖，碧绿的叶子也发黄了。

小苹果树很奇怪，问道："老苹果树婆婆，您怎么了？"老苹果树说："孩子，我病了，有几条虫子钻进我的身体里，咬得我很难受。从前，我的妹妹就是这样被虫子咬死的。看来我也要死啦！"

小苹果树听了很伤心,决心给老苹果树请一位高明的医生。

一只喜鹊飞过来,小苹果树连忙高声喊:"喜鹊先生,请您给老苹果树婆婆看病吧!它身体里有虫子啦!"喜鹊摇摇头,说:"好孩子,我只会捉树上的虫子,不会捉树干里的虫子,我不会动手术啊!"小苹果树失望地低下头,不说话了。

夜里,一只猫头鹰从这里飞过。小苹果树连忙高声喊:"猫头鹰先生,请您给老苹果树婆婆看病吧!它身体里有虫子啦!"猫头鹰摇摇头,说:"好孩子,我只会捉田鼠,不会捉树干里的虫子。"小苹果树失望地低下头,眼泪一滴一滴掉在地上。

第二天,飞来一只啄木鸟,它在空中绕了一圈,不等小苹果树说话,就落在老苹果树身上,不停地在树干上跳来跳去。

小苹果树高声说:"啄木鸟先生,您这是干什么呀?"

啄木鸟笑着说:"别担心,我看出来它有病,是来给它治病的!"说着,它用爪子抓住树干,用尾巴支住身子,用坚硬的嘴在树干上使劲地啄起来。

小苹果树生气了,喊道:"老苹果树婆婆已经病了,您不能再使劲啄它了!"

啄木鸟笑笑说:"我这是给它动手术啊!"说着,它就把坏了的树皮啄掉,找出虫子的洞口,从里边一下子钩出几条大虫子来。啄木鸟说:"手术做完了,明天我再来看它吧,因为还有好多树等着我去治病哪!"啄木鸟说完,匆匆忙忙飞走了。

第二天,啄木鸟真的又来了,它在这儿啄啄,那儿敲敲,又在老苹果树的身上啄出一条大虫子。

过了几天,老苹果树婆婆的病全好了,它高高地抬起头,叶子长得绿油油的,结满了苹果。小苹果树也高兴极了,它们都非常感激啄木鸟。

C 幼儿园保教活动课件制作

1. 主题活动——小种子

2. 内容

"片段教学"课件制作

3. 基本要求

(1)内容要求

根据给定的素材包中的素材,完成"片段教学"课件设计,内容相对完整;PPT首页注明"片段教学"的内容主题,适用年龄段及活动领域。

(2)技术要求

利用给定的素材包中的素材,适当处理文字、图片、声音、视频等素材,合理运用超链接、切换、动画效果等技术,操作简便,运行稳定。

(3)课件效果

形象、直观,能服务于"片段教学"所需,以及符合所注明的年龄段及活动领域。

(4)课件制作时间在60分钟内完成。

4. 素材

主题:小种子

春天,是万物生长的季节。生活中,虽然幼儿也能接触到一些种子,如水果种子等,但对于种子的种类、形状、颜色以及它的生长过程却未可知。由于种子的种类繁多,其生长成长过程是一个动态式的渐进过程,在幼儿认识时,受时间的限制,必定需要一个动态的视频加以直观展示,也需要一个互动游戏帮助幼儿加深对种子的认识,从而使幼儿有更广阔的探索空间,探索自然界的奥秘。同时,这一主题适合探究、认知、语言以及音乐等多种活动的开展。

本课件素材主要包括:图片素材(含 Gif 动态图片)60 余张,gif 动画素材 5 张,mp3 音频素材 5 个,mp4 视频素材 1 个。其中有种子食品图片:如花生、瓜子、玉米、毛豆、蚕豆、莲子、核桃等,部分种子发芽、长出叶子、开花、结果四个生长环节,课件相关场景背景图及辅助花草等;声音素材有:儿歌《小种子》mp3,幼儿歌曲《小种子》mp3 等;视频素材有《植物生命脉动》mp4;文本素材有儿歌和歌词文本 doc。[①]

(二)幼儿园保教活动分析与幼儿教师职业素养测评

Ⓐ 幼儿园保教活动分析

1. 案例材料

小汽车石头

鑫鑫拿起了地上的石头,向周围的同伴和老师炫耀。老师 D 问:"石头可以怎么玩啊?"鑫鑫说"扔着玩",便开始扔石头。在捡起第三块石头的时候,鑫鑫高兴地喊道:"小汽车石头!"老师 C 问:"石头有什么用啊?"他像没有听到老师 C 的话,继续拖着他的"小汽车石头"在地上转来转去,说:"应该在马路上行驶啊!可是还要有马路啊!"老师 D 看着鑫鑫,又问:"那你的小汽车石头应该在哪儿玩啊?""马路上啊。""那没有马路怎么办啊?""修马路啊!"鑫鑫选了一块很大的石头,说是"压路机",便在地上用力地推,并说"这是大坡"。老师 D 跟着说:"你修的这条马路真好,还有大坡呢!"于是,鑫鑫更加起劲地推出了一条弯道,并主动邀请同伴东东参加了修马路的游戏,很快,一条弯弯曲曲的马路就被推出来了,他们快乐、投入地玩耍着,红绿灯、出入口、拐弯、安全通道等多个情境出现了。

问题:

请对以上两位教师对鑫鑫行为的回应进行分析。

2. 命题意图

透过幼儿的游戏行为,发现并判断幼儿的真实需要来支持推动幼儿游戏的发展,是幼儿教师应该具备的专业技能与能力。

3. 答题参考

老师 C 的问题带有鲜明的目标性和指导性,是站在教师角度提出的问题式教学语言,隐含的意图是将幼儿的游戏现场变成教学现场。由于不符合孩子的需求,没有得到回应,是无效指导。老师 D 发现并尊重了鑫鑫的兴趣,满足其玩自己游戏的需要,"你修的这条马路真好,还有大坡呢"这样的语言,鼓励了孩子的行为,同时与儿童已有经验有效对接,暗示儿童可以将马路建设得更丰富,进一步引发儿童将已有的经验继续拓展到游戏内容中,让儿童在自己的真游戏中获得多元发展。

Ⓑ 幼儿教师职业素养测评

1. (　　)是立业之本,使人专心致志地投身于工作。

　　A. 敬业　　　　　　B. 诚信　　　　　　C. 坚持　　　　　　D. 创新

2. 人生最昂贵的代价之一就是(　　)。

　　A. 凡事等待明天　　B. 拿起来就干　　　C. 说说就行　　　　D. 立刻行动

3. (　　)是高职学生发展成为职业人所必需的基础,是任何一个职业人都应该具备的。

　　A. 职业素养　　　　B. 能力　　　　　　C. 态度　　　　　　D. 爱好

4. "素养"一词,在《汉书·李寻传》中提到"马不伏历,不可以趋道;士不素养,不可以重用。"其"素养"本义是(　　)。

　　A. 修炼涵养　　　　B. 练就技能　　　　C. 培养兴趣　　　　D. 学习知识

5. 下列行为中,符合诚信要求的选项是(　　)。

---

① 素材可在复旦学前云平台:http://www.fudanxueqian.com 搜索本书查看下载。

A. 看对象来决定是否遵守合约　　　　　B. 采用一切手段增加企业利润

C. 派人获取竞争对手的商业秘密　　　　D. 货真价实

6. "人无信不立"这句话在个人的职业发展中是指(　　)。

A. 坚守诚信是获得成功的关键　　　　　B. 要求统治者要"仁民爱物"

C. 无论为人还是做事都要"执事敬"　　　D. 人无论做什么都要尽最大的努力

7. (　　)是职业素养的一部分,它不包含职业技能。

A. 职业素质　　　B. 职业基本素养　　　C. 职业态度　　　D. 职业精神

8. 实现精益求精取决于团队(　　)的能力。

A. 取得成绩　　　B. 学习　　　C. 授权　　　D. 思想

9. 为了顺利度过团队形成期,团队需要(　　),其中涉及团队成员互相介绍,了解团队工作方向和领导者对团队的期望。

A. 彰显个性　　　B. 了解情况　　　C. 精益求精　　　D. 急于求成

10. 以下关于什么是主动的错误说法是(　　)。

A. 主动就是按部就班　　　　　B. 主动是不依赖外力推动

C. 主动就是一个人的主动性　　　D. 主动是由"要我做",到"我要做"

11. 幼儿园教育是(　　)的重要组成部分,是学校教育制度的基础阶段。

A. 义务教育　　　B. 终身教育　　　C. 基础教育　　　D. 学前教育

12. 幼儿园应以(　　)为基本活动,寓教育于各项活动之中。

A. 教学　　　B. 游戏　　　C. 生活　　　D. 户外活动

13. 《幼儿园教育指导纲要(试行)》中的教育目标较多使用"体验""感受""喜欢""乐意"等词汇,这表明幼儿园教育强调(　　)。

A. 知识取向　　　B. 情感态度取向　　　C. 能力取向　　　D. 技能取向

14. 陶行知提出的"六大解放",是为了培养儿童的(　　)。

A. 观察力　　　B. 体力　　　C. 创造力　　　D. 智力

15. 幼儿教师选择教育教学内容最主要的依据是(　　)。

A. 学科知识　　　B. 社会需求　　　C. 幼儿发展　　　D. 教师特长

16. 2015年12月14日,我国审议通过了《幼儿园工作规程》,要求幼儿园进一步加强科学民主管理,强化了(　　)的职能作用,(　　)应参与幼儿园重要决策和事关幼儿切身利益事项的管理。

A. 家长委员会、家长委员会　　　　　B. 家长、家长委员会

C. 家长会、家长　　　　　　　　　　D. 家长委员会、家长

17. 下列关于幼儿园的任务说法错误的是(　　)。

A. 要按照保育与教育相结合的原则,遵循幼儿身心发展特点和规律

B. 实施德、智、体、美等方面全面发展的教育,促进幼儿身心和谐发展

C. 与国家的教育方针没有关系

D. 面向幼儿家长提供科学育儿指导

18. 幼儿园教育活动应为每个幼儿提供充分参与的机会,满足幼儿多方面发展的需要,促进每个幼儿(　　)得到发展。

A. 在相同水平上　　　　　B. 在不同水平上

C. 在相同方面的相同水平上　　　D. 在相同方面的不同水平上

19. 为了让幼儿在户外运动中一物多玩,最适合的做法是(　　)。

A. 教师集体示范　　B. 教师分组讲解　　C. 教师逐一训练　　D. 幼儿自主探索

20. 在幼儿教育活动中,最能为幼儿提供交谈机会的组织形式是(　　)。

A. 个别活动　　　　　B. 小组活动　　　　　C. 班集体活动　　　　D. 全园活动

21. 幼儿典型的思维方式是(　　)。

A. 具体形象思维　　　B. 直观感知思维　　　C. 抽象逻辑思维　　　D. 直观动作思维

22. 由于幼儿是以自我为中心辨别左右方向的,幼儿教师在动作示范时应该(　　)。

A. 面对幼儿,采用镜面示范　　　　　　　　B. 面对幼儿,采用正常示范

C. 背对幼儿,采用正常示范　　　　　　　　D. 背对幼儿,采用镜面示范

23. 中班幼儿告状现象频繁,这主要是因为幼儿(　　)。

A. 理智感的发展　　　B. 道德感的发展　　　C. 羞愧感的发展　　　D. 美感的发展

24. "孟母三迁"的故事说明,影响人的成长的重要因素是(　　)。

A. 母亲　　　　　　　B. 邻居　　　　　　　C. 环境　　　　　　　D. 成熟

25. 婴儿常常在地上捡起一些物体,然后直接往嘴里送,这是孩子的(　　)。

A. 痛觉的探索方式　　B. 不良的生活习惯　　C. 触觉的探索方式　　D. 动觉的探索方式

26. 在为小班幼儿投放玩具时,都会坚持同一类型的玩具数量一定要多的做法。这是因为(　　)。

A. 小班幼儿人数较多

B. 小班幼儿喜欢模仿,当看到同伴玩一个玩具时,自己也想玩

C. 小班幼儿集体活动多,需要使用相同玩具

D. 小班幼儿不需要种类丰富的玩具

27. 下面对话体现了儿童思维的什么特点(　　)。

老师:浩浩,你有兄弟吗? 浩浩:有。老师:他叫什么? 浩浩:阳阳。老师:阳阳有兄弟吗? 浩浩: 没有。

A. 缺乏可逆性　　　　B. 获得守恒性　　　　C. 获得了守恒概念　　D. 自我中心

28. 幼儿教师拟定教育活动目标时,会以幼儿现有发展水平与可能达到的发展水平之间的距离为依据,这种做法体现的是(　　)。

A. 班布鲁纳的发展教学法　　　　　　　　　B. 维果斯基的最近发展区理论

C. 皮亚杰的认知发展理论　　　　　　　　　D. 社拉的观察学习理论

29. 当孩子情绪十分激动时,表现出又哭又闹,有经验的幼儿园老师常常采取暂时置之不理的办法,孩子自己慢慢停止哭喊。这种帮助孩子控制情绪的方法是(　　)。

A. 消退法　　　　　　B. 冷却法　　　　　　C. 转移法　　　　　　D. 自我说服法

30. 让脸上抹有红点的婴儿站在镜子前,观察其行为表现,这是著名的"红点实验",该实验测试的是婴儿哪方面的发展? (　　)

A. 性别意识　　　　　B. 防御意识　　　　　C. 自我意识　　　　　D. 道德意识

31. 下列属于幼儿园语言教育目标的是(　　)。

A. 能认读拼音字母　　　　　　　　　　　　B. 能认读一定量的汉字

C. 能清楚地说出自己想说的事　　　　　　　D. 能正确书写常用汉字

32. 一份完整的教学活动计划应包含活动名称、活动目标、活动准备、(　　)和活动评价五个方面的内容。

A. 导入语　　　　　　B. 活动小结　　　　　C. 活动过程　　　　　D. 活动延伸

33. "爱幼儿园,爱家庭,爱家乡,爱祖国"是幼儿园(　　)领域的教育内容范围。

A. 健康　　　　　　　B. 语言　　　　　　　C. 社会　　　　　　　D. 科学

34. 教师组织幼儿思考恐龙是如何灭绝的,让幼儿发表自己的看法,此活动采用的方法是(　　)。

A. 示范法　　　　　　B. 讨论法　　　　　　C. 观察法　　　　　　D. 讲解法

35. 教师组织全体幼儿一起到户外玩"捕蝴蝶"的游戏以发展幼儿跳的动作,这种户外体育活动形式是（　　）。

    A. 集体封闭式   B. 分散开放式   C. 分组式   D. 分组轮换式

36. 一名幼儿画大老虎,将大老虎的嘴巴画得特别大,占了老虎脸的四分之三,牙齿又大又长又锋利,这说明了幼儿绘画特点具有（　　）。

    A. 夸张性   B. 象征性   C. 抽象性   D. 形象性

37. 幼儿形成数概念的关键是（　　）。

    A. 知道数的实际意义   B. 掌握数的组成

    C. 能辨数   D. 掌握数的顺序

38. 关于幼儿对时间概念的掌握,下列说法正确的是（　　）。

    A. 对一日时间延伸的认识水平低于对当日之内时序的认识

    B. 对一日时间延伸的认识水平高于对当日之内时序的认识

    C. 对过去认识的发展水平高于对未来的认识水平

    D. 对未来认识的发展水平高于对当日的认识水平

39. 歌曲《蜜蜂做工》的歌词语言逻辑复杂,情境性、故事性比较弱,该活动设计更适合（　　）。

    A. 从动作开始   B. 从情景表演开始

    C. 从讲故事开始   D. 从歌词朗诵开始

40. 1岁半的果果想给妈妈吃苹果,他会说:"妈妈""苹果""吃",把苹果递过去,这表明该阶段儿童语言发展的一个主要特点是（　　）

    A. 复合句   B. 完整句   C. 单词句   D. 简单句

41. 幼儿园应当为幼儿制定合理的一日生活作息制度。正餐间隔时间为（　　）小时。

    A. 3.5～4   B. 3～3.5   C. 3.5   D. 3

42. 评价幼儿生长发育最重要的指标是（　　）。

    A. 体重和头围   B. 头围和胸围   C. 身高和体重   D. 身高和胸围

43. 婴幼儿应多吃蛋、奶等食物,保证维生素D的摄入,以防止因维生素D缺乏而引起（　　）。

    A. 呆小症   B. 异嗜癖   C. 坏血病   D. 佝偻病

44. 在正常情况下,幼儿户外活动时间(包括户外体育活动时间)每天不得少于（　　）小时,寄宿制幼儿园不得少于（　　）小时;高寒、高温地区可酌情增减。

    A. 2.5;3   B. 3;3   C. 2;3   D. 3;3.5

45. 班里的彤彤缺乏维生素A,为补充维生素A,你可以建议彤彤多吃的食物是（　　）。

    A. 动物肝脏   B. 豆制品   C. 米、面   D. 绿色蔬菜

46. 幼儿突然出现剧烈呛咳,伴有呼吸困难,面色青紫。这种情况可能是?（　　）

    A. 急性肠胃炎   B. 急性喉炎   C. 支气管哮喘   D. 异物落入气管

47. 幼儿被黄蜂蜇伤后,正确的处理方法是（　　）。

    A. 涂食用醋   B. 用温水冲洗   C. 涂肥皂水   D. 冷敷

48. "追赶性生长"现象是指处在生长发育过程中的个体受到疾病、营养等因素作用时,会出现（　　）的生长发育迟缓,一旦这些影响因素解除,机体表现为向原有正常轨迹靠拢并具有生长发育的（　　）倾向。

    A. 强烈、暂时   B. 偶尔、平稳   C. 暂时、平稳   D. 暂时、强烈

49. 在幼儿园中,引导幼儿刷牙、漱口是很重要的内容,但不少父母认为,"乳牙迟早要换掉,坏了也没关系"。作为幼儿教师,你要耐心与家长沟通,以下沟通要点不正确的是（　　）。

A．健康的牙齿是促成良好咀嚼功能的最基本要素,有助于婴幼儿对食物的消化吸收。

B．乳牙虽然不影响发音,但影响词汇学习。

C．乳牙可以促进颌骨的发育,影响脸型及外表。

D．蛀牙会影响恒牙的萌出及发育。

50. 午餐时间,孩子们正在吃饭,有几个孩子刚吃完饭,杜老师就大声地对平时吃饭特别慢的丽丽说:"看看,这几个小朋友吃得多快,你也别慢吞吞的,赶紧吃……",说着杜老师拿起丽丽的汤碗,将汤倒进丽丽盛米饭的碗中,并说"这样吃得快"关于杜老师的做法,说法正确的是(   )。

A．杜老师以吃饭快的幼儿为榜样,催促丽丽吃饭,是对的。

B．杜老师把米饭泡入汤中的做法可取。

C．杜老师把米饭泡入汤中的做法是不可取的,主要是因为汤泡饭会加重胃的消化负担。

D．杜老师把米饭泡入汤中的做法是不可取的,主要是因为幼儿容易噎到。

ⓒ 幼儿园教学活动设计

例题1　主题活动——大班"水真有用"

1. 内容

(1) 主题网络图设计(书面作答)

(2) 教学活动设计(一课时)(书面作答)

(3) 说课(口头作答)

2. 基本要求

① 根据附件提供的素材,综合幼儿发展各领域以及幼儿园活动的类型,围绕主题设计主题网络图。主题网络图绘制要具有丰富性、科学性、具体化和操作性强等特点,充分考虑到生活化、兴趣性、适宜性、幼儿的主体性和家园合作等因素。

② 根据主题素材与年龄段,设计一课时(30分钟左右)集体教学活动的教案。教案格式完整规范,语言清晰、简洁、明了,目标设计、内容选择、方法运用符合幼儿年龄特征和领域特点。

③ 根据已设计的教案,就内容、目标、方法、过程设计等进行说课,说清楚"学什么、教什么""怎么学、怎么教",以及"为什么"等问题,语言规范,条理清楚,逻辑性强,表达流畅。说课时间在7分钟内完成。

◆ **素材:**

主题活动——大班"水真有用"

● **主题背景介绍**

水是人们生活中不可或缺的重要资源,是我们生命的源泉,自然界的一切生命都离不开水。幼儿在日常生活中经常接触水,也喜欢水,对水有着天然的亲近感情。对于大班幼儿,他们喜欢玩水嬉水,喜欢观察和探究水的特性,通过日常感知和科学探究等多种活动,能够让幼儿真正感受到水的多种作用。

● **小知识**

水是大力士

"柔顺"的水,其实是大力士。

水有浮力,能使万吨轮船浮在水面上。

水有压力,万吨水压机轧钢锭就像捏橡皮泥。

水是能源,河水、潮汐能带动大水轮机,从而发电。

水是人的好帮手,能灭火,能清洗。

洪水如猛兽,植树造林能制伏。

水被污染了,人类尝到了恶果:庄稼减收,人得传染病或中毒。

水是我们生命的源泉,我们要让水永远清澈。

水的用途

水有各种不同的用途,因此对水质的要求也不同。目前一般可以分成三类:第一是饮用水,水源严禁污染;第二是渔业和农业用水,要不妨碍动植物的生长,人们食用这些动植物后不致危害健康;第三是工业用水,要满足各种生产要求。

● 故事《小水滴旅行》

我们是小水滴,我们的家是小河。

这一天,太阳公公刚起身,我们一起说:"太阳公公,我们要去旅行,可是没有翅膀,请你帮个忙吧!"

太阳公公点点头,射出一道道金光,照得我们暖烘烘的,身子变轻了,向空中飞去。大家快乐地叫起来:"我们长翅膀啦!"原来,我们都变成水蒸气了。

我们飞呀,飞呀,啊! 我们飞得多高呀! 忽然听到"呼——呼——"的声音,啊,风爷爷和我们作伴了。

飞呀,飞呀,我们觉得有点冷了,越来越冷了。我们三个一伙,五个一群,紧紧地抱在一起,越抱越紧。一会儿,都变成了一颗颗很细很细的小水滴。风爷爷带着我们在空中飘来飘去,我们变成了白云。

啊呀,我们的身体怎么这么沉呀,越飞越慢,都有点飞不动了。这时,我们里面有些大胖子,冷得缩成一团,变成小雨滴落了下去。

大伙排着队伍,落进了小河,又回到自己的家。

● 歌曲《如果世界上没有水》

如果世界上没有水

1=C 2/4

高石素言 词曲

◆ **参考案例**

主题网络图

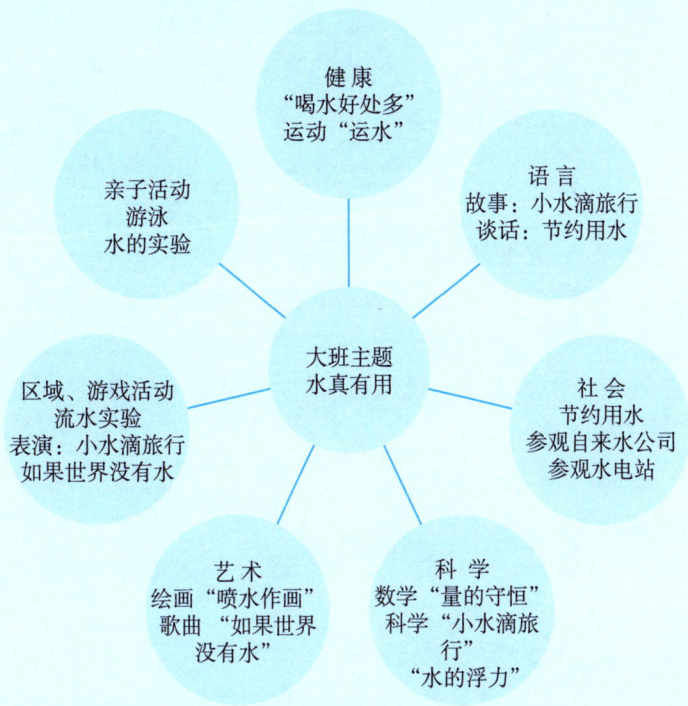

大班科学活动"水真有用"案例设计

• **活动目标**

1. 了解水污染以及水资源缺乏的现状,知道水与人类、水与自然是密不可分的。

2. 初步养成爱惜水资源保护水资源的环保意识。

3. 积极参与实验活动,体验动手动脑、自主探索的兴趣。

• **活动重难点**

活动重点:知道水与人类、水与自然是密不可分的。

活动难点:了解水污染以及水资源缺乏的现状。初步养成爱惜水资源保护水资源的环保意识。

• **活动准备**

1. 《三个和尚》的故事。

2. 实验用品:奶粉、盐、糖、洗衣粉、药粉,玻璃容器5个。

3. "护水小标兵"胸牌、与幼儿人数相的彩笔等。

• **活动过程**

一、听故事《三个和尚》,讨论引出主题

1. 幼儿欣赏《三个和尚》的故事,教师根据故事内容展开提问。

(1) 三个和尚每天都要干什么? 他们用水来做什么?

(2) 他们在什么地方打水?

(3) 他们三个最后用水做了什么? 他们能不用水吗?

2. 讨论:我们的生活能不能没有水? 为什么?

(1) 幼儿自由讨论交流。

(2) 总结:请幼儿用完整的语言说一说自己的想法。

二、观看关于水的各种图片

小朋友我们不能没有水,让我们来看一看水是怎样帮助我们的。

1. 结合图片,让幼儿了解生活处处需要水。

(1) 图片1:消防队员,环卫工人用水浇花、轮船在行驶。幼儿看到各种工作是直接需要水来完成的。

(2) 图片2:农民用水浇地、发电站用水发电送给千家万户。

2. 小实验。"水"和我们的生活真是关系太大了! 我们生活中的小事同样需要水。让我们一起来试试吧!

(1) 5张桌子上分别放着奶粉、盐、糖、洗衣粉、药粉,幼儿自由分组,将物品放入玻璃容器中搅拌,观察它们的变化,并总结记录。

(2) 教师总结:这些物品在水里溶解了。

3. 出示图片:河水变黑了。

教师提问:你们知道这是为什么吗? 我们来听一首歌。小朋友们听一听小河在唱什么?

三、幼儿欣赏歌曲《小河之歌》前两段

　　小河小河真快乐,清清河水在歌唱,小河小河真快乐,小鱼小虾都来了。

　　小河小河真难过,黑黑河水在流泪,小河小河真难过,小鱼小虾生病了。

1. 了解关于污染的问题。讨论:小鱼、小虾为什么生病了? 你们有什么办法帮助它们呀?

2. 在胸饰卡片背面画干净的小河,幼儿佩戴"护水小标兵"胸牌。提议:"请你们画一条干净的小河送给小鱼小虾。"

3. 幼儿边欣赏歌曲边创编动作。欣赏《小河之歌》第三段。

　　小河小河真快乐,清清河水在歌唱,小河小河真快乐,小鱼小虾都来了。

　　幼儿可以自由表现歌曲。

• 活动延伸

教师号召:"让我们行动起来吧。向身边的人宣传爱护水资源是人人有责的"。

大班科学活动"水真有用"说课稿

当今社会,人们越来越重视水资源的问题。水缺乏、水污染的现象已经备受瞩目受到高度关注。在这种形势下,让幼儿了解水与人类、水与自然的关系极为重要。根据孩子们的认知特点和年龄特点,结合幼儿的生活实际,本次活动,通过故事、讨论、小实验、音乐表演等多种形式,引导孩子积极动手动脑参与学习,从不同的方面充分感知水与人类的密切关系,帮助幼儿从小养成爱惜水资源保护水资源的环保意识。

一、活动目标

大班幼儿有较高的阅读兴趣,表现与表达方式也呈现多样化。结合年龄特征我设计了以下三个活动目标。

1. 了解水污染以及水资源缺乏的现状,知道水与人类、水与自然是密不可分的。

2. 初步养成爱惜水资源保护水资源的环保意识。

3. 积极参与实验活动,体验动手动脑、自主探索的兴趣。

二、活动准备

就本次活动,我做了以下准备。

1.《三个和尚》的故事。

2. 实验用品:奶粉、盐、糖、洗衣粉、药粉、玻璃容器5个。

3. "护水小标兵"胸牌、与幼儿人数相的彩笔等。

三、教法与学法

本次活动我采用的主要教法有:观察法、谈话法、讲解法、游戏法。学法有:体验式学习、情绪化学习。

四、活动过程

(一)听故事《三个和尚》,讨论引出主题

教师通过让幼儿听故事想问题说问题引发他们思考参与的兴趣。

1. 幼儿欣赏《三个和尚》的故事,教师根据故事内容展开提问。

(1)三个和尚每天都要干什么?他们用水来做什么?

(2)他们在什么地方打水?

(3)他们三个最后用水做了什么?他们能不用水吗?

2. 讨论:我们的生活能不能没有水?为什么?

(1)幼儿自由讨论交流。

(2)总结:请幼儿用完整的语言说一说自己的想法。

(二)观看关于水的各种图片

小朋友我们不能没有水,让我们来看一看水是怎样帮助我们的。

1. 结合图片,让幼儿了解生活处处需要水。

(1)图片1:消防队员,坏卫工人用水浇花、轮船在行驶。幼儿看到各种工作是直接需要水来完成的。

(2)图片2:农民用水浇地、发电站用水发电送给千家万户。

2. 小实验。"水"和我们的生活真是关系太大了! 我们生活中的小事同样需要水。让我们一起来试试吧!

(1)5张桌子上分别放着奶粉、盐、糖、洗衣粉、药粉,幼儿自由分组,将物品放入玻璃容器中搅拌,观察它们的变化,并总结记录。

(2)教师总结:这些物品在水里溶解了。

3. 出示图片:河水变黑了。

教师提问:你们知道这是为什么吗?我们来听一首歌。小朋友们听一听小河在唱什么?

(三)幼儿欣赏歌曲《小河之歌》前两段

小河小河真快乐,清清河水在歌唱,小河小河真快乐,小鱼小虾都来了。

小河小河真难过,黑黑河水在流泪,小河小河真难过,小鱼小虾生病了。

1. 了解关于污染的问题。讨论:小鱼、小虾为什么生病了?你们有什么办法帮助它们呀?

2. 在胸饰卡片背面画干净的小河,幼儿佩戴"护水小标兵"胸牌。

"请你们画一条干净的小河送给小鱼小虾"

3. 幼儿边欣赏歌曲边创编动作。欣赏《小河之歌》第三段。

小河小河真快乐,清清河水在歌唱,小河小河真快乐,小鱼小虾都来了。

幼儿可以自由表现歌曲。

五、活动延伸

让幼儿总结我们该怎样做才是"护水小标兵"。让我们行动起来吧。向身边的人宣传爱护水资源是"人人有责的"。

六、活动反思

本次主题综合性较强,活动具有很强操作性,孩子们对可以自己动手操作的科学小实验有浓厚的兴趣,在讨论过程中兴致也相当高涨。通过各种活动孩子们更加能体会到水的作用之大,所以这次活动对孩子们意义是深刻的。

◆ **案例评析:**

沙、水是大自然赐予儿童最好的礼物。在地下水资源日益减少的现状下,通过本次活动,丰富幼儿的认知,让幼儿了解到水与人们日常生活的重要性,从而建立起幼儿关注周围环境,珍惜自然资源的意识,通过故事和歌曲,引发幼儿的环保意识。

第一,活动目标定位准确,符合大班幼儿善于观察周围事物、有较强责任意识的年龄特点和认知水平。

第二,活动设计科学合理,教学思路清晰。抓住大班幼儿在阅读、倾听能力的上升时期,通过《三个和尚》的故事,导入活动,同时为后面的活动做好铺垫,活动内容层层深入,易于幼儿感知理解。

第三,活动准备全面丰富。物质准备的实验用品:盐、糖、奶粉、洗衣粉、药面、玻璃容器等易于幼儿自主操作,实用性强。"护水小标兵"胸牌能够很好地提高幼儿在活动中的主人翁意识,提高幼儿的责任意识。

例题2 **主题活动——大班"神奇的电"**

1. 内容

(1) 主题网络图设计(书面作答)

(2) 教学活动设计(一课时)(书面作答)

(3) 说课(口头作答)

2. 基本要求

① 根据附件提供的素材,综合幼儿发展各领域以及幼儿园活动的类型,围绕主题设计主题网络图。主题网络图绘制要具有丰富性、科学性、具体化和操作性强等特点,要充分考虑到生活化、兴趣性、适宜性、幼儿的主体性和家园合作等因素。

② 根据主题素材与年龄段,设计一课时(30分钟左右)集体教学活动的教案。教案格式完整规范,语言清晰、简洁、明了,目标设计、内容选择、方法运用符合幼儿年龄特征和领域特点。

③ 根据已设计的教案,就内容、目标、方法、过程设计等进行说课,说清楚"学什么、教什么""怎么学、怎么教",以及"为什么"等问题,语言规范,条理清楚,逻辑性强,表达流畅。说课时间在7分钟内完成。

◆ **素材:**

主题活动——大班"神奇的电"

• **主题背景介绍**

电在我们的生活中随处可见,电给我们的生活带来了诸多的好处,我们的生活已离不开电。家用电器的广泛应用,公共用电(广播、电视台、路灯等)的处处存在,对于大班幼儿来说,是认识的对象,更是探究的资源。同时,安全用电、节约用电也是我们对于生命的珍惜、环境保护的应有之举。在大班开展主题活动"神奇的电",无论是对于幼儿生命的保护、认识的发展,还是社会责任的传承,都有积极的意义。

● 故事《外星人彩电》

小猫皮克的舅舅从外星球回来了,给皮克带回许多好玩的东西。有吃一颗香三天的巧克力豆;有鞋底下安着微型发动机的飞毛腿鞋;有梳一次头能把头发变黑的返老还童牌梳子;还有一台大彩电。

小猫皮克说:"大老远的,带彩电干嘛? 我家已经有一台了。"舅舅笑了笑,没吭声儿。

这时,电视里正在播放大草原的美丽景色。蓝天白云下,一群雪白的羊儿在山坡上吃草,草丛中盛开着五颜六色的鲜花。舅舅拿起遥控器,对准电视机按了一下遥控器上红色的键。顿时奇妙的事情发生了:一阵阵花香从电视机里散发出来,弄得屋里香喷喷的。

舅舅笑着问小猫皮克:"怎么样? 好玩儿不?"

"好玩儿! 好玩儿!"皮克赶紧从舅舅手中抢过遥控器。

"我来试试!"说着,对准电视机也按了一下红色键。

真不巧,电视里正播放屎壳郎滚粪球的镜头,立刻,一股股牛粪味儿从电视机里散发出来,弄得屋里臭烘烘的。

舅舅告诉小猫皮克,这台外星人的电视机,不光能随着画面的变化散发出各种不同的味道,还能把看电视的人吸到电视机里去。

"什么? 还能把人吸进去!"皮克吓了一跳。

"是这样的。"舅舅指着遥控器说,"瞧,这上面有一个白色键和一个绿色键,想进去,就按白色键,想出来,就按绿色键。"

这时,电视里开始播放餐馆的广告了,美味食品摆了满满一桌子。舅舅说:"我给你表演一下。"

舅舅按了一下白色键。屋里的舅舅不见了,电视里出现了一个舅舅。他正坐在桌子前,一边有滋有味儿地吃喝,一边冲着电视机外面的小猫皮克说:"味道好极了,啧啧!"

看着鸡鸭鱼肉,闻着扑鼻的香味儿,小猫皮克馋得口水都流出来了。他冲着电视机大叫大嚷,"舅舅快出来,让我进去吃点儿!"舅舅出来了。他对皮克说:"快点儿,一会儿广告播完就吃不上了!"

小猫皮克轻轻按了一下白色键,立刻,他飞了起来,像颗炮弹似的朝电视机射去……真不妙,这时突然停电了。刚刚钻进半个身子的小猫被卡在了荧屏上。他的脑袋钻进了电视机里面,屁股和尾巴则留在了电视机外面。

那位从外星球回来的舅舅,看着荧屏上一摇一摆的猫尾巴,一时没了主意,连声说:"这可咋办? 这可咋办?"

● 儿歌《家用电器真正好》

家用电器真神奇,为咱生活出大力。

电饭煲、微波炉,煮饭烧菜能料理。

洗碗机、吸尘器,帮咱洗碗和扫地。

计算机,帮算账,电话帮咱通信息。

电视机、录像机,帮咱娱乐和学习。

长大我要学本领,造出更多新电器。

● 歌曲《电灯照亮万人心》

电灯照亮万人心
（儿童歌曲）

巢县民歌
典邻曲

1=G 2/4

稍快 愉快、活泼

(5 3 2 1 | 6 1 2 | 2 2 2 6 | 5 —) | 5 6 5 6 |

1.(领)天上 大星
2.(领)天上 星多
3.(领)天上 星星
4.(领)天上 星星
5.(领)天上 星星

5 1 2 3 | 5 1 2 | 2 2 1 2 | 2 6 5 1 | 2 6 5 |

对小 星,(齐)对小星,(领)社里 电灯 对电灯,(齐)对电灯。
地上 明,(齐)地上明,(领)社里 电灯 耀眼睛,(齐)耀眼睛。
闪闪 光,(齐)闪闪光,(领)社里 电灯 亮堂堂,(齐)亮堂堂。
密如 麻,(齐)密如麻,(领)社里 电灯 照咱家,(齐)照咱家。
对星 星,(齐)对星星,(领)家家 梁上 结电灯,(齐)结电灯。

6 6 6 1 | 2 3 2 | 5 3 2 | 5 3 2 1 | 6 1 2 |

(领)你看天上多少星,(齐)多少星, 你 看 社 里
(领)奶奶晚上做针线,(齐)做针线, 再 也 不 要
(领)姐姐绣花鲜艳艳,(齐)鲜艳艳, 白 天 不 再
(领)妈妈怀抱小弟弟,(齐)小弟弟, 电 灯 底 下
(领)星星没有电灯亮,(齐)电灯亮, 电 灯 照 亮

【1—4.】
2 2 2 6 | 5 — : 【5.】 2 2 2 6 | 5 — ‖

多呀么多少 灯!   人呀么人人 心。
我呀么我穿 针,
急呀么急慌 忙。
学呀么学文 化。

◆ 参考案例

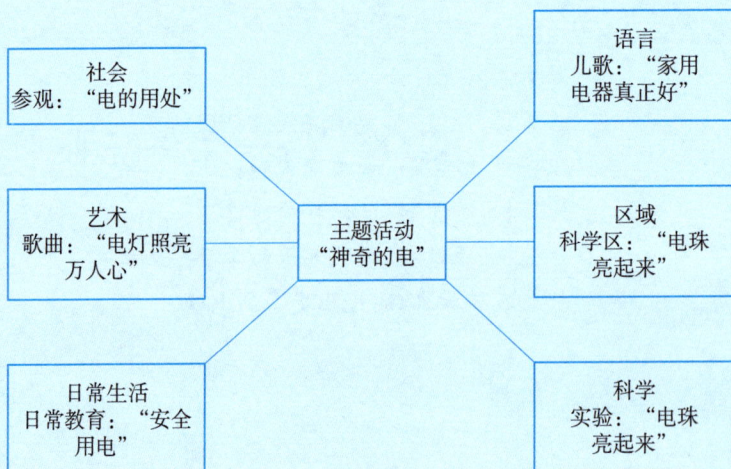

主题网络图

语言
儿歌:"家用
电器真正好"

社会
参观:"电的用处"

艺术
歌曲:"电灯照亮
万人心"

主题活动
"神奇的电"

区域
科学区:"电珠
亮起来"

日常生活
日常教育:"安全
用电"

科学
实验:"电珠
亮起来"

大班科学活动"神奇的电"案例设计

• 活动目标

1. 了解家乡的电力事业,初步了解电的主要性能、用途。

2. 养成节约用电和安全用电的意识,激发其对科学的兴趣和爱好。

3. 积极参与实验活动,体验动手动脑、自主探索的兴趣,能大胆表达自己的观察发现。

• 活动准备

经验准备:了解一些有安全用电方面的知识,学习正确使用常见的家用电器,知道节约用电、安全用电。

物质准备:电池、电线、电珠、卡纸、胶布、蜡笔、筷子、铁棒、各种质地的布、纸、蜡笔。

• 活动过程

一、以谈话的形式引入主题

"我们的家乡是个美丽的地方,你们观察过晚上美吗?"整个县城变得黑乎乎的,一点也不美了,你们知道这是为什么吗?

二、让幼儿观看录像,边思考录像里的内容

1. 录像告诉小朋友们哪些电的知识?

2. 电是从哪里来?

三、自由讨论:电是从哪里来的?

小结:电是从发电站把高压电输送到变电站,再通过变电所的变压器把高压电减弱成我们日常生活用电(220伏),再通过电线输送到各家各户的。

附流程图:发电站——高压电线——变电站——电线——各家各户。

四、结合长泰发电情况,简单向幼儿介绍几种发电形式

1. 太阳能(出示神舟六号的相关图片,让幼儿初步了解太阳能的运用)。

2. 风能(结合我国最大的风能发电站图片,让幼儿知道风也能发电)。

3. 水能(结合发电图,让幼儿了解自己平时所用的电是靠什么能量产生的)。

4. 核能(简单向幼儿介绍大亚湾核电站)。

五、认识电池

引导幼儿简单认识各种不同的电池。

六、情感升华

引导幼儿谈一谈:如何节约用电和安全用电?

小结:节约用电如电视不看了就要关起来,白天出太阳时,不要开电灯等等。手湿时,不摸开关,也不能把手插在插座孔里,自己在家时,不能乱动有电的东西。

• 分组活动

1. 介绍材料(重点介绍实验"灯泡发光")。

2. 分组活动:灯泡发光,纸屑飞向哪一边,制作安全标志,以绘画形式表现节约用电。

3. 引导幼儿动手操作,教师在一边指导。

• 活动延伸

把实验材料投放到区域中,让较多幼儿参与实验,继续让幼儿在实际操作中探索科学奥秘,养成爱动脑筋、多思考的好习惯。

大班科学活动"神奇的电"说课稿

《纲要》指出:"幼儿园应充分利用社会资源,引导幼儿实际感受家乡的变化和发展,激发幼儿爱

家乡,爱祖国的情感。""神奇的电"就体现这一点,充分挖掘具有地方特色的教育资源,那就是结合了长泰电力事业的发展。

本次活动设计是想通过家乡的电力事业的发展,简单的让幼儿从中了解有关电的简单原理,让幼儿从中体验电的乐趣。看到孩子们对"电"这一现象产生了兴趣和争论,我意识到这是一个很好的教育契机,让幼儿主动参与,增强幼儿对科学的探索欲望。

一、活动目标

根据活动内容和大班幼儿在活动中表现出极强的求知愿望的年龄特征。我将目标制定为如下三点。

1. 了解家乡的电力事业,初步了解电的主要性能、用途。

2. 养成节约用电和安全用电的意识,激发其对科学的兴趣和爱好。

3. 积极参与实验活动,体验动手动脑、自主探索的兴趣,能大胆表达自己的观察发现。

二、活动准备

大班幼儿在活动中表现出强烈的探究欲和求知欲,在活动中具有强烈的创造性。为了让幼儿能够更加充分地在体验、感受中学习,为此我从经验和物质两方面做了充分的丰富和准备。

经验准备:了解一些有安全用电方面的知识,学习正确使用常见的家用电器,知道节约用电、安全用电。

物质准备:电池、电线、电珠、卡纸、胶布、蜡笔、筷子、铁棒、各种质地的布、纸、蜡笔。

三、教法与学法

大班幼儿抽象思维刚刚萌芽,为了让幼儿能够更直观的感受和体验到抽象的科学现象。在活动中引发幼儿积极讨论,梳理和发表自己的想法。本次活动我主要用到的教法有:谈话法、直观法、讨论法。学法有:操作法等。

四、活动过程

(一)以谈话的形式引入主题

"我们的家乡是个美丽的地方,你们观察过晚上美吗? 整个县城变得黑乎乎的,一点也不美了,你们知道这是为什么吗?"

(二)让幼儿观看录像,边思考录像里的内容

1. 录像告诉小朋友们哪些电的知识?

2. 电是从哪里来?

(三)自由讨论:电是从哪里来的

小结:电是从发电站把高压电输送到变电站,再通过变电所的变压器把高压电减弱成我们日常生活用电(220伏),再通过电线输送到各家各户的。

附流程图:发电站——高压电线——变电站——电线——各家各户。

(四)结合长泰发电情况,简单向幼儿介绍几种发电形式

1. 太阳能(出示神舟六号的相关图片,让幼儿初步了解太阳能的运用)。

2. 风能(结合我国最大的风能发电站图片,让幼儿知道风也能发电)。

3. 水能(结合发电图,让幼儿了解自己平时所用的电是靠什么能量产生的)。

4. 核能(简单向幼儿介绍大亚湾核电站)。

(五)认识电池

引导幼儿简单认识各种不同的电池。

（六）引导幼儿谈一谈

如何节约用电和安全用电？

小结：节约用电，如电视不看了就要关闭，白天出太阳时，不要开电灯等等。手湿时，不摸开关，也不能把手插在插座孔里，自己在家时，不能乱动有电的东西。

五、分组活动

1. 介绍材料（重点介绍实验"灯泡发光"）。

2. 分组活动：灯泡发光，纸屑飞向哪一边，制作安全标志，以绘画形式表现节约用电。

3. 引导幼儿动手操作，教师在一边指导。

六、活动延伸

把实验材料投放到区域中，让较多的幼儿参与实验，继续让幼儿在实际操作中探索科学奥秘，养成爱动脑筋、多思考的好习惯。

◆ **案例分析：**

水和沙，空气和风，声音，电和磁，运动和力，光和影是科学探究的几大方面。其中电和磁是科学探究活动中相对抽象的一类。本次活动通过谈话、观看录像，自由讨论电是从哪里来的。丰富幼儿认知，带幼儿认识几种常见的发电方式，探究电是怎样储存起来的，从而建立起幼儿节约用电的意识。将抽象的内容层层解析，让幼儿感知电的变化和作用。

活动内容选择适宜，具有一定的科学性和探究性。符合大班幼儿喜欢探究，对事情有深入探究欲望的性格特点。

活动设计合理，教学思路清晰。在活动设计的每一个环节上都能目标准确，如：谈话导入，通过灯，引发幼儿对电的探究兴趣和欲望，再通过直观的录像和幼儿一起寻找电是从哪里来的等等。通过环坏相扣的活动设计，很好地达成了本次活动的目标。

活动准备充分，很好地满足了幼儿的探究欲望。幼儿从小就有操作和摆弄各种工具的兴趣，在本次活动中，教师准备了充分的操作材料，让幼儿在操作的过程中学会探究方法和寻找探究途径，进而学会学习，学会生活。

参考文献

1. 沈德立. 基础心理学[M]. 上海：华东师范大学出版社，2003.

2. 彭聃龄. 普通心理学[M]. 北京：北京师范大学出版社，2001.

3. 陈幸军. 幼儿园教师教育技能[M]. 北京：人民教育出版社，2009.

4. 皮连生. 学与教的心理学[M]. 上海：华东师范大学出版社，2003.

5. 教育部基础教育司组织编写.《幼儿园教育指导纲要（试行）》解读[M]. 南京：江苏教育出版社，2002.

6. 刘俐敏. 幼儿发展评价研究[M]. 北京：人民教育出版社，2004.

7. 许卓娅. 幼儿园课程理论与实践[M]. 南京：南京师范大学出版，2020.

8. 黄瑾. 幼儿园教育活动设计与指导[M]. 上海：华东师范大学出版社，2007.

9. 蔡萍，丁卫丽. 幼儿园节日课程[M]. 南京：江苏教育出版社，2010.

10. 张宝臣，李兰芳. 学前教育科学研究方法[M]. 上海：复旦大学出版社，2012.

11. 高云庆. 幼儿园课程与教育活动设计[M]. 兰州：兰州大学出版社，2004.

12. 李季湄，肖湘宁. 幼儿园教育[M]. 北京：北京师范大学出版社，1997.

13. 唐淑，虞永平. 幼儿园班级管理[M]. 南京：南京师范大学出版社，1997.

14. 宋文霞，王翠霞. 幼儿园一日生活环节的组织策略[M]. 北京：中国轻工业出版社，2012.

15. 万迪人. 现代幼儿教师素养新论[M]. 南京：南京师范大学出版社，2003.

16. 罗秋英. 加强幼师生教育技能训练之我见[J]. 牡丹江教育学院学报，2008(2)：92-106.

17. 张建波. 新《纲要》背景下高师学前教育专业学生专业技能的培养[J]. 学前教育研究，2009(5)：58-60.

18. 黄慧兰. 要加强对幼儿教师教育技能的培训[J]. 黑龙江教育学院学报，1999(1)：24-25.

19. 于承洁. 论提高幼儿教师教育技能的策略[J]. 教育理论与心理学，2011(4)：233.

20. 步社民. 论幼儿教师的专业技能[J]. 学前教育研究，2005(5)：45-47.

21. 由显斌. 新教改理念下高师学前教育专业学生职业技能的训练[J]. 学前教育研究，2009(1)：39-41.

22. 李兰芳，张海钟. 高校本科学前教育专业渗透式实践教学方案简介[J]. 幼儿教育（教育科学），2011.

23. 虞永平. 生活化的幼儿园课程[M]. 北京：教育科学出版社，2009.

24. 董旭花，王翠霞，阎莉，刘霞. 幼儿园创造性游戏区域活动指导：角色区·建构区·表演区[M]. 北京：中国轻工业出版社，2015.

25. 周兢.学前儿童语言学习与发展核心经验[M].南京：南京师范大学出版社，2015.

26. 侯素雯，林建华.幼儿行为观察与指导这样做[M].上海：华东师范大学出版社，2014.

27. 李晓巍.幼儿行为观察与案例[M].上海：华东师范大学出版社，2017.

28. 严莉.教师在幼儿故事表演中的有效指导[J].科学大众，2009(5).

29. 马晓嘉.幼儿故事表演艺术的指导层次及方法[J].黑龙江科技信息，2010(32).

30. 马树芳.谈青年教师教态培养[J].中国成人教育，2009(5).

31. 张勇.浅谈高职院校学前教育专业的模拟教学模式[J].陕西教育（高教版），2012.

32. 黄龙强.教学现场感的内涵及营造策略[J].教育科学论坛，2015(17).

33. 朱娜珍，孙彩霞.提升幼儿教师观察能力的案例研究[J].福建教育，2016(20).

34. 叶小红.走向视域融合——幼儿教师观察能力培养的思考与探索[J].今日教育（幼教金刊），2018(4).

35. 潘月娟.比较、解释：观察评价的关键[J].幼儿教育（教育教学），2016(11).

36. 张雪.从城堡到城市[J].学前教育，2016(6).

37. 李丽华.基于中班幼儿户外自主游戏的学习故事案例展示[J].教育导刊（下半月），2016(12).

38. 虞水平.幼儿园教学活动的评价[J].早期教育，2005(3).

39. 郑健成.学前教育学[M].上海：复旦大学出版社，2011.

40. 倪敏.幼儿园课程与教育活动设计[M].北京：中国劳动社会保障出版社，2003.

41. 朱家雄.生活活动·2—4岁·教师参考用书[M].上海：上海教育出版社，2003.

42. 周念丽.早期融合教育：所有的儿童都能学习[J].中国社会科学报：教育学，2009(12).

43. 刘丽.教师个人知识管理与教师专业发展[J].学前教育研究，2005(7-8)：55-57.

44. 金艳.幼儿园有效提升教师专业发展能力的途径与策略[J].学前教育研究，2010(9)：67-69.

45. 李方芹.试述幼儿教师的专业成长[J].赤峰学院学报（汉文哲学社会科学版），2008(2)：134-135.

46. 董盛欣.幼儿哭闹现象观察研究报告[J].吉林省教育学院学报，2009(11)：136-136.

47. 闫金玲.我们幼儿园的教学叙事研究[EB/OL].(2011-12-19)[2012-3-21].http://www.teacher.com.cn.

图书在版编目(CIP)数据

学前教育专业技能竞赛实训指导/赵瑜,李艳,李璇著. —上海:复旦大学出版社,2020.3
(2022.8重印)
ISBN 978-7-309-14842-8

Ⅰ.①学…　Ⅱ.①赵…②李…③李…　Ⅲ.①学前教育-成人高等教育-教学参考资料
Ⅳ.①G61

中国版本图书馆 CIP 数据核字(2020)第 018070 号

学前教育专业技能竞赛实训指导
赵　瑜　李　艳　李　璇　著
责任编辑/夏梦雪

复旦大学出版社有限公司出版发行
上海市国权路 579 号　邮编:200433
网址:fupnet@ fudanpress.com　http://www.fudanpress.com
门市零售:86-21-65102580　　团体订购:86-21-65104505
出版部电话:86-21-65642845
上海四维数字图文有限公司

开本 890 × 1240　1/16　印张 11.5　字数 308 千
2020 年 3 月第 1 版
2022 年 8 月第 1 版第 2 次印刷

ISBN 978-7-309-14842-8/G·2075
定价:48.00 元

如有印装质量问题,请向复旦大学出版社有限公司发行部调换。